中国特色高水平高职学校和专业建设计划建设成果
浙江省高职院校重点暨优质校建设成果
浙江省高校"十三五"优势专业保险专业建设成果
浙江省普通高校"十三五"新形态教材项目

社会保险

SOCIAL INSURANCE

主 编 李 兵

ZHEJIANG UNIVERSITY PRESS
浙江大学出版社

图书在版编目（CIP）数据

社会保险 / 李兵主编. -- 杭州 ：浙江大学出版社，
2021.5
ISBN 978-7-308-20683-9

Ⅰ．①社… Ⅱ．①李… Ⅲ．①社会保险－教材 Ⅳ．
①F840.61

中国版本图书馆CIP数据核字(2020)第204483号

社会保险

李　兵　主编

责任编辑	赵　静
责任校对	董雯兰
封面设计	林智广告
出版发行	浙江大学出版社
	（杭州市天目山路148号　邮政编码　310007）
	（网址：http://www.zjupress.com）
排　　版	杭州林智广告有限公司
印　　刷	杭州杭新印务有限公司
开　　本	787mm×1092mm　1/16
印　　张	16.25
字　　数	406千
版印次	2021年5月第1版　2021年5月第1次印刷
书　　号	ISBN 978-7-308-20683-9
定　　价	49.00元

前　言

历史车轮滚滚向前，社会保险从诞生的那天起，一直护佑着这个世界，在人类构建的美好的社会环境中，社会保险扮演着重要角色。用保障的思维阅读这个世界，维护自身合法权益；用理财的眼光构建幸福家庭，构筑和谐社会，社会保险作为公民的基本保障，一直在规划美好未来。

我们认为，目前的社会保险本身还有很多要完善的地方，"碎片化"如影随形，人们对社会保险的认识还停留在"福利"层面。社会保障和社会保险、商业保险与社会保险之间又是什么样的关系？相信生活中总会有人问到这些问题。在老年人那里，我们经常能听到"劳保"这个词；在年轻人群体中，"五险一金"口口相传，似乎我们大家都在关心自身保障问题，但是，大家都在谈论的这些概念是否趋向一致的利益呢？本课程就是要从这些概念出发，厘清它们之间的关系，了解社会保险相关的实务操作，除了保障自身的权益之外，我们也要为社会保险制度在我国的发展与完善做出贡献。

中国强势崛起，从"劳保""公费"到"社保"，统账结合是中国独创的社会保险模式，也体现了社会保险本身"碎片化"的特点，如同世界上没有两片相同的叶子一样，具体到某个地区和国家，社会保险政策也很难照抄照搬。基于此，我们在讲授这门课的过程中，将以讲授中国社会保险政策为主，以介绍世界范围内典型的社会保险政策为辅，紧跟时代步伐，不拘泥于先前已成体系的政策框架，不纠结于现代社会保险的改革动向，引领学生进入社会保险五彩缤纷的大课堂。

世界波云诡谲，社会保险从诞生的那天起，就从未停止改革步伐，从独树一帜的智利养老制度到迂回曲折的美国民主党医疗保险改革，从失业保险趋于就业保障到工伤保险，从单一补偿到主动综合性预警预防，社会保险深受政治、经济、文化、社会等因素的影响，世界范围内的社会保险制度改革呈现出极强的碎片化，总结世界各国社会保险制度建设的经验与教训，借鉴社会保险改革大潮中的启发与警示，无疑具有重要的理论价值与现实意义。

本教材依据社会保险基本理论框架，选取具有地方特色的社会保险政策，引导学生掌握基本原理，熟悉"五险"的基本业务流程。具体讲授内容包括以下几个方面。

第一，认知三大关系：风险与社会保险、社会保险与商业保险、社会保险与社会保障，了解社会保险的基本规定性。

第二，认知社会保险制度产生的基础，了解世界和中国社会保险制度的发展与改革。

第三，认知"五险"与养老、医疗、工伤、失业、生育之间的关系，了解世界范围内"五险"呈现的状态和发展。

第四，认知中国社会保险制度，掌握"五险"的基本实务操作。

本教材具有以下特点。

（1）理论为本，突出实践

本教材在编写过程中本着"理论以够用为度，应用以实务为重"的原则，注重教学内容的分解与重构。教材首先以社会保险概况和起源为起点，奠定社会保险理论基础，接着介绍了养老保险、医疗保险、失业保险、工伤保险、生育保险的基本政策和实务操作的内容。这样的体系框架与内容安排突破了传统的政策性说教的模式。

（2）任务驱动，能力为本

高职教育培养的是高等应用型人才，因此本教材在编写过程中注重培养学生的社会保险岗位能力与素质，以及分析问题、解决问题的能力，摒弃传统教材叙述讲授的编写形式，采用以任务驱动为核心的教材编写方法。这样，既方便教师课程授课，又能增加学生的学习兴趣。

（3）案例教学，课堂讨论

本教材在编写过程中通过工作任务、案例分析等载体，充分调动学生学习的积极性，使更多的学生参与课堂讨论。同时，力求"碎片化"的社会保险政策的教学一致性，并辅以有关图表使整个学习过程变得轻松自如。

本教材作为保险专业基础课程的使用教材，适合高职高专院校保险初学者使用，同时也适用于社会保险培训教材的选用，并可供各企业、机关事业单位人力资源管理者阅读和参考。

（4）电子资源，立体教学

本教材配有丰富的电子教学资源，课程主要内容都有相关视频讲解，配套课件、习题、测试、案例分析等全面展示课程的知识点，方便学生在课后查阅、学习、自测。建立立体化教材，可以克服以往教材形式的单一性，提高其适用性，满足现代学者个性化、自主性和实践性的要求，为教学提供整体解决方案，促进优秀教学资源有机整合与合理利用。

本教材主要由浙江金融职业学院保险专业教师编写，李兵担任主编。第一章、第二章、第五章由李兵编写，第三章由朱佳编写，第四章由吴艾竞编写，第六章、第七章由高雪岩编写，全书由李兵负责构思、统稿。

在本教材编写过程中，汲取了众多专家、学者的最新研究成果，同时得到社会保险部门的业务指导，在此谨表示衷心感谢！但鉴于编者水平有限，且教材尚处于尝试阶段，难免有疏漏不妥之处，敬请读者批评指正。

2020 年 4 月 30 日　李兵

Contents 目 录

第一章
社会保险基本认知

► **内容概述**

本章主要阐述风险与社会保险、社会保险的基本规定性，分析社会保险与商业保险的关系、社会保险与社会保障的关系。本章是学生认识社会保险的基础，旨在帮助学生了解风险与社会保险的关系，掌握社会保险的内涵与外延。

► **教学目标**

通过本章学习，学生可了解风险与社会保险的关系、社会保险的基本规定性，掌握社会保险与商业保险的关系以及社会保险与社会保障的关系。

► **重点难点**

重点掌握社会保险及其相关概念的关系，难点是如何认识风险与社会保险的关系。

第一节 风险与社会保险

一、学习目标

本节主要通过完成两个任务，认识风险与社会保险，进一步掌握风险与社会保险的关系。

个人风险与
社会风险

二、学习任务

任务 1：认识风险。本次任务中，学生应了解风险的定义和风险的分类，明确划分风险的一般原则，列举风险，培养对风险进行分类的能力。

任务 2：了解风险与社会保险的关系。本次任务中，学生应了解社会保险覆盖什么样的风险，举例说明生活中的风险与社会保险项目的对应关系，为进一步认识社会保险打下基础。

三、学习内容

（一）风险的定义

什么是风险？俗话说："天有不测风云，人有旦夕祸福。"在人们的日常生活中，各种风险随时随地都可能发生。例如，天灾、地震、车船碰撞、人身意外伤亡等，这将给受害人带来伤害和悲痛。但是，在发生这类风险的同时，也存在着降低风险损害的机制，如果运用得当，可以大大减少风险可能造成的经济损失。保险就是这个机制的一种，风险是保险所要研究的主要问题。

一般认为：风险是指偶然事件的发生引起损失的不确定性。这种提法比较简单、明确。具体而言，该定义包括三层含义：一是风险是偶然发生的事件，即可能发生但又不一定发生的事件；二是风险发生的结果是损失，即经济价值非故意的、非计划的、非预期的减少；三是事件发生所引起的损失是不确定的，即风险在发生之前，其发生的具体时间、空间、地点和损失的程度是不确定的，人们难以准确预期。最后需要强调的是，风险伴随着人类活动的开展而存在，没有人类的活动，也就不存在风险。

（二）风险的特征

按照风险的定义，不难发现风险具有以下特征。

1. 风险存在的客观性

风险是实实在在的。在自然界和人类社会中,人们会面临各种各样的风险,例如:地震、台风、洪水、瘟疫、意外事故等。无论人类是否意识到,风险都始终存在着,并且不以人的意志为转移。

2. 风险存在的普遍性

风险存在的普遍性是指风险无时不在、无处不有。自人类出现后,就面临着诸如自然灾害、疾病、伤害、战争等各种风险的威胁。随着科学技术的发展、生产力水平的提高,人类社会走向文明,消除了一些风险,但又产生了新的风险,且风险事故造成的损失也越来越大。在当今社会,个人面临着生、老、病、死、残、失业、意外伤害等风险;企业则面临着自然风险、经济风险、技术风险、政治风险等;甚至国家政府机关也面临着各种风险。

3. 具体风险发生的偶然性

虽然风险是客观存在的,但就某一具体风险而言,它的发生是偶然的,是一种随机现象。风险也可以认为是经济损失的不确定性。风险事故的随机性主要表现为:风险事故是否发生不确定、何时发生不确定、发生的后果不确定。

4. 大量风险发生的必然性

就个别风险来看,其发生是偶然的、无序的、杂乱无章的,然而,对大量发生的同一风险进行观测,其明显地呈现出一定的规律。运用统计方法去处理大量相互独立的偶发风险,其结果能比较准确地反映风险的规律性。根据以往大量资料,利用概率论和数理统计的方法可测算出风险事故发生的概率及其损失幅度,并可构造出损失分布的模型,成为风险估测的基础。

5. 风险的可变性

风险在一定条件下是可以转化的。这些转化包括:

(1)性质转化。例如,在汽车没有普及之前,车祸是特定风险,但随着汽车的普及,车祸便转化为基本风险。火灾对财产所有人来讲是纯粹风险,但对以风险为经营对象的保险公司来讲,却是投机风险。

(2)量的转变。随着人们对风险认识的增强和风险管理方法的完善,某些风险在一定程度上得以控制,可以降低其发生频率和损失程度。

(3)某些风险被消除。在一定的时空条件下,某些风险在一定范围内可以被消除。例如,新中国成立之前天花危害着我国,新中国成立之后在很短的时期内天花就被消灭了。

(4)新风险的产生。任何一项新的社会活动,都可能带来新的风险。新的发明、新技术的运用带来新的技术风险;随着新经济体制的确立,新的经济风险也随之而生。

（三）风险的结构

风险的结构即风险的要素。一般认为，风险由风险因素、风险事故和损失构成。这些要素的共同作用，决定了风险的存在、发展和发生。

1. 风险因素

风险因素是指引起或增加风险发生的机会或扩大损失程度的原因和条件，它是导致风险发生的潜在原因。风险因素可分为物质风险因素、道德风险因素和心理风险因素。

（1）物质风险因素。这是指有形的、并能直接影响事物物理功能的因素，即事物本身所具有的足以引起或增加风险发生的机会和损失幅度的客观原因。

（2）道德风险因素。这是指与人的品德修养有关的无形因素，即由于个人不诚实、不正直或不轨企图，促使风险事故发生，引起社会财富损毁或人身伤亡的原因或条件。

（3）心理风险因素。这是指与人的心理状态有关的无形因素，即由于人的不注意、不关心、侥幸，或存在依赖保险心理，导致增加风险事故发生的概率和损失幅度的因素。

上述风险因素中，由于道德风险因素和心理风险因素都是无形的，都与个人自身行为方式相联系，而在实践中又难以区分界定，所以通常将两者统称为人为因素，以区别于物质风险因素。

2. 风险事故

风险事故是指造成生命财产损害的偶发事件，是造成损害的直接原因，只有通过风险事故的发生，才能导致损失。风险事故意味着风险由可能性转化为现实性，即风险的发生。

对于某一事件，在一定条件下，可能是造成损失的直接原因，则它成为风险事故；而在其他条件下，可能是造成损失的间接原因，则它便成为风险因素。如：下冰雹使得路滑而发生车祸造成人员伤亡，这时冰雹是风险因素，车祸是风险事故；若冰雹直接击伤行人，则它是风险事故。

3. 损失

从保险角度来看，损失是指非故意的、非预期的和非计划的经济价值的减少，这一定义是狭义损失的定义。也就是说，把因不幸事故发生给人们造成的精神痛苦排除在外。所以，保险所指损失必须满足两个要素：一是非故意的、非计划的、非预期的；二是经济价值或经济收入的减少。两者缺一不可。

损失，在保险行业中又可分为直接损失和间接损失。直接损失是指承保风险造成的财产本身的损失；间接损失是指由于直接损失而引起的损失，间接损失包括收入减少、利润损失以及后果损失等。

（四）风险的种类

为了更好地认识风险、识别风险和处理、控制风险，有必要对风险进行分类。根据分类基础的不同，风险有许多种分类方法。这里介绍的是同风险管理有密切关系的几种分类方法。

1. 按风险损害的对象分类

根据风险损害的对象，可把风险分为财产风险、人身风险、责任风险和信用风险四种。

（1）财产风险。它是指导致财产发生毁损、灭失或贬值的风险。例如，房屋有遭受火灾、地震等自然灾害的风险，飞机有坠毁的风险，财产价值因经济因素有贬值的风险。

（2）人身风险。它是指因生、老、病、死、残而导致的风险。主要包括由于经济主要来源人的死亡而造成其生活依赖人的生活困难，以及由于年老而丧失劳动能力，或由于疾病、残疾而增加医疗费支出从而导致经济困难等。

（3）责任风险。它是指依法对他人遭受的人身伤害或财产损失应负的法律赔偿责任或无法履行契约所致对方受损应负的合同赔偿责任。例如，医师的过失行为导致医疗事故的发生，给病人造成的损害，根据法律医师负有损害赔偿责任，这种风险即为责任风险。

（4）信用风险。它是指在经济交往中，权利人与义务人之间，由于一方违约或犯罪而造成对方经济损失的风险。

2. 按风险的性质分类

根据风险的性质，可把风险划分为纯粹风险和投机风险。

（1）纯粹风险。它也称为静态风险，是指造成损害可能性的风险。这种风险的发生，其结果有两种：一是损失；二是无损失，即有惊无险。纯粹风险是风险管理的主要对象，也是保险的对象。保险上称之为"可保风险"，如水灾、火灾、车祸、疾病、意外事故等。

（2）投机风险。它也称为动态风险，是指可能产生收益或造成损害的风险。这种风险发生的结果有三种：一是损失；二是无损失；三是盈利。保险对于投机风险一般不予承保，如赌博、股票买卖、市场风险等。

3. 按损失的原因分类

根据损失的原因，可将风险分为自然风险、社会风险、经济风险、政治风险和技术风险五种。

（1）自然风险。它是指由自然现象或意外事故所致的财产毁损或人员伤亡的风险，例如，洪水、地震、暴风、火灾等所致的人身、财产损失的风险。

（2）社会风险。它是指由于个人行为反常或不可预测的团体过失、疏忽、侥幸、恶意等不当行为所致的损害风险，如盗窃、抢劫、罢工、暴动等。

（3）经济风险。它是指在产销过程中，由于有关因素变动或估计错误而导致的产量减少或价格涨跌的风险，如市场预期失误、经营管理不善、消费需求变化、通货膨胀、汇率变动等所致的经济损失的风险等。

（4）政治风险。它是指由于政治原因，如政局的变化、政权的更替、政府法令或决定的颁布实施，以及种族或宗教冲突、叛乱、战争等引起社会动荡而造成损害的风险。

（5）技术风险。它是指伴随着科学技术的发展、生产方式的改变而发生的风险，如核辐射、空气污染、噪音等风险。

4. 按风险涉及的范围分类

根据风险涉及的范围，风险可分为基本风险和特定风险两种。

（1）基本风险。它是指损害波及社会的风险，本质上不易防止，即风险的起因及影响都不与特定的人有关，至少是个人所不能阻止的风险。例如，与社会或政治有关的风险、与自然灾害有关的风险等，都属于基本风险。

（2）特定风险。它是指与特定的人有因果关系的风险，本质上较易控制，即由特定的人所引起，而且损失仅涉及个人的风险。例如，盗窃、火灾等都属于特定风险。

基本风险和特定风险的界限，会因时代背景和人们观念的改变而有所不同。如失业，过去被认为是特定风险，而现在则认为是基本风险。

（五）风险与社会保险

1. 人身风险与工作风险

社会保险覆盖的风险具有以下基本特征。

（1）这类风险降临，必然降低甚至夺走参保人的工资或个人收入

工资或个人收入丧失，从此生活无着，这显然是参保人最担心的风险。

国家推行的社会保险完全从参保人的切身利益出发，自然要责无旁贷地 把这类风险覆盖进来。

风险与社会保险

（2）这类风险本身具有客观必然性、普遍性

正是因为这类风险带有普遍性，必然发生，并且不可避免地侵扰参保者群体，因此由政府举办的社会保险有义务加以保护，担负起补偿风险造成的收入损失的责任，以解参保者后顾之忧。

（3）这类风险非所有参保者本人能抗拒和解脱的

这类风险不但必然发生，且不是所有参保者本人都能够抗拒，从公平与正义的角度来看，政府有义务帮助无力承担该类风险的人。换句话说，如果所有参保者本人甚或狭小的参保群体有能力抵抗这类风险，有能力弥补其造成的收入损失，社会保险就无必要推出了。

在工业化社会中，生育、死亡、年老、工伤、残障、疾病等人身风险，以及暂时失去工作岗位的失业风险，均属具有以上共同特征的风险，因而必须由社会保险承担。

下面，就这七种风险分别作些概述。

（1）生育风险

妇女参保者生育子女，系人身风险，具有客观必然性。生育期间，妇女劳动者失去劳动能力，当然也就失去收入，并且，失去的收入远非个人和亲友所能弥补。在这种情况下，社会保险自然成了人们的需要，以防范妇女参保者因生育后代而带来的收入损失，并依法给予补偿。这里的风险保护以至弥补风险损失是针对整个参保者群体而言的，妇女群体中的某个个体可能一辈子不结婚，也可能终生不育，但妇女作为一个群体，是必然要结婚、生育的，否则人类的繁衍就无法继续。

（2）死亡风险

死亡，更是必然发生的一种客观事实，是参保者无一例外都要遭遇的风险。死亡

之后，丧失一切收入，而且永远失去收入来源，所以社会保险有必要推出并负起补偿收入损失的职责，否则部分死者生前抚养和供养的亲人便生存不下去。可见，这种补偿具有多重意义，既是对死者及其亲人的告慰，也是保证社会生活稳定以及关怀后代成长的需要。

（3）年老风险

年老，是任何参保者必然面对的一种客观存在。退休后，参保者退出工作岗位，自然也就失去工资或收入。所以，年老对参保者来说，是一种必然要经历的风险。此外，退休后参保者仍要继续生存下去，而家庭、邻里、所在用人单位是无力养老送终的，至多提供些许帮助。因此，社会保险必须推出，并有义务对年老风险提供补偿，确保参保者安度晚年，以利于整个社会的安定。

（4）疾病风险

疾病，也是参保人一生中不可避免的人身风险。年轻的时候，由于身体抵抗力强，就医的可能会少些，但是随着年龄增长，患病率必定提高，这已为医学所证明。当疾病风险到来时，人们失去劳动能力，不能再继续工作，自然也就失去工作报酬。参保群体当中，有人会有点积蓄，或者有亲属照顾乃至靠购买商业保险公司的健康险渡过风险。但是，这毕竟不是所有参保者都有的情况，而且小病、短期染病还可依靠这些渠道的帮助，而对重病、大病、危病以及长期疾病，就无能为力了，另外，商业保险也不是每个人都能负担得起。因此，政府有必要推出社会保险，并有义务帮助患有一切病症的参保人渡过风险，使之不因病致贫或因病返贫。

（5）工伤和残障风险

不论是否因工伤残，伤和残都很难分开。工伤风险经常酿成人身伤害、残障甚至死亡，轻则造成参保者一时失去劳动能力，重则使之终生不能再参加劳动。参保者伤残后，不但要支付医疗费用，还需要各种康复服务，不是所有的参保者都能靠自己渡过风险的。国家通过实施社会保险，帮助工伤致残劳动者应付风险，并安然渡过风险。

（6）失业风险

失业，在以竞争为核心的市场经济下，不但必然发生，而且时刻存在。只要有竞争，就必然有劳动者在竞争中成为失业大军中的一员。失业既然是常态，并非偶尔显露，国家自然要通过失业保险给失业者以工资补偿，而不使其陷入困境，并提供必要的培训，使他们尽快再就业，以更充分地发挥自己的社会价值。

需要说明的是，社会保险对于被各种风险夺走的收入，绝不是百分之百地补偿，否则，工作与不工作、劳动报酬与社会保险金便无任何区分，而使补偿失去激励效用。针对不同的风险，根据其重要程度，国家常常制定不同的补偿水平。比如：生育风险，由于涉及民族兴旺、劳动力后续保障，往往规定很高的补偿水平，以利于国家可持续发展战略目标的实现。退休养老金的补偿水平则不宜规定过高，一是，几乎绝大部分受保者需要享受，且享受期较长；二是，社会保险属于国家提供的基本保险；三是，有些用人单位推出补充养老保险和个人储蓄养老保险，如果基本保险提供的补偿水平过高，可能会挫伤用人单位推出补充养老保险的积极性。

在工伤、残障风险方面，因工负伤、致残、死亡，理应比非因工负伤、致残、死亡规定更高的补偿水平，否则既失去公平，也不能激励人们发扬为集体敬业、为他人利益尽力、为国家做奉献的精神。

生育、疾病、年老、失业、工伤、残障和死亡等风险，除具有工资或个人收入损失、必然发生、劳动能力失去、客观存在以及劳动者本人无力补偿等共同特征外，还具有一个共同的特征：这些风险的变动并非杂乱无章、无章可循。事实上，人们经过长期大量的科学研究，追踪各种风险的轨迹，可以说已然掌握了它们各自的运动规律，因此，国家制订的社会保险计划也越来越符合客观发展并行之有效。

此外，劳动者遭遇的风险还具有另一个共同特征：任何风险的发生都是必然性与偶然性的结合，否则，社会保险是没有可能实施开来的。比如，疾病风险，人们认识到它的发生是必然的，不可规避，但究竟何时发生以及发生在哪位参保者身上却具有偶然性。也正因为疾病风险具有必然性与偶然性结合的特征，患病者毕竟在每个时刻都是少数，因而，医疗保险才有可能顺利地实施。

（3）七种主要风险的共同特征

失业、年老、死亡、生育、工伤、残障、疾病等七大风险之所以必须由国家推行的社会保险覆盖，以及这些风险带来的收入损失之所以必须由社会保险提供补偿，是因为它们：

① 都是一种客观发展的必然现象；

② 都会使劳动者本人失去劳动能力或工作岗位，从而失去劳动报酬或个人收入；

③ 都是一种客观存在；

④ 都是靠劳动者自己或小群体抗御不了和弥补不了的收入损失；

⑤ 都有规律可循，是可以预见到变动轨迹的；

⑥ 都具有必然性与偶然性相结合的特征。

2. 社会保险项目

既然客观上存在威胁参保者收入的七种风险，按理，社会保险亦应制定七个项目，使政策符合于实际。但事实上，从社会保险产生以迄于今，各国仅制定养老保险项目、医疗保险项目、失业保险项目和工伤保险项目。不过，这四大项目不仅覆盖了失业、年老、工伤和疾病风险，也同时覆盖了生育、非因工负伤和残障以及死亡风险。

下面，就这四大保险项目的主要内涵以及实际覆盖的人身风险和工作风险的情况，分述如下。

（1）养老保险项目

任何公民，甚至长期侨居并取得合法证件的外国人，只要达到国家规定的老龄标准，即退休年龄，并作了国家规定年限的投保，便有权获得一份养老金，赖以度过晚年。由于人人都会老，并且从退休年龄到故世的时间很长，所以养老保险的花费最多，需要筹集建立的基金，即养老保险基金，也最雄厚，因而被列为社会保险的主要项目。因为要一直给付到投保人死亡，所以养老保险给付的养老金又称为年金。据此，可以作出这样的评断：养老保险的发展代表一国社会保险事业的发展，而社会保险的发展又代表一国社会保障事业的发展。对个人来说，养老金是延命钱，十分重要；而对整个社会保险和社会保障事业来说，养老保险举足轻重，涉及社会安定。

（2）失业保险项目

参保者非主动失业，有权享受失业保险金，有权享受社会保险机构提供的免费培训，以提高自身适应社会劳动岗位和竞争上岗的能力。应该指出，实施失业保险的目的决不仅仅在于确保失业者的生活，更重要的是创造条件促使失业者尽快再就业，更充分地实现劳动者自身的价值，这既利于劳动者自身，也利于国家和整个社会的稳定。唯其如此，失业保险有改称就业保险的趋向。早在20世纪70年代，德国和日本便已率先将失业保险更名为就业保险，并注入积极的内涵，将提供就业和培训置于首位，将保障失业者基本生活放在次要地位。

失业期间，如果失业者不幸负伤、致残、死亡，应由失业保险基金支付统一规定的伤残补偿金、丧葬补助金以及抚恤金。

（3）工伤保险项目

工伤往往给劳动者带来极大苦痛，本人不仅失去收入，甚至永远失去工作能力，而且家人受连累，用人单位也受到损失。所以，工伤虽不像其他风险那么频繁，但是，后果危害却非常严重。

工伤保险跟养老保险一样，越来越走向体系化。因此，工伤保险的科学体系也不仅仅包括工伤津贴、致残补偿金给付，还包含工伤预防机制、失能程度厘定，以及伤残者的治疗、医疗康复、职业康复和社会康复等。

应当说，每项社会保险项目走向体系化都是一种进步，表达了国家对投保者的关怀，起到利民利国的作用。

（4）医疗保险项目

如果说养老保险在社会保险体系中唱主角，医疗保险则以其复杂性和广泛的涉及面著称。医疗保险向投保者提供门诊、住院治疗、护理、康复和生育等服务，以及疾病期间失去个人收入后的补偿，因此是人们必不可少的一种保险。

为了解除人们对疾病风险的担忧，"福利国家"有的采取征税以基本免除医疗服务付费的办法；但更多的是采取社会保险方法，用征缴少许医疗保险费并加进适当财政补贴建成医疗保险基金，用以支付医疗服务费以及疾病津贴。

医疗保险曾负责支付妇女生育的一切费用，包括产前、产中和产后抚育婴幼儿的费用，以及带薪假期的工资支付。这是一项繁重的工作，费用也很大。鉴于此，自20世纪70年代开始推行人口控制政策后，便有步骤地把生育逐步从医疗保险中分出，并于90年代中期单独立项，与其他社会保险项目并立。

无独有偶，早已进入人口老龄化的日本，鉴于退休老人的医药费太高，在20世纪80年代从医疗保险中把老人保健作为单独项目分出；稍后，德国把老年人的长期护理从医疗保险中分出，单独作为一种保险项目，称为长期护理保险。

第二节　社会保险基本规定性

一、学习目标

本节主要通过三个任务了解社会保险的含义、社会保险的特征、认知社会保险的原则、了解社会保险的功能，为进一步认识社会保险与商业保险、社会保险与社会保障之间的关系打下基础。

二、学习任务

任务 1：比较关于社会保险含义的不同表述。通过该任务，要求学生认识社会保险含义的多维性，但是基本含义基本相同。为了完成这项任务，课前要求学生上网或借助图书资料查阅尽可能多的社会保险含义，以小组为单位，在课堂上，对不同社会保险含义的表述进行分类整理，归纳它们的相同点和不同点，然后教师对每个小组的表述进行点评，再对比教材中所给出的社会保险的表述。

任务 2：认知社会保险的原则。通过该任务，要求学生了解社会保险作为一种社会保障制度，是通过国家立法，采取强制手段，对因生、老、病、死以及由于其他原因而丧失劳动能力和失业的劳动者及其供养的亲属的基本生活在物质上给予帮助和保障，而社会保险原则是社会保险制度建立与运行的基础。课前要求学生查阅有关社会保险原则的文献，不同文献有不同的表述，课堂上对不同社会保险原则的表述进行整理，然后教师对每个小组的整理情况进行点评，并对比教材中所给出的社会保险原则的表述。

任务 3：了解社会保险的功能。通过该任务，要求学生了解社会保险功能的重要性，对整个国家政治、经济、社会的发展所起到的作用有更深的认识。课前要求学生先了解商业保险的功能，再对比社会保险的功能，进而认知社会保险功能的重要性。

三、学习内容

（一）社会保险的含义

社会保险作为一种物质帮助形式，是国家对于劳动者承担的一项义务，是劳动者享受宪法所赋予的一项基本权利。关于社会保险的含义，国内外有多种表述。1953 年在维也纳召开的社会保险会议上把社会保险定义为："社会保险是以法律保证的一种基本社会权利，其职能主要是以劳动为生的人，在暂时或永久丧失劳动能力时，能够利用这种权利来维持劳动者及其家属的生活。"美国

社会保险的含义

危险及保险学会社会保险术语委员会将社会保险界定为："通常由政府采用危险集中管理方式，对于可能发生预期损失的被保险人，提供现金给付或医疗服务。"我国学者有的将其定义为："社会保险是根据立法，由劳动者、劳动者所在的工作单位或社区及国家三方面共同筹资，帮助劳动者及其亲属在遭遇年老、疾病、工伤、残废、生育、死亡、失业等风险时，防止收入的中断、减少和丧失，以保障其基本生活需求的社会保障制度。"有的将其定义为："社会保险，是指国家通过筹集各方资金或通过财政预算，对遭遇生育、疾病、工伤、失业、年老以至死亡等不可规避的风险，而暂时或永久丧失劳动能力、失去工资收入的工薪劳动者，提供一定程度的收入补偿，使他们仍然能够享有基本生活权利，安然度过风险，从而促进社会稳定的一种社会政策。"

尽管人们的表述不一，但从中可以看出，社会保险的概念包括六层含义。

（1）社会保险是国家举办和发展的一项社会事业。这里强调的是：社会保险举办的主体是国家；社会保险是一项社会事业，是促进社会进步、保障社会生产稳定和社会安定的一项社会举措。

（2）社会保险以国家立法为保证和依据。这里强调的是：社会保险的推行和实施必须依法进行。

（3）建立保险基金是社会保险得以正常进行的必要条件，是实现社会保险的关键所在。

（4）社会保险的保障对象是劳动者。这一含义明确了社会保险的属性，界定了社会保险的范围。

（5）社会保险的目的在于保障劳动者在遭受劳动风险，即在暂时或永久丧失劳动能力以及因失业而丧失收入来源时，从社会得到基本生活的物质帮助和补偿。社会保险通过建立保险基金补偿收入损失，借以分散劳动风险。这是社会保险的主要功能，其实质是保证劳动者在特殊情况下参与社会分配。

（6）社会保险是社会保障制度的一种，是社会保障的一个核心部分，社会保险政策是国家社会政策的一个重要组成部分。

综上所述，我们认为，社会保险是指国家通过立法，采取强制手段对国民收入进行的再分配。它是通过社会保险基金，对劳动者因为年老、患病、伤残、生育、死亡等暂时或永久丧失劳动能力，以及因失业中断劳动而失去收入来源时，由社会给予物质帮助和补偿的一种社会保障制度。它是社会保障的核心内容。

（二）社会保险的特征

社会保险的特征主要表现在以下几个方面。

1. 强制性

社会保险是一种政府行为，是国家的社会政策，通过立法手段在全社会强制推行。任何单位和个人都不能根据自己的意愿决定是否参加社会保险，凡属于法律规定范围的成员都必须无条件参加社会保险，并按规定履行缴纳保险费的义务。社会保险的缴费标准和待遇项目、保险金的给付标准等均由国家的法律法规或地方政府的条例规定统一确定，劳动者个人作为被保险人

社会保险的
基本特征

一方均无自由选择与更改的权利。

强制性是社会保险的显著特征之一。只有强制征集社会保险基金，才能获得稳定可靠的经济来源，实现国家的社会与政策目标。

2. 社会保障性

社会保险所提供的经济补偿水平只能以一定时期劳动者的基本生活需要为基准，既不保证被保险人原有生活水平不变，更不会满足其全面生活需求。

基本生活需要是一个相对的概念，是与一个国家或地区在一定时期内的经济发展水平相联系的。它可以根据同一时期劳动者的平均工资水平而定，一个劳动者从社会保险中获得的物质补偿不能超过自己在业时的工资收入，这是量的规定性。就其内涵而言，社会保险要保证劳动者在失去工资收入时，能够基本维持生计。在具体补偿水平上，各个国家的社会保险各不相同，社会保险各个险种的补偿水平也不相同。

社会保险的这一特征意味着，国家承认保障丧失劳动能力和失去劳动机会的劳动者的基本生活是社会的责任，因此需要借助整个社会力量来保障劳动者的基本生活。但与此同时，在解决社会风险所引起的生活困难方面，并不排除个人责任。

3. 特定对象性

社会保险对所有劳动者具有普遍保障责任，是对劳动者采取的一种保障措施。社会劳动者一旦丧失劳动能力或劳动机会，国家作为保险人一方即应依法提供收入损失补偿，以保障其基本生活需要；一旦社会保障财务出现赤字，其运行受到影响时，国家财政负有最后的责任。

社会保险的保障对象是劳动者，而不是所有社会成员。这一特点也表明，社会保险费用不能完全由国家统包下来，而应由国家、企业、劳动者共同负担。

4. 统筹互济性

社会保险通过国民收入的分配和再分配，形成专门的消费基金，统一调剂使用，使社会劳动者共同承担社会风险。一般地，在形成社会保险基金过程中，高收入的社会劳动者比低收入的劳动者缴纳更多的保险费；而在使用过程中，一般都是根据实际需要进行调剂，不是完全按照缴纳保险费的多少给付保险金。可见，社会保险具有较强的统筹互济因素，个人享受的权利与承担的义务并不严格对应。

5. 社会属性

社会属性是指将部分劳动者因失去劳动收入需要补偿的费用社会化。社会保险的保障能力取决于社会化程度，社会化程度越高，保障能力就越强。从这个意义上说，社会保险的"保险"来自于"社会"，没有社会属性就谈不上保险。根据这一特点，社会保险必须有足够大的覆盖面，以保证其保障能力。

6. 储存性

理论上，保险资金的运转总是先征集保险费，形成基金，再分配使用。从每个劳动者的生命历程来看，也是在劳动者具有劳动能力的时候，社会就以各种方式将其所创造的一部分价值逐年逐月进行强制性扣除，经过长年储存积累，在其丧失劳动能力或劳动机会、收入减少或中断时，从积累的资金中为其提供补偿。社会保险的储存性意味着这种资金最终要返还给劳动者，因而这种资金不能移作他用，保险的经办机构只能利用时间差和数量差使之增值，使劳动者因基金增值而得益，从而进一步体现社会保险的福利性。

7. 社会效益性

社会保险的本质即要求它的社会效益重于经济效益。社会保险虽然在具体运行上并不排除精确的计算手段，同时也强调基金运用要有一定的经济效益，但是，不能以经济效益的好坏决定社会保险项目的取舍和保障水准的高低，这是社会保险的特征之一。由此就决定了社会保险所有成员均对实现上述根本政策目标负有责任，特别是国家在这一方面的责任更加明确，在必要时甚至可以暂时牺牲局部的经济效益，确保社会保险政策的实施。

（三）社会保险的原则

社会保险作为社会经济活动中的一个特殊领域，其原则是社会保险制度建立与运行的基础。纵观世界各国社会保险制度，其原则有以下几个方面。

社会保险的基本
原则

1. 强制性原则

所谓强制性原则，是指国家根据本国经济和社会发展的需要，通过法律的强制力作保证，划定一定的保险范围，要求覆盖在内的劳动者强制参加保险。这是社会保险的首要原则和特征。

社会保险是国家的社会政策和劳动政策，是国家法律规定的一种保护劳动者利益的社会保障制度，强制执行是其发挥保障作用的重要前提。首先，强制性可以使符合条件的国民都参加保险，从而保证保险的大规模。根据大数法则，投保人数愈多，费用负担愈低，这样，多数国民和企业更具有负担能力，使制度较易推行。其次，能有效地减少逆选择。参加社会保险不需要投保手续，不论劳动者所从事的工作风险大小、年龄大小、健康状况好坏，均可得到保险。最后，强制性能保证社会保险基本目标——维持劳动者基本生活的实现。如果不采用强制性手段，那么参加保险的可能只是年老的、身体不健康的、风险大的行业的职工，如此一来，保险费用就会提高，难以维持给付标准。

2. 公平与效率统一原则

构建和实行社会保险，必须遵循公平与效率统一的原则。原因在于，社会保险既要履行其照顾弱者、追求公平的目标取向，又要经过公平的实现达到社会经济有效发展的目的。因此，应在社会保险的互助共济中融入激励机制，实现公平与效率的辩证统一。

社会保险要遵守公平原则，保证劳动者的身体健康和劳动力再生产的顺利进行，解除劳动者老、病、死的后顾之忧，维护社会的安定团结，这有利于调动劳动者的积极性，促进经济发展和效率提高。

社会保险的给付有利于低收入者，有时会出现多缴费少受益，或者少缴费多受益，甚至不缴费也受益的情况，社会保险明显的社会扶助性，导致给付与劳动贡献脱钩，因而会削弱对劳动者的激励作用。为了在社会保险领域尽可能地使公平与效率得到统一，就要贯彻既保障生活又有利于促进生产的方针。首先，社会保险的项目、标准、水平不能脱离当前生产力的发展水平，国家不能包得太多，标准不能定得过高。其次，要强调权利与义务的统一，即凡是有劳动能力的社会成员，必须先履行劳动和缴费的义务后，才能享受社会保险的权利。最后，社会保险制度的制定要尽可能科学、合理、详尽。

3. 权利与义务对等原则

正确理解社会保险中国家、企业（包括雇主）和劳动者个人的权利与义务，是建立健全社会保险制度的基础。社会保险必须建立在权利与义务相统一的基础之上。对国家而言，保障每个劳动者的基本生存条件，是国家的基本职责。履行这种职责主要通过两个途径：一是制定政策，包括立法，使社会保险得以在全社会推行；二是提供财政资助，补偿社会保险支出。对企业而言，劳动者作为生产要素，是劳动力再生产的基本要求，没有劳动力的再生产，企业的生产和经营活动就无法进行。所以，企业承担社会保险费用是企业自身经营和发展的需要，是企业应尽的义务。对于劳动者来说，社会保险也是权利和义务的统一。劳动者既承担缴纳社会保险费的义务，又有享受社会保险待遇的权利。劳动者享受社会保险需尽到两个方面的义务：一是参加社会劳动；二是要定期足额地缴纳社会保险费。只有履行了这两个方面的义务，才有享受社会保险待遇的权利，这是社会保险和社会福利的重要区别。它充分体现了权利与义务相统一的原则。

4. 社会保险与经济发展水平相适应原则

恩格斯说过："分配方式本质上毕竟要取决于可分配产品的数量。"人们的任何一种消费需要都取决于一定时期生产力发展所能提供的物质基础，社会保险也不例外。社会保险制度建立与运行、社会保险的项目和水平必须与生产力发展水平相适应。如果社会保险超越了生产力的发展水平，就会对社会生产产生不利影响；反之，若社会保险项目太少、保障水平低、保障范围窄，则不能充分发挥社会保险的特殊功能和作用，社会劳动者会因缺少可靠的物质保障而陷入困境，使社会生产受到影响。因此，社会保险要按照"保障基本生活需要"的原则确定保险待遇水平。而这种"基本生活需要"又是相对于一定社会生产力水平所产生的物质资料分配的可能而言的。

（四）社会保险的功能

1. 社会保险的补偿或保障功能

社会保险的第一项基本功能，是提供收入补偿，保证参保人在暂时或者永久失去劳动能力以及暂时失去工作岗位后，仍能继续享有基本生活。这就是所谓的补偿功能或保障功能。不难设想，如果不实行社会保险，国家或社会不拥有一笔数额庞大的保险基金，那么，妇女工作者怀孕、生育期间暂时失去劳动能力，从而失去生活来源，将如何生活下去？男女劳动者因为不可抗拒的社会原因或自然原因而沦为失业者，生活无着落，将如何渡过难关？在今天生产节奏迅疾的条件下，一批遭受职业伤害而负伤、致残以致暂时或永远退出工作岗位的劳动者，将何

社会保险的功能

以为生？尤其是，劳动者进入老年，纷纷退出工作岗位，将如何度过漫长的晚年？在现代社会，劳动者遭遇上述不幸的情况，再不能像传统农业社会那样完全靠家庭保障、家族保障了。换句话说，在设立并积累经营一笔可观的社会保险基金的条件下，劳动者对暂时或永远失去劳动能力后不再担心，不再怕老无所养、失业流落街头、患病无钱医治。实行了社会保险，人们再无后顾之忧，这肯定会大大增强社会凝聚力、向心力，使劳动者对现实、对明天都抱有希望，从而可确保社会长治久安。足见，社会保险补偿收入的功能，绝不仅仅限于保证劳动者在特殊情况下的生活问题，而是涉及社会稳定的政治大问题。因此，所有实行社会保险制度的国家，无不把社会保险列为国家的重要社会政策之一。中国实行改革开放初期，即在20世纪80年代，改"国民经济计划"为"经济与社会发展计划"，已表明政府在注重经济成长的同时，也开始重视社会发展，重视包括社会保险在内的社会政策。

2. 促进社会稳定

社会保险促进社会稳定的功能被各国政府视为最主要的功能。原因在于，各国社会保险制度的产生大多是在社会不安定时期，或者说，正是为了促进社会安定才推出社会保险。最早制定并颁布社会保险法的是德国。当时，德国国内工人运动蓬勃，尤其是在马克思主义革命理论的传播和武装之下，工人运动走上更高的阶段，从生活要求、劳动条件要求转入政治斗争，要用暴力推翻德帝国，使德国统治集团惶惶不安。以俾斯麦为首的德国政府被迫收起强权镇压的一手，转而采取"胡萝卜加大棒"的措施，软硬兼施应对工人运动。软的一手就包含了向工人提供劳动能力失去后的收入补偿政策，也就是社会保险政策。因此，把促进社会安定作为社会保险的主要功能是历史原因造成的。20世纪30年代，美国推出社会保险，也是出于安定社会的考虑，因为当时正值美国经济大萧条时期，国内失业人数剧增，穷人激增，社会陷入一片紊乱之中。此时出台社会保险，目的显然在于安定社会。

3. 保障劳动者扩大再生产

社会保险的另一项基本功能是保障劳动力扩大再生产正常运行，这已属于社会保险的经济功能了。现代社会，经济的正常运行要求劳动力在不断扩大的基础上实现再生产。除工资有保障劳动力扩大再生产的功能外，社会保险支出也具有同样的功能。首先，如果仅有工资而无社会保险支出，那么，工人失业后丧失工资收入，何以保证劳动力扩大再生产？其次，如果仅有工资，那么，工人患病后失去工资收入，又将如何保证劳动力扩大再生产？再次，工人因工负伤而失去工资，以及工人成为残疾人再无工资收入后，又将怎样保证劳动力在扩大的基础上实现再生产？尤其是，如果没有养老保险及其基金的设置，一批批劳动者步入老年，失去工作能力和工资收入后，社会将如何期望劳动力状况与经济运行相辅相成？除非工资规定得非常优厚，使劳动者在任何情况下都无所惧怕，照样保证子孙后代繁衍，并且，他们的科学文化素质也保证继续提高，以实现经济发展所需要的劳动力的扩大再生产。事实上，这是行不通的，工资归根结底是劳动力价值的货币表现，不可能大大超过劳动力价值；再则，也是最重要的，这等于否定社会保险这个重要社会政策存在的必要性。

4. 促进社会公正和社会公平的实现

这是社会保险的社会功能。比如，社会保险基金要向雇主、资本家强制征缴，但是这类人员最初无权享有社会保险金给付，后来开始享有，但也付出了大笔代价——逐月缴纳保险费。他们缴纳的保险费扩大了社会保险基金的规模，从而使全社会一切工资劳动者除享受自己缴纳的保险费带来的利益外，还分享企业主集团缴纳保险费而带来的利益。这不啻国民收入发生了一次重新分配，把企业主集团获得的一部分国民收入，通过社会保险费缴纳形式转移到了劳动者身上，等于劳动者的又一项收入——再分配收入。其结果自然在收入分配上发生了变化，变得更有利于工资劳动者群体。但是这种变化却有助于促进社会公正和公平，避免少数人的收入过高，而出现国民生活水平悬殊。又比如，一切劳动者都缴纳失业保险费，但有些劳动者一生也没失过业，享受不到失业津贴，退休前却整月地缴纳失业保险费，而另一些劳动者经常失业或不时地失业，不断地获取失业津贴。这种差异，一是必然出现，二是体现了劳动者之间的互助互济，不曾失过业或失业很少的劳动者帮助了经常失业或不时失业的劳动者。可见，社会保险促进社会公正和公平的功能，是通过国民收入再分配实现的。也可以说，社会保险具有一种再分配国民收入的功能。而国民收入再分配功能又属于经济功能。社会保险的社会功能、经济功能以及政治功能密切交织在一起，很难严格地截然分开，由此不难窥见一斑。

5. 促进经济良性循环

社会保险还有一项基本功能，就是有助于经济运行良性循环。但这一功能不是直接地，而是间接地通过社会保险基金的正确运营来实现。如果社会保险机构的管理活动富有成效，有能力将筹集、积累起来并暂不用作保险金支付的基金投向各种公私债券，购买公私股票，发放抵押贷款，购置不动产以及向境外举行投资等，这不仅增加了社会可用以发展经济的资金，而且帮助社会发展了经济建设事业。而当国民经济更迅速地发展，企业的经济效益更上一层楼时，劳动者的工资水平便有可能获得提高；工资总额增加，即便用人单位和劳动者个人投保费率不变，也可增多缴纳的保险费，从而扩大社会保险基金的规模。社会保险基金规模扩大了，用于支持经济建设的资金便会更加雄厚，可更进一步促进经济增长。这样，一个社会经济良性循环必将出现。

四、知识拓展

（一）社会保险费的计算

社会保险必须根据各种风险事故的发生概率，并按照给付标准事先估计的给付支出总额，求出被保险人所负担的一定比率，作为厘定保险费率的标准。而且，与商业保险不同，社会保险费率的计算，除风险因素外，还需要考虑更多的社会经济因素，求得公平合理的费率。

社会保险费的征集方式有如下几种。

（1）比例保险费制。这种方式是以被保险人的工资收入为准，规定一定的百分率，从而计收保险费。采用比例制的原因是社会保险的主要目的是为了补偿被保险人遭遇风险事故期间所丧失的收入，以维持其最低的生活标准，因此必须参照其平时赖以为生的收入，一方面作为衡量给付的标准，另一方面又作为保费计算的根据。

以工资为基准的比例保险费制最大的缺陷是社会保险的负担直接与工资相联系，不管是雇主雇员双方负担社会保险费，还是其中一方负担社会保险费，社会保险的负担都表现为劳动力成本的增加，其结果会导致资本排挤劳动，从而引起失业增加。

（2）均等保险费制。即不论被保险人或其雇主收入的多少，一律计收同额的保险费。这一制度的优点是计算简便，易于普遍实施；而且采用此种方法征收保险费的国家，在其给付时，一般也采用均等制，具有收支一律平等的意义。但其缺陷是，低收入者与高收入者缴纳相同的保险费，在负担能力方面明显不公平。

社会保险费的分担主体是国家、企业和个人。这三个主体的不同组合就产生了许多费用的分担方式，即使同一国家，在不同的社会保险项目中也可能使用不同的保险费用分担方式，其中以雇主雇员双方供款、政府负最后责任最为普遍。

在雇主雇员共摊保险费用的方法中，又可细分几种情况：费率等比分担制、费率差别分担制、费率等比累进制。

（二）社会保险的财务制度

1. 随收即付制

随收即付制度是指当期所收保险费用于当期的给付，使保险财务收支保持大体平衡的一种财务制度。除养老保险项目外，一般社会保障项目都采用这种财务制度。

养老保险采用这一制度有利有弊。随收即付制度最大的优点是费率计算简单，同时因为没有巨额基金，不会受到货币贬值的不利影响。但这一制度的缺点也很明显，必须经常重估财务结构，调整费率，而由于人口结构趋于老化、福利水平的刚性等原因，费率一般是日益提高的。同时，从分配关系看，在退休金保险方面，随收即付制度实质上是代际间的再分配关系，日益上升的费率会加深代际矛盾，造成政治问题。

2. 完全积累制

完全积累制度是在对影响费率的相关因素进行长期测算后，确定一个可以保证在相当长的时期内收支平衡的平均费率，并将所收保险费（税）全部形成社会保险基金的一种财务制度。企业年金制度中及社会保险制度框架下的养老保险个人账户计划较多采用这种财务制度。

这一制度最明显的长处是由于有基金的积累，在人口老龄化的情况下能保持保险费率的相对稳定。但这一优点是以基金收益率高于工资增长率为前提的。这一制度的缺陷也是明显的，一是在制度运行初始就要求较高的费率；二是基金受通货膨胀的压力较大。如果基金运用得当，社会保险制度就能从中受益，并且整个经济将由于基金的有效配置而受益；反之，如果基金不能保值增值，这一制度比随收即付制度的成本更高。

3. 部分积累制

部分积累制度是随收即付制度和完全积累制度的混合物。在初始时，它的费率高于随收即付制度而又低于完全积累制度；在准备金方面，它会高于随收即付制度而低于完全积累制度。

这一制度是要在迎接人口老龄化和初始的高保费制度中寻找一条中间道路。通常的做法是将原来随收即付制度所交保险费中的一小部分积累于个人账户，或在原来制度之上提高费率，并将增量部分全部积累于个人账户。这一制度也同样面临基金的管理和保值增值的问题。

中国于 1997 年建立社会养老保险制度就采用了这种混合财务制度，称之为社会统筹与个人账户制度相结合的社会养老保险制度。

第三节 社会保险与商业保险

一、学习目标

本节通过两个任务了解商业保险与社会保险的共性与区别，商业保险是社会保险的重要补充。

二、学习任务

任务 1：比较商业保险和社会保险。课堂上要求学生列举出尽可能多的两者的区别，同时找出它们之间的联系，然后教师归纳出两者的联系与区别，引导学生进一步认知社会保险。

任务 2：了解商业保险对于社会保险的重要补充。

三、学习内容

（一）社会保险与商业保险的共性

1. 社会保险与商业保险都基于特定风险事故的共同分担

商业保险利用有关组合技术集中风险，并且按照有关标志进行分类，由于同质风险的单位数目大，因此能有效地运用大数定律为未来的损失提供准确的预计，个人遭受特定风险的损失将是平均的。也就是说，对于一个被保险群体而言，其中某个或多个个体所发生的损失平均分摊到了每个个体的头上。由于社会保险受复杂的社会、经济和人口变动的综合影响大，社会保险精算的难度比商业保险大得多，大数定律在实际计算中发挥的作用亦受到很大限制，应用价值不如商业保险，但它仍然应用了保险的有关组合技术集中风险并有效地分摊。对于给付期限较短的疾病、生育、失业保险能完全采用商业保险的有关组合、分摊技术；对于给付期限较长的养老、伤残保险，其津贴费用一般是由没有遭受任何损失的群体——那些没有退休并缴纳保险费的群体承担的，无疑也是采用了组合、分摊技术。

社会保险与商业保险的共性

2. 都是处理偶然性损失

偶然性损失是不可预知的和不被期望发生的，是在被保险人控制之外的。商业保险处理的都是偶然性的损失，社会保险所面临的同样是偶然性的损失。如永久性残废使劳动者陷入经济困境之中、家长的早逝使家庭失去经济保障、劳动者失业给本人及家庭带来的经济困难，等等。

3. 同样进行风险转移

风险转移是风险管理的一种重要技术。在商业保险中，纯粹的风险都转移到保险人身上；在社会保险中，被保险人的风险全部或部分地转移到社会保险制度系统上，通过风险转移机制提供社会保障。

4. 都对被保险人的损失进行补偿

保险赔偿是指向损失的受害者全部或部分地补偿现金、进行修复或赔给实物。众所周知，商业人寿保险通常是补偿被保险人的损失，社会保险同样如此。退休津贴是部分地补偿被保险人退休收入的损失，遗属津贴是向家庭成员赔偿因家长早逝所带来的收入损失，生育津贴是赔偿妇女由于生育子女所带来的收入损失。

5. 两者都须缴纳足够的保险费来应付保险制度所需费用

保险制度的正常运转需要足够的保险资金作后盾。商业保险由各保险公司经营，没有足够的保险费来源就不能及时足额地赔付；社会保险由政府指定专门机构经营，虽然各个国家负担保险费的比重有很大不同，但被保险人都须足额缴纳保险费，否则会强制征缴甚至罚款，或减少保险给付。

（二）社会保险与商业保险的区别

1. 目标取向不同

商业保险以营利为目的，把经济效益放在首要地位，在实现经济效益的同时产生社会效益。而社会保险始终把社会效益放在至高无上的地位，目的是保护劳动者平安度过收入损失的风险，使他们无后顾之忧并产生一种安全感，从而有助于社会安定。不仅如此，社会保险通过对收入损失的补偿，保证劳动者在特殊情况下继续享有基本的生活水平，从而有助于激发劳动者的生产热忱和主动精神，有利于经济增长。社会保险在完成自己工作目标的进程中，当然也注重经济效益，注重精打细算，注重保险费的收缴，注重社会保险基金的积累，注重各项社会保险金的支付，注重社会保险基金的保值和增值，并力争社会保险收支保持平衡，不赤字运营。所以，对于社会保险工作，社会效益居于首要地位，经济效益居于次要地位。

社会保险与商业保险的区别

2. 采取手段不同

商业人身保险是商业行为，贯彻买卖自由的原则，完全建立在投保人自愿的基础之上，并且，对投保人奉行自由进退，撤保、再投保也完全听凭自愿。社会保险则不同。社会保险运用的是强制手段，经过立法程序，强制每个工资劳动者以及用人单位、雇主定期如数缴纳社会保险费。拒不缴纳是违法行为，要受到法律惩处。逾期缴纳要受到经济处罚。因为强制每个工资劳动者都必须定期缴纳保险费，所以社会保险是一种大家分担风险、使遭受风险袭扰的人受惠的制度，体现了劳动者之间的互助互济精神。因为强制每个雇主都必须定期如数缴纳社会保险费，所以体现了社会公平原则，即通过社会保险制度，使收入丰厚的雇主阶层的部分收入再分配到劳动者手里。显然，这有助于减小不同社会阶层的收入差距，进而有利于增强社会凝聚力。

3. 覆盖对象不同

商业人身保险的覆盖对象主要是有产者、中高收入阶层，执行的是不投保不得益、多投多得、少投少得的商业性等价交换原则。社会保险从其实质和本源来讲，最初只为劳动者、被雇用人员服务，保护并补偿劳动者被必然要遭遇的风险夺走的劳动报酬。甚至，劳动者的工资过低，或者劳动者在抚养婴幼儿、接受国家培训等时期，可免于缴纳保险费，也照样享受保险权益。而商业人身保险绝对不会对不投保者给予赔偿。

4. 经营主体及管理特性不同

从世界各国的现实情况来看，大多数国家社会保险的经营主体是国家，由政府指定专门职能部门主办，具有强制性、独立性，不存在竞争。为保证该项事业的发展，各国一般都制定了专门的法律法规，这些法规的效力与国家税法和兵役法相同，对于违反强制规定或拒不投保者有处罚条款，由司法机关据以执行，在诉讼行为上属于行政诉讼。社会保险的经营主体除了管理社会保险事务外，还要管理与之相关的其他政府活动的内容，如进行安全检查、建立有关保健设施、进行就业辅导和职业介绍等。而商业保险的经营主体是各保险企业，其管理机构一般是政府金融主管部门。管理机构只负责审批保险企业的建立及其市场准入、制定有关政策、进行宏观调控等，不负责具体业务。商业保险的展业、承保、理赔、风险管理、财务管理等具体的业务由保险企业自己承担，各保险企业间可以展开竞争。在保险法规的范围内，可由保险人自行订立条款，分别与投保人签订保险契约，丝毫不具有强制性，是一种任意保险。保险人与被保险人是平等的民事法律关系，在诉讼行为上是民事诉讼，并且保险企业对被保险人承保范围之外的活动都不过问。

5. 保险保障程度不同

社会保险服从于国家社会政策目标，为劳动者提供最基本的收入保障。商业保险是按市场经济原则运作，旨在提供灵活多样的补偿性保险保障。同时还对社会保险体系之外的劳动者提供一定的保险保障。一般而言，社会保险是"雪中送炭"，商业保险是"锦上添花"。社会保险是政府举办和实施的，政府对社会保险的财务负最后的责任；而在市场经济国家，商业保险的保险人以向政府金融主管机构登记的资本金和销售保险产品进行经营活动，如果经营不善，准备金投资失败，负债超过资本而无法继续经营时，须申请停业，依法宣告破产，被保险人将蒙受损失。

6. 费用负担和权利与义务的关系不同

首先，保险费的来源与负担方式不同。商业保险的保险费来源渠道单一，完全要由投保人缴纳，负担较重；而社会保险的保险费通常由企业（雇主）、被保险人和政府按三方负担原则共同筹集。其次，保险给付不同。具体表现在：一是给付标准不同。社会保险的给付强调社会适当性，而商业保险的给付强调个人公平性，多投多付，少投少付。二是给付与缴费的关系不同。在商业保险中，所缴保费与所领给付成正比例关系，而在统筹式社会保险中两者关系松弛，在个人账户中两者关系较密切。三是给付额受通货膨胀的影响不同。社会保险可通过调整保险费率的办法提高给付水平，以保证给付额的实际购买力，而商业保险的给付额在签订契约时就已确定。再次，保险金的保值增值方式不同。商业保险的投资权在各企业手中，投资方式由自己确定；而社会保险的投资权很集中，基层机构一般没有投资权，政府对资金的投资干预很大，往往规定投资的大致去向。

除上述六个方面的区别外，还应当指出，社会保险因有国家做靠山，敢于承保最大的风险——补偿投保人损失掉的收入。商业人身保险是企业性经营，理赔有限，仅仅根据保险费进行理赔，像失业这类风险一般是不敢承保的。此外，商业人身保险属经济立法范围，受经济法约束；社会保险属劳动立法范围，受劳动法约束。所以，两者依据的法律基础是不同的。最后，从舆论监督方面考察，两者也有区别。商业人身保险与一切商业活动一样，社会监督来自消费者，十分松散。社会保险则不同，它既是一项社会政策，又是保障经济运行不可或缺的要素，理所当然地成为众矢之的。

（三）商业保险是社会保险的重要补充

尽管社会保险与商业保险有很大区别，但重要的是，第一，两者都是为了防范风险给投保人带来的损失和不幸；第二，两者防范的风险种类也是共同的，都是防范年老风险、疾病风险、生育风险和人身伤害风险；第三，通过两者实行的补偿机制，被保险人遭遇风险后都会得到一定程度的损失补偿，因而，都可起到安定社会生活的效应；第四，两者都把聚集在手上的投保费用上市运作，从而为壮大资本市场和货币市场做出贡献。

因为商业人身保险也具有类似社会保险的某些功能，所以，一个国家在依法强制实行社会保险后，为弥补其不足（比如，社会保险仅只覆盖人口群体的一部分，只保障受保人基本生活），还是鼓励并需要商业人身保险紧密配合，且把后者视为社会保险的补充。20世纪90年代，国务院《关于完善社会保障体系的决定》便明确提出，要进一步发展商业性保险业并使之成为社会保险的补充。

1. 帮助社会保险覆盖未能覆盖的群体

今天，就覆盖面而言，世界各国的社会保险可分成两类：一类是覆盖面无限，覆盖全体国民；另一类是覆盖面有限，只覆盖劳动者群体，也就是说，仍有一部分群体未能受到覆盖，从而也享受不到社会保险的权益。这个空档可以靠商业人身保险弥补。

比如在中国，社会保险从推出直到20世纪末仅仅覆盖城镇劳动者群体，覆盖范围十分有限，占人口多数的农民以及城镇劳动者的家属，主要是他们的未成年子女，均未受到社会保险的覆盖。所以，就覆盖面而言，商业人身保险这段时期在中国大有用武之地，可发挥作用的空间十分广阔，完全可以补充社会保险的不足。当然，随着工业化的发展，越来越多的农村人口会变成城镇人口，即变成社会保险庇荫的人口。此外，城镇居民和农村也将普及基本养老保险和基本医疗保险。但这毕竟需要时日。中国商业人身保险完全可以抓住这个商机，尽快把触角伸向农民，伸向城镇劳动者的家属，扩大自己的业务，以取得丰厚的收益。同时商业人身保险也会收到补充社会保险覆盖面不足的效应。这里，自然还有农民收入问题。如果农民收入不能大幅度提高，即使有向商业人身保险购买养老、健康和人身伤害保险单的愿望，也难成事实。进入 21 世纪，情况发生了巨变，由于经济持续高增长，中国政府加大了对农村地区的财政投入，开始更大幅度地减少农民税费负担，决意提高农民收入。显然，这为商业保险向农村地区扩展提供了良机。

美国早在 1935 年就建立了社会保险制度，可迟至 1965 年才对人口中很小一部分群体，即 65 岁以上老年群体实行基本医疗保险，至于广大劳动者群体，则要靠购买商业性健康险来防范疾病风险的袭扰。当然，这绝非劳动者的心愿。史料披露，美国出台《社会保障法》前，强大的医师集团出于维护自己的既得利益的考虑，坚决反对医疗实行社会保险，以致迄今劳动者群体都未能获得医疗社会保险的庇荫。不过，这也说明一个事实：商业人身保险可以取代医疗社会保险的功能，既可保障劳动者的健康，也可收到安定社会的效果。当然，若美国今后也能对劳动者实行医疗社会保险，肯定会收到与商业人身保险互相配合、相得益彰、确保劳动者不再惧怕疾病风险的效应。

不少国家的自由职业者如独立撰稿人、律师、画家、作家等，未被覆盖在社会保险的网络之下，无疑，这也是商业人身保险可弥补的空间。

还有些国家，如德国、日本，对高薪阶层不实行强制性医疗社会保险，原因在于：第一，这类人士对医疗、保健的需要最大，最容易酿成医疗社会保险的高额支出；第二，这些人士收入高，完全有能力购买商业性健康险以渡过疾病风险。所以，在德国、日本，商业人身保险作为社会保险的补充，两者相互配合是十分清晰的。

对于今天的多数国家来说，社会保险尚未步入国际合作轨道，入境从事公务、商务活动的外国人常常需要医疗保险、人身伤害保险的保护，显然，这也是商业人身保险发挥作用的空间，可以弥补社会保险未实行国际合作的不足。

2. 帮助社会保险受保者享有更舒适的生活

社会保险只提供低于受保者原有工资的基本养老金、基本疾病津贴、基本工伤补偿、基本生育津贴以及基本的医疗服务和护理服务，所以，截至今天，受保劳动者光靠社会保险是过不上更惬意、更体面的生活，享受不到更健全的医疗和护理服务的。而要获得更优厚的养老金、人身伤害补偿等，就需要依赖商业人身保险的帮助。所以，就提供更舒适的生活和服务而言，商业人身保险完全可作为社会保险的补充。

第四节　社会保险与社会保障

一、学习目标

本节主要通过三个任务了解社会保障的含义与内容，认知社会保险与社会救助、社会福利的不同，掌握社会保险是社会保障的核心，社会救助与社会福利是社会保障的不同层次。

社会保险与社会保障的联系与区别

二、学习任务

任务1：认知社会保障的含义与内容。通过该任务，要求学生了解典型国家和中国社会保障含义的不同范畴，课前要求学生查阅社会保障的相关文献资料，理清社会保障与社会保险的关系。课堂上要求学生以组为单位，讨论社会保障的含义和特点，教师对各组的发言进行点评，理解社会保障虽然因国情和传统不同，其项目也有所不同，但是万变不离其宗，基本项目大体一致。

任务2：比较社会保险与社会救助。通过该任务，要求学生了解社会救助的含义和特点，认知社会救助在社会保障体系中的层次。课前要求学生查阅社会救助的相关文献资料，理清社会保险与社会救助之间的关系。课堂上以组为单位，讨论社会救助的含义和特点，教师对各组的发言进行点评，要求学生理解社会救助在社会保障中起到保障最低生活水平的作用。

任务3：比较社会保险与社会福利。通过该任务，要求学生了解社会福利的含义和特点，认知社会福利在社会保障体系中的层次。课前要求学生查阅社会福利的相关文献资料，理清社会保险与社会福利之间的关系。课堂上以组为单位，讨论社会福利的含义和特点，教师对各组的发言进行点评，要求学生理解社会福利在社会保障中起到提高生活水平的作用。

三、学习内容

（一）社会保障的含义和内容

1. 社会保障的含义

（1）一般定义

社会保障是指国家通过立法和行政措施设立的、旨在保证社会成员基本经济生活安全的各种项目的总和。

（2）国外对社会保障定义的理解

英国：社会保障是一种公共福利计划，旨在保护个人及其家庭免除因失业、年老、疾病或死亡而在收入上所受到的损失，并通过公益服务（如免费医疗）和家庭生活补助，提高其福利。

美国：社会保障是安全网，在生老病死、伤残孤寡、衣食住行、工作学习等方面提供安全性保护。

德国：社会保障是为因生病、残疾、老年等原因而失去劳动能力或遭受意外而不能参与市场竞争者及其家人提供的基本生活保障，其目的是通过保障使之重新获得参与竞争的机会。

法国：社会保障是使在竞争中失败的人不致遭受不预之灾，为那些由于失去劳动能力或遭受意外困难而不能参加竞争的人，在生活上提供保障。

国际劳工组织：社会保障是通过采取一系列综合性的政策和措施而追求到的一种社会成果，这些政策和措施是对因疾病、失业、年老以及死亡而中断收入来源、陷入贫困的公众（或者是其中的大部分）加以保护。

（3）国内对社会保障定义的理解

在中国，一些学者根据自己的理解也给社会保障下了不同的定义。陈良瑾教授在《社会保障教程》中将社会保障定义为"国家和社会，通过国民收入的分配与再分配，依法对社会成员的基本生活权利予以保障的社会安全制度"。[1]

葛寿昌教授在《社会保障经济学》中认为"社会保障是社会（国家）通过立法，采取强制手段，对国民收入进行分配和再分配形成社会消费基金，对基本生活发生困难的社会成员给予物质上的帮助，以保证社会安定的一种有组织的措施、制度和事业的总称"。[2]

郑秉文在《社会保障分析导论》中认为"社会保障是与社会主义市场经济的体制基础相适应，国家和社会依法对社会成员基本生活予以保障的社会安全制度"。[3]

郑功成教授认为"社会保障是国家依法强制建立的、具有经济福利性的国民生活保障和社会稳定系统；在中国，社会保障应该是各种社会保险、社会救助、社会福利、军人保障、医疗保健、福利服务以及各种政府或企业补助、社会互助保障等社会措施的总称"。[4]

（4）各国对社会保障定义理解的共同点

各国认为，社会保障是为丧失劳动能力以及需要某些特殊帮助者提供的维持其基本生活需要的保障制度。

综上所述，社会保障不仅与政治、文化有关，而且还受到经济发展与社会环境的制约，是个多维的概念。

（5）社会保障的含义

对社会保障的概念要给予比较全面的、准确的、科学的概括，至少从以下四个方面加以把握。

① 陈良瑾. 社会保障教程 [M]. 北京：知识出版社，1990: 5.

② 葛寿昌. 社会保障经济学 [M]. 上海：复旦大学出版社，1990: 2.

③ 郑秉文，和春雷. 社会保障分析导论 [M]. 北京：法律出版社，2001: 3.

④ 郑功成. 社会保障学 [M]. 北京：商务印书馆，2000: 11.

第一，社会保障的责任主体是国家和社会：补偿弱化的家庭保障功能，解决特定的社会问题以稳定社会。

第二，社会保障的目标是满足人的基本生活需求：一是基于人的生存权的保护；二是受制于经济发展水平的制约。

第三，社会保障面向社会全体成员：社会成员只要符合社会保障的条件，就应该无一例外地成为社会保障的对象。但是就具体的保障项目来讲，谁被保障，谁不被保障，是有严格限制的。如社会救助只包括在基本生存上遇到困难的特殊社会群体。

第四，社会保障制度实施的保证和依据是社会立法，即国家以立法的形式来确定社会保障的范围、资金来源及支付标准等基本内容，并采取相应的措施保证其得以实现。

2. 社会保障的内容

（1）社会保险

社会保险是指国家通过立法建立的一种社会保障制度，目的是使劳动者因年老、失业、患病、工伤、生育而减少或丧失劳动收入时，能从社会获得经济补偿和物质帮助，保障基本生活。从社会保险的项目内容看，它是以经济保障为前提的。一切国家的社会保险制度，不论其是否完善，都具有强制性、社会性和福利性这三个特点。按照我国劳动法的规定，社会保险项目分为养老保险、失业保险、医疗保险、工伤保险和生育保险。社会保险的保障对象是全体劳动者，资金主要来源是用人单位和劳动者个人的缴费，以及政府给予的资助。依法享受社会保险是劳动者的基本权利。

（2）社会救助

解释一：社会救济

社会救助也称为社会救济。通常来说，救济是一种消极的救贫济穷措施，基于一种同情和慈善的心理，对贫困者行善施舍，多表现为暂时性的救济措施；而救助则更多反映了一种积极的救困助贫措施，作为政府的责任而采取的长期性的救助。因此，作为政府的责任而采取的长期性的救助，是指国家对于遭受灾害、失去劳动能力的公民以及低收入的公民给予特质救助，以维持其最低生活水平的一项社会保障制度。社会救助主要是对社会成员提供最低生活保障，其目标是扶危济贫，救助社会脆弱群体，对象是社会的低收入人群和困难人群。社会救助体现了浓厚的人道主义思想，是社会保障的最后一道防护线和安全网。

解释二：物质帮助或精神救助

所谓社会救助（social assistance），是指国家和其他社会主体对于遭受自然灾害、失去劳动能力或者其他低收入公民给予物质帮助或精神救助，以维持其基本生活需求，保障其最低生活水平的各种措施。社会救助是最古老最基本的社会保障方式，在矫正"市场失灵"，调整资源配置，实现社会公平，维护社会稳定，构建社会主义和谐社会等方面发挥着重要的不可替代的作用。以科学发展观为指导，全面建设小康社会，必须构筑有中国特色的社会救助体系，切实维护困难群体的基本权利（生存权）。这是当前学界和实务部门面临的首要任务。建立社会救助体系关键在于法律制度建设，即在我国建立完整的社会救助法律体系。而社会救助法属于第三法域，相对独立于公法、私法两大法律板块。

解释三：公共援助

社会救助也称为公共援助。在实际操作中，通常的做法是：根据维持最起码的生活需求的标准设立一条最低生活保障线，每一个公民，当其收入水平低于最低生活保障线而发生生活困难时，都有权利得到国家和社会按照明文公布的法定程序和标准提供的现金和实物救助。社会救助可以根据不同出发点，不同依据和标准，从多角度做出不同划分。依据救助的实际内容来划分，可分为生活救助、住房救助、医疗救助、教育救助、法律援助等；依据救助手段来划分，可分为资金救助、实物救助和服务救助等。以贫困持续时间的长短变化来划分，贫困可分为长期性贫困、暂时性贫困和周期性贫困，因此社会救助就可以分为针对长期性贫困的定期救助（如孤寡病残救助）、针对暂时性贫困的临时救济（如多数情况下的失业救助、自然灾害救助等）和针对周期性贫困的扶贫（如贫困户救助）。

（3）社会福利

福利首先是同人的幸福生活相联系的概念。在英语里，"福利"是 welfare，它是由 well 和 fare 两个词合成的，意思是"好的生活"。但是，什么是"好的生活"却是一个仁者见仁，智者见智的事情。它既可以指物质生活的安全、富裕和快乐，也可以是精神上、道德上的一种状态。社会福利还与社会政治相关联，既被看作一种国家治理的状态，又被看作调整社会关系的手段。所以，"福利不单单表现为心情等主观因素，而是作为一个人主动追求人间幸福生活权利的基础、机会和条件，以及在日常生活中所做的各种必要的努力"。从一般抽象的意义来说，福利就是能使人们生活幸福的各种条件。它既包括人的身体应得到的保护和照顾，也包括影响人的智力和精神自由发展的各种因素。而"社会福利"就超出了个人的范畴，要求人们从"社会"层面上来考虑和解决如何使人能够过上一种"好的生活"。它涉及社会根据什么来帮助人们生活得幸福，需要通过什么样的制度和政策安排来保证人们生活得幸福。

社会福利是指国家依法为所有公民普遍提供旨在保证一定生活水平和尽可能提高生活质量的资金和服务的社会保障制度。一般的社会福利，主要指社会服务事业及设施。社会福利制度一般来讲具有四个特点：一是社会福利是社会矛盾的调节器；二是每一项社会福利计划的出台总是带有明显的功利主义目的，总是以缓和某些突出的社会矛盾为终极目标；三是社会福利具有普遍性，社会福利是为所有公民提供的，利益投向呈一维性，即不要求被服务对象缴纳费用，只要公民属于立法和政策划定的范围之内，就能按规定得到应该享受的津贴服务；四是社会福利较社会保险而言是更高层次的社会保险制度，它是在国家财力允许的范围内，在既定生活水平的基础上，尽力提高被服务对象的生活质量。

（4）社会优抚

社会优抚是中国社会保障制度的重要组成部分，《中华人民共和国宪法》第45条规定，"国家和社会保障残废军人的生活，抚恤烈士家属，优待军人家属"。保障优抚对象的生活是国家和社会的责任。社会优抚制度的建立，对于维持社会稳定，保卫国家安全，促进国防和军队现代化建设，推动经济发展和社会进步具有重要的意义。

（5）社会互助

社会互助是指在政府鼓励和支持下，社会团体和社会成员自愿组织和参与的扶弱济困活动。社会互助具有自愿和非营利的特征，其资金主要来源于社会捐赠和成员自愿交费，政府往往从税收等方面给予支持。社会互助主要形式包括：工会、妇联等群众团体组织的群众性互助互济；民间公益事业团体组织的慈善救助；城乡居民自发组成的各种形式的互助组织等。

（二）社会保险与社会救助的区别

社会保险与社会救助的区别

社会保险与社会救助构成社会保障制度的主体，两者都以为公民提供经济保障为目的，但两者之间存在着本质的区别。

（1）对象与功能不同。社会保险的主要对象是有固定职业与正常收入的薪资阶级和其他劳动者，即生产人口，他们在平时能维持个人及家庭的正常生活。建立社会保险制度，强制他们缴纳保险费，是为了让他们在发生社会性风险事故时能够领取津贴，维持基本生活，因此社会保险的功能在于防贫。而社会救助的对象是老弱病残、无力自谋生活的公民，或者有工作能力，但因遭受意外事故使正常收入中断，无法维持最低生活水平的公民，也就是消费人口，因此社会救济的功能在于济贫。

（2）保障基金的来源与给付方式不同。社会保险基金主要来源于个人和企业（雇主），政府也给予必要的补助。从经费来源的劳动属性看既有必要劳动，也有部分剩余劳动。社会救济金主要由政府财政拨款和社会捐款，从劳动属性看完全是剩余劳动。社会保险津贴的给付是依据有关法律规定的条件、标准执行，不需要经过资产调查，即它以个人基本生活需要为前提，满足平均的需要。而社会救助须经过严格的资产调查程序，证明申请人的收入及财产不足以维持最低生活水平时才能进行给付，即它以个人的需要为前提。

（3）权利与义务关系不同。社会保险是一种纳费制度，强调权利与义务对等原则，参加保险者必须先履行缴纳保险费的义务，然后才有领取社会保险津贴的权利。而社会救助则不同，不讲权利与义务的对等关系，只强调国家和社会对个人的责任和义务，因此，受惠者有受惠的权利而无须履行纳费的义务。

（4）保障水平与给付标准不同。社会保险的给付标准一般依被保险人原有的收入水平、缴费额的大小及国家的财政实力而定，它保障被保险人的基本生活需要。而社会救助则不同，它先根据受救助对象当时的实际情况制定出最低生活水平线（即贫困线），并以此作为保障的水平，其给付额不考虑受惠人以前收入状况，也不考虑国家的财力，而主要根据资产调查的情况，以两者的差额作为给付额。

（5）保障期限不同。社会保险的各项给付一般都规定有享领期间，在享领期间仍不能克服风险者，则改领社会救助。而社会救助不同，只要生活水平在贫困线以下，就可以无限期领受。可见，社会救助应作为社会保险的辅助而存在。

（6）保障行为的性质不同。在社会保险关系中，法定范围内的风险发生后，有关机构会按照相关的法律规定自动履行保险给付义务，受领者的人格和心理不会受到损害。而社会救助则不同，在公民陷入困境后，需要经个人申请、资产调查、上级批准等法定工作程序，并且即使某人符合领取救助的条件，只要不提出申请，就作自动放弃救济处理。同时，进行资产调查在人们看来有损形象和身份，所以有些人会主动放弃救济。故社会救助在对付风险时有被动性的特点。

（三）社会保险与社会福利的区别

社会保险与社
会福利的区别

社会保险与社会福利都是社会保障制度的有机组成部分，同时也是国家社会政策的重要组成部分，对保障公民的基本生活条件，提高生活质量起着十分重要的作用。两者在许多方面显示出了共性，但它们之间也有着本质的区别。

（1）保障对象不同。社会保险的保障对象是有固定职业和正常收入的薪金阶层和其他劳动者，也就是生产人口；而社会福利则以全体公民为对象。

（2）保障资金的来源不同。社会保险资金主要来源于被保险人和企业（雇主）的缴费；而社会福利资金则主要来源于国家和社会，单位、社区和个人不需缴费。

（3）权利与义务的关系不同。社会保险基金的分配重视权利与义务对等原则，被保险人必须履行缴纳保险费的义务；而社会福利则不考虑受惠者对社会福利事业的贡献大小，强调人人有份，平均分配。

（4）保障的标准不同。社会保险以保障公民的基本生活为目的，满足公民的基本生活需要；而社会福利则以提高公民的生活质量为主要目的，满足公民较高层次的发展和享受的需要。

（5）保障的手段不同。社会保险以提供保险津贴为主，相关服务为辅；而社会福利则以提供各种服务及服务设施为主，货币给付为辅。

（6）经营主体不同。社会保险的经营主体一般是政府有关专门机构；而社会福利的经营主体不仅有国家，还有基层社区组织、基层单位和各行业主管部门等。

社会保险、社会救济、社会福利这三种社会保障项目共同构成社会保障制度的主体。以上我们分别介绍了各自的含义、特征及相互关系，弄清楚这些联系和区别对于我们建立适合本国特点的社会保障制度具有十分重要的指导意义。为进一步明了它们的区别，我们作了一个集中的比较，见表1-1。

表1-1 社会保险、社会救济、社会福利的比较

比较内容 / 项目	社会保险	社会救济	社会福利
保障对象	薪金收入者、其他劳动者	生活在贫困线下的公民	全体公民
资金来源	个人和企业（雇主）缴纳为主，政府救助	政府财政拨款和社会捐款，个人不缴费	财政拨款、企业利润分成、社会自筹、社区募捐，个人不缴费
保障水平	基本生活水平	最低生活水平	提高生活质量
给付标准	被保险人原有收入水平、缴费额大小	根据资产调查情况	以平均分配为主
经办主体	政府专门机构	政府有关部门、社会团体	政府、社会组织、基层单位、各行业主管机构
保障手段	提供保险津贴为主，相关服务为辅	资金、物资并重	以提供服务和服务设施为主，货币为辅

➤ **学习拓展**

1. 什么是大福利？

大福利是指涵盖了养老、健康、教育、就业、住房、低保和特殊人群等各个方面的社会福利，大福利概念包括以下四层含义：

（1）大福利是以全体社会成员为对象的社会福利。

（2）大福利是以社会成员的基本福利需求为本的社会福利。

（3）大福利是多元主体共同提供福利支持的社会福利。

（4）大福利是包括社会救助、社会保险、公共福利和社会互助四种供给方式的社会福利。

第一，大福利是以全体社会成员为对象的社会福利。从发展的角度看，社会福利最终要覆盖到所有的社会成员。这里的全体社会成员有两个意思：一是所有的社会成员都将纳入社会福利体系的保护范围，都能享受到社会福利。当然，这不等于所有社会成员都能享受同等的社会福利，都能享受相同的社会福利。二是所有的社会成员都能享受某一福利项目。如我国正在构建的医疗保障体系、城镇职工基本医疗保险制度、城镇居民基本医疗保险制度和新型农村合作医疗制度，将实现"全民医保"以满足全民的健康福利需求。

第二，大福利是以社会成员的基本福利需求为本的社会福利。大福利概念以社会成员的基本福利需求为中心，社会成员的基本福利需求主要包括教育福利需求、工作福利需求、健康福利需求、养老福利需求和居住福利需求。大福利概念中的福利内容（项目）主要包括教育福利、就业（工作）福利、健康福利、养老福利和住房（居住）福利等。由于这些福利项目集中反映了民生的基本内容。大福利也可以叫作以民生为本的社会福利。

第三，大福利是多元主体共同提供福利支持的社会福利。大福利概念中的福利供给主体包括政府组织、市场组织和社会组织（即民间组织）等现代社会中的三大部门。最主要的组织包括家庭、政府、单位和非营利组织（或慈善组织），其中最重要的是政府。

第四，大福利是包括社会救助、社会保险、公共福利和社会互助四种供给方式的社会福利。在大福利概念中，社会成员获得福利的途径既有缴费方式的"社会保险"，也有免费方式的"社会救助和公共福利"；既有强制方式的"社会保险"，也有自愿方式的"社会互助"。

上述四层含义清楚地说明：大福利之所以为大福利，正是因为它具有对象的广泛性、内容的基本性、主体的多元性和方式的多样性四大特征。相对于小福利概念，这些是大福利概念的特点和优点。

2. 小福利概念及其局限

（1）小福利概念的含义

在我国，理论界和实务界对社会福利概念的界定和使用存在着不同的理解。但长期以来，占主导地位的观点是小福利概念，小福利概念的核心观点是从狭义角度界定社会福利。主要指以下三种含义：

一是指为弱势群体提供的福利，即特殊福利。这种福利观从福利供给对象的角度界定社会福利，社会福利的对象不是全体社会成员，而是部分特殊成员，即社会弱势群体。社会福利是国家和社会为弱势群体提供的收入和服务保障，主要包括老年人福利、儿童福利和残疾人福利。这个意义上的福利概念类似西方学者所说的"选择性福利"或"补救性福利"。

二是指由民政部门提供的福利，即民政福利。这种福利观从福利供给主体的角度界定社会福利，认为社会福利是由民政部门代表国家提供给弱势群体（如老人、残疾人、孤儿和优抚对象等）的收入和服务保障。这种福利观强调国家的福利供给责任，认为国家是最重要甚至是唯一的责任主体，把社会福利等同于国家福利或政府福利。这个意义上的社会福利概念是我国民政福利实践中最常用的定义，也是中国人最熟悉的福利概念。正是因为这种福利观的长期存在，我们才能准确地理解民政部门提出的"社会福利社会化"的由来及其本质含义。

三是指居于社会保障体系最高层次的福利。这种福利观从福利供给目标的角度界定社会福利，认为社会保障体系包括社会救助、社会保险和社会福利三个层次。社会福利是社会保障体系的最高层次。社会救助的目标是维持社会成员的最低生活水平。社会保险的目标是维持社会成员的基本生活水准。社会福利的目标是提高公民的生活水平和生活质量。这个意义上的社会福利概念在我国社会保障研究中具有相当的代表性，认为社会福利属于社会保障的下位概念，是社会保障体系的一个组成部分。

（2）小福利概念的局限

小福利概念的三种含义实际上可以归纳为两种类型的福利观：一类可称为"补救性的小福利观"，第一种和第二种含义虽然理论界定的角度不同，但两者在实践中没有本质区别，都是针对已经存在的社会问题进行"事后补救"，都坚持福利供给对象的选择性，都强调国家（政府）承担主要的福利供给责任，属于"雪中送炭"式的福利。另一类可称为"发展性的小福利观"，第三种含义的小福利概念所强调的不是社会福利的补救功能，而是突出社会福利对于改善和提高社会成员生活质量的作用，属于"锦上添花"式的福利。现实中，这种类型或成分的社会福利在我国社会保障体系中还比较少。

综观小福利概念，存在着四个局限：第一，福利对象的局限。小福利概念把福利对象仅仅限于部分社会成员，即弱势群体，社会福利似乎只是社会弱势群体的"专利"，然而"社会福利"的本质属性是社会性，最终要覆盖到所有的社会成员，这才是真正的社会福利。第二，福利内容的局限。小福利概念以人群为标准来划分社会福利的内容，这种划分标准很值得商榷。我们认为：只有以社会成员共同的基本福利需求为标准划分社会福利的内容，才具有本质分类的意义。第三，福利主体的局限。在小福利概念中，福利供给主体比较单一，基本上或主要局限于国家或政府，社会福利基本等同于"国家福利"或"政府福利"。众所周知，现代社会的福利供给主体应该是多元化的。第四，福利方式的局限。小福利概念把社会福利与社会救助、社会保险并列。认为只有免费供给或无偿供给的才是社会福利，排除了社会救助和社会保险的福利属性。更进一步说，这种认识还会加剧或助长社会成员视福利为"免费午餐"的意识。

3.商业保险不能替代工伤保险

报载：外来来沪务工人员小孙在一家包装材料公司担任模具切工，公司为其购买了人身意外伤害险。工作期间，小孙不慎将手掌切伤，因伤残等级较低，保险公司拒绝理赔。小孙要求公司承担赔偿责任，公司则以购买过商业保险为由，不同意工伤赔偿。后经劳动争议仲裁委员会裁决，公司一次性向小孙赔偿工伤补助金24万元。

与小孙相似，某厂车工小刘工作时被飞起的铁屑击中眼球，造成8级伤残。由于该厂为职工购买过人身意外伤害险，便由保险公司为小刘办理了赔付手续，遂认定事故已处理完毕。然而，小刘要求企业再支付工伤补助金，企业表示保险公司已为其报销医疗费，支付了意外伤害保险金，若企业再支付工伤保险待遇，岂不成了双重待遇？遂拒绝他的要求。双方争执不下，后在劳动争议仲裁部门的调解下，厂方最终向小刘支付了工伤补助金。

近年来，一些企业主对工伤保险了解不足，以为工伤保险和意外伤害险没有区别，只要有一种就行，于是在为员工投保意外伤害险后，就不再参加工伤保险。直到事故发生，方才明白个中"厉害"。

其实，尽管意外伤害险和工伤保险的作用比较相似，但两者并不能互相取代。因为，意外伤害险是以盈利为目的的商业保险，主要赔付伤者的医药费。而作为社会保险的工伤保险，属于国家规定的强制性险种，工伤职工在因用人单位以外的第三人侵权造成人身损害，请求第三人民事赔偿的同时，仍可以按照《工伤保险条例》规定享受相关待遇。用人单位因各种原因未参加工伤保险统筹的，相关工伤保险待遇的支付由用人单位负责。

具体来说，在参保工伤保险后，职工一旦受工伤，包括医药费在内的相关权利和待遇都有保障。而且，用人单位为劳动者办理人身意外伤害险，是职工的特别福利，若单位不为职工办理工伤险，则构成违法。所以，用人单位即使为职工购买过意外伤害险，也须办理工伤保险。况且，除了一次性补偿，工伤保险还有一系列后续补偿，保障功能强于商业保险，因而意外伤害险只能作为工伤保险的补充，不能作为替代产品。因此，企业应及时通过为职工办理工伤保险，来分担未来可能发生的风险。（资料来源：上海金融报网站 http://www.shfinancialnews.com/xww/2009jrb/node5019/node5051/node5056/userobject1ai79257.html）

➤ **复习思考题**

1.简述社会保险与商业保险的联系与区别。

2.为什么说商业保险是社会保险的重要补充？

3.简述社会保险的含义。

4.如何理解社会保险中的权利与义务对等原则？

5.为什么说促进社会稳定的功能被各国政府视为社会保险最主要的功能？

6.简述社会保险与社会保障的联系与区别。

第二章
社会保险制度的产生与发展

➤ **内容概述**

本章主要阐述社会保险制度产生的基础、社会保险制度的产生与演变、中国社会保险制度的发展、社会保险制度的改革与发展。本章进一步帮助学生认识社会保险的来龙去脉。

➤ **教学目标**

通过本章学习，使学生了解社会保险制度产生的基础、社会保险制度的产生与演变、中国社会保险制度的发展、社会保险制度的改革与发展，掌握社会保险是社会发展到一定历史阶段的产物。

➤ **重点难点**

重点掌握中国社会保险制度的发展演变，难点是如何认识社会保险制度起源的理论基础。

第一节　社会保险制度产生和发展的基础

一、学习目标

本节要求学生了解社会保险产生的理论基础、原因及条件，认知社会保险不是从来就有的，而是社会发展到一定阶段的产物，来自社会的客观需要和一定的理论基础支持，两者缺一不可。

二、学习任务

任务 1：课前要求学生查阅相关资料，比较社会保险和商业保险产生的条件，以更好地理解社会保险产生的基础。课堂上要求学生对社会保险产生的基础进行列举，以小组为单位作最后的陈述，教师对每个小组的发言进行点评，总结社会保险产生的基础条件。

任务 2：了解社会保险产生的基础。通过该任务要求学生理解社会保险产生的理论基础、原因及条件，认知社会保险是工业化的产物，而不是自然的产物。

三、学习内容

（一）社会保险产生的理论基础

社会保险是一种社会政策。作为社会政策，它的产生必须有两个方面的支持：一是社会客观需要，包括政策实施的必要性和可行性（社会经济条件）；二是一定的理论支持（理论基础）。两者缺一不可。

社会保险产生的理论基础

1. 人权思想是社会保险的思想渊源

社会保险是为满足人的基本生活需要而采取的社会政策，从这个意义上说，它是保障人类生存权利的重要措施。因而，关于人的生存权的理论和学术，就构成了社会保险的思想渊源。显然，如果社会认为人没有生存的基本权利，那么社会保险是不可能产生的。人权思想萌芽于奴隶社会，奴隶社会残酷的现实以及奴隶为摆脱该种现实而进行的持续的斗争，不时反映到当时思想家的头脑中，形成各种不同形式的人权思想的萌芽。在古希腊、罗马，人权思想的萌芽主要表现为自然法和自然权利思想。自然法和自然权利思想告诉人们，奴隶制度违反自然，因为根据自然，没有一个人生而为奴隶，或者说，上帝使人生而自由，而自然从未使任何人成为奴隶。这就是说，奴隶也是人，也有与生俱来的人身自由权利和平等权利。这是自然法规定的自然权利。应当说，这种自然法和自然权利的思想为近代人权理论的产生提供了理论的养料，可以把自然权利看作"人权"的朴素形式。"人权"一词是意大利文艺复兴初期伟大的先驱但丁第一次明确提出的。经过几百年的发展，形成了系统的思想。

人权思想的基本内容包括：人生来就有人身的权利，这种权利在人与人之间是平等的；生存权是人权的核心；国家有保护人权的责任。

2. 互助共济思想是社会保险的伦理基础

所谓"伦"，是指人与人之间的关系；所谓"理"，是指在一定社会经济形态下形成的风俗、习惯、信念、道理和规则。"伦理"，简言之，就是处理人们相互关系应遵守的风俗、习惯、信念、道理和规则。

作为社会政策，社会保险的推行，需要社会伦理道德的支持。否则，就不能实施。而互助共济思想为社会保险的产生和实施提供了伦理基础。

在西方社会，不论是感性主义的伦理思想，还是理性主义的伦理思想，都提倡互助共济的伦理道德。邓大松教授在《美国社会保障制度研究》一书中，详细介绍了这方面的情况。

中国古代和现代，都极力提倡互助共济的思想，而且视之为一种美德。孔子的大同世界学说（《礼记·礼运》）："大道之行也，天下为公，选贤与能，讲信修睦。故人不独亲其亲，不独子其子。使老有所终，壮有所用，幼有所长，鳏、寡、孤、独、废疾者皆有所养……是谓大同。"

天下为公的大同世界的特点：

其一，生产资料公有制，生活富裕；

其二，没有等级制度；

其三，人们选举德才兼备的人来管理公务事务；

其四，人人安居乐业，生活困难的人受到特殊照顾；

其五，人人互相友爱，互相帮助，道德高尚，生活节约；

其六，社会秩序良好，民事纠纷和刑事犯罪活动极少发生。

古希腊著名思想家柏拉图（前 427—前 347 年）的《理想国》：人们的生活有很多需要，但由于人的天性不同，每个人只适合于从事一种工作，所以人们必须互相合作、互相交换、共同生活，这个公共住宅区，就是城邦。

文艺复兴时期英国著名的空想社会主义者托马斯·莫尔（Thomas More 1478—1535 年）的《乌托邦》：乌托邦实行公有制，经济生产是有计划的。他们一般通过元老院来调配生产必需品。他们首先确定某一地区哪一类商品货源充足，再确定岛上哪些地区粮食欠收。这样他们便可以在两地之间进行调配，而且这是无偿供应，他们不向受接济的一方有所需求。凡是从自己的储存中无报酬地支援其他城市的人，也可以从另一城市免费得到他们所需的东西，因此，整个岛就像一个大家庭。

文艺复兴时期意大利著名的空想社会主义者托马斯·康帕内拉（Thomas Campanella 1568—1639 年）的《太阳城》："太阳城"实行一切公有的经济制度，从土地、房屋到各种生产工具及至生活用品，全部归公，任何人不能将财富据为己有。"太阳城"里，劳动是公民普通的义务，也是大家乐意从事的。人们或者从事农业、畜牧业和手工业劳动，或者从事科学研究，每个人都能在合适的工作岗位上发挥自己的特长。他们也按照性别进行分工，男性从事重体力劳动，而女性则从事轻体力劳动。在太阳城人的心目中没有职业高低贵贱之分。与"乌托邦"不同，"太阳城"里不使用仆人，他们认为，使用仆人会养成腐化习惯，必须自己动手做事。太阳城里，残疾人也能得到适当的安排，做其力所能及的工作。老年人和丧失劳动能力的人都能得到很好的照顾。大家每天只需劳动4小时，其余时间则用来进行学术活动、读书、开座谈会、散步或参加体育锻炼。

不论是孔子的大同世界，还是柏拉图的理想国、托马斯·莫尔的乌托邦以及托马斯·康帕内拉的太阳城，虽然都是一种空想，但都体现了人类社会对互助共济的一种向往、赞美和提倡。互助共济，是人类同自然界和社会斗争的实践活动在人们思想上的反映，也是指导人类行为的规范。它是社会保险产生和实施的伦理道德基础。

3. 国家干预经济的理论直接推动了社会保险的产生和发展

现代社会保障制度是在否定亚当·斯密的自由经济主义的基础上产生的，虽然百年间产生过不少的经济学派，它们的观点各有不同但在肯定利用社会保障制度实行国家对经济生活的干预这一点上却是共同的。直到20世纪70年代，新自由主义出现，情况才有所改变。

（1）历史学派主张国家干预社会经济生活，调和劳资矛盾

19世纪下半叶，德国面临的最大问题是工会问题，在这种历史条件下出现并流行于德国的新历史学派既反对亚当·斯密的自由放任主义，也反对马克思主义的革命道路，主张国家积极干预经济社会生活，主张法律至高无上，主张实施包括社会法、工厂法在内的社会政策，主张走调和劳资关系的道路，以消除德国面临的最大社会问题。

这一理论的政策结果是德国的社会保障制度的建立。从1883年到1889年，德意志帝国议会相继通过几项法令，批准了由国家建立健康保险计划、工伤事故保险计划、退休金保险计划，从而完成了当时世界上最完备的工人社会保障计划。

历史学派的理论是为德国当时的"胡萝卜加大棒"政策立论的。虽然它也主张国家干预，但与后来的理论相比，它更强调调和阶级矛盾，后来的理论则更强调社会保障制度对经济的作用。

（2）以收入边际效用递减为理论基础的福利经济学

20世纪20年代盛行于英国的福利经济学是英国剑桥学派的一个分支，其主要代表人物是英国的经济学家庇古。

福利经济学认为，"福利"是指个人获得的某种效用或满足，其中可以直接用货币来计算的那一部分称为经济福利。这个学说强调通过国民收入总量增加和国民收入再分配两种方式来扩大全社会的福利。

收入边际效用递减规律：一个人拥有的收入越多，其收入的边际效用就越小。

收入由富人转向穷人，会增加社会福利。

主张国家采取收入累进税来进行再分配，实现财富由富人向穷人转移，达到收入均等化。

第二次世界大战后流行于英国的新剑桥学派理论对英国"普遍福利"政策的继续推行也起了影响作用。这个学派认为，国民收入的分配和再分配不合理，是资本主义生产

方式的症结所在，只要资产阶级国家主动地、积极地采取多种多样的措施来调节国民收入的分配和再分配，使之趋于"合理化"，使收入实现"均化"，就有可能保持社会的长治久安。

（3）以有效需求为理论基础的凯恩斯主义

凯恩斯的反危机理论：只要设法提高资本的有效需求和居民的有效需求，使社会有效需求提高，便可刺激投资增加、生产增加、供给增长。实现充分就业，从而走出经济危机。

如何才能提高资本的有效需求呢？

国家积极干预经济生活。通过财政支出，大兴基础设施建设及各种有关福利设施的建设，以刺激资本家投资的热情，这样资本的有效需求自然会大大提高。

提高居民有效需求的办法有两个：一是刺激出生率回升，提高人口自然增长率，摆脱人口危机束缚；二是刺激生活水平提高。国家可借助发展社会福利事业实现这两个目标。为了刺激有效需求，即使出现财政赤字也在所不惜。

他也提出了社会保障问题，主张消灭贫穷、实行累进税、实施最低工资法等。他倡导积极国家，反对自由的消极国家。

凯恩斯主义首先在英国得到传播。凯恩斯的国家干预理论在大危机直至第二次世界大战以后的相当长的一个时期内占有主导地位，对现代社会保障制度在世界范围内的普遍建立起了直接的影响和巨大的作用。

（4）"贝弗里奇报告"

早在 1941 年，英国牛津大学的经济学教授威廉·贝弗里奇（1879—1963 年）受命进行社会保障调查，并于 1942 年提出了一份《社会保险及有关服务》报告，即英国社会保障史上著名的"贝弗里奇报告"。报告制定了一整套对英国全体公民实行福利制度的指导原则，设计了"从摇篮到坟墓"的福利措施。

第一，贝弗里奇的报告建议社会保障计划应包括以下几点。

① 社会保险——满足居民的基本需要。在强制雇主或个人缴费的前提下，获得现金补贴，不考虑支付时个人是否需要，是收入保障的主要手段。

② 社会救济——满足居民在特殊情况下的需要。经证明确实需要，即可得到现金给付，不需要缴费，由财政支付，待遇随个人情况而定。

③ 自愿保险——满足那些收入较多的居民较高的需要，个人自主选择，国家鼓励。

第二，报告提出的社会保险六条原则。

① 基本生活待遇标准统一：不考虑原收入；（公平原则）

② 缴费费率统一：不考虑经济状况；（权利义务对等原则）

③ 行政管理职责统一：所有地区、项目；（集中管理，提高效率原则）

④ 待遇标准适当：满足基本生活需要；（满足基本生活需要原则）

⑤ 广泛保障：全覆盖。（全民原则）

第三，报告分门别类，适合不同人群。

同一方案，考虑到不同人群的实际情况：签订劳动合同的从业人员、以其他方式获取收入的人群、家庭妇女、少儿、退休人员等，这些理论为各国社会保障制度的建立提供了理论基础。

在这些理论的指导下，继 1883 年德国建立社会保险制度以后，社会保障制度逐渐普及其他国家。第二次世界大战结束后，发达国家在"福利国家"的口号下，社会保障制度发展成为以高福利为标志的，包括社会救济、社会保险、社会福利等各种形式在内的一套完善体系，社会保障进入了全面发展的阶段，形成了现代的社会保障制度。

（二）社会保险产生的一般原因

1. 劳动者收入的差别性，要求举办社会保险

劳动者的智力、体力、劳动技能有差别，他们为社会提供的劳动的数量和质量有差别，相应地，他们从社会得到的报酬就有差别。尽管收入有差别，但每个社会成员都面临一定的风险。收入的差别性和风险发生机会的均等性，产生了风险发生后，对低收入者提供经济补充的要求，以保障其基本的生存权利。

为什么只有政府能举办社会保险

2. 失业产生的收入中断，需要举办社会保险

市场经济条件下，失业是一种客观现象。相对于自给自足的社会化大生产，企业竞争会使一部分企业破产倒闭，引起失业；技术进步，机器排斥劳动，以及劳动者的素质、技能不适应生产工作的要求，会引起失业；生产的周期性与季节性，会引起失业。

市场失灵引起失业。古典经济理论认为，在完全的自由竞争条件下（存在大量买者和卖者、产品的同质性、资源自由流动、不存在外部性即产品的边际私人成本等于产品的边际社会成本、边际私人收益等于边际社会收益、消费者对产品的质量价格等具有完全的信息。这种情况下，价格完全由市场决定），通过市场的竞争机制，可以实现资源的有效配置，使全社会的经济效率达到最高。但在现实社会中，由于不完全竞争，私人物品，即供个人单独消费的物品，具有排他性、非强制性、有偿性、可分割性等特点；公共物品，如路灯、河流、环境污染、噪音等，与上述特征正好相反。作为"经济人"，对于公共物品，人们总希望别人生产，自己消费，即"搭便车"。这样，企业便不愿意生产公共物品。因此，公共物品的供给和需求不能通过市场机制反映出来，市场在公共物品生产的资源配置方面是无能为力的，不完全信息的存在使资源不能通过生产达到最有效的配置，使一部分必需品空缺，生产规模缩小，产生失业。

政府失灵引起失业。政府在干预社会和经济生活时，因受信息不完全、内部性（考虑自身利益，相当于政府垄断）和政策执行障碍等因素的影响，造成公共政策失效、公共产品供给低效率、寻租。在早期的经济学家那里，"租金"一词是专指地租。但是到了近代，例如在马歇尔那里，租金已经泛指各种生产要素的租金了。在所有这些场合，租金都来源于该种要素的需要提高而供给因种种原因难于增加，从而产生的差价。在现代经济学的国际贸易理论，特别是所谓"公共选择理论"中，租金被进一步用来表示由于政策干预和行政管制，如进口配额、生产许可证发放、物价管制乃至特定行业从业人员的人数限制等，抑制了竞争，扩大了供求差额，从而形成的差价收入。既然政策干预和行政管制能够创造差价收入，即租金，自然就会有追求这种租金的活动，即寻租活动。寻租活动的特点，是利用合法或非法手段，如游说、疏通、走后门、找后门等，得到占有

租金的特权。有些经济学家把这类活动称作"寻求直接的非生产性利润(DUP)"。DUP活动的涵盖面较之寻租活动更为宽广。它不仅包括只创造利润而不创造财富的寻租活动，而且包括：旨在促成政治干预和行政管制从而产生租金的活动；旨在逃避现存的管制以取得租金的活动。所有这类活动，都是要耗费社会资源的。从它们只耗费资源而不创造财富的意义上说，是一种浪费、腐败和政府扩张（扩大政府机构）的社会经济现象。政府失灵，会引起资源配置低效率和产业结构失调，引起失业。失业引起收入中断，失去生活来源，家庭处于困境，影响社会稳定，需要社会保险。

3. 人口老化，要求社会保险

物质生活条件改善，人口寿命延长，出生率降低，老龄化加重。家庭养老功能弱化，需要社会保险。

（三）社会保险产生的可能性

上述问题（失业是工业化的产物，从17世纪开始）自家庭、阶级、国家产生就已存在，而社会保险19世纪才产生。原因是，社会保险需要一定的条件。

1. 经济基础

工业化在削弱家庭保障功能，从劳动者的教育培训、劳动者对社会生产的影响等方面提出社会保障要求的同时，也从剩余产品的产生方面为社会保障提供了物质基础。

2. 社会（阶级）基础

工业化（工资劳动者增加）发展，一方面，提出了社会保险的要求（劳动者和生产资料分离，失业、工伤、疾病等增加，需要社会保险）；另一方面，工资劳动者队伍扩大形成了独立的政治力量，要求社会保险。

3. 组织基础

资本主义原始积累时期，为了抵御劳动风险，工人自发地组织起互助互济的基金会，会员定期缴纳一定的会费，当某些会员遭遇劳动风险失去收入时，由基金会为其提供物质帮助。在英国、德国等工业化国家，都先后成立了这种自发的互助基金会。这种以抵御劳动风险为目的的互助组织，从多方面为后来的社会保险制度的产生和形成提供了组织经验和基础。

（1）提供了组织形式

互助组织以会员的共同利益为出发点，创造了不以盈利为目的、并同集资、互助互济、全新的保险模式雏形，为政府借用保险手段解决工薪劳动者收入中断后的一系列问题提供了思路。社会保险制度正是吸收了互助组织的这一创造，以贯彻国家的意志、方针为宗旨，不以盈利为目的，成功地把国家的社会经济政策和保险机制结合在一起，以达到安定社会、发展经济的目的。

（2）提供了管理形式

互助组织在发展过程中创造了多种管理形式。有按行业组成的互助会、按职业组成的互助会、按地区组成的互助会和按项目组成的互助会。这些管理形式成为各国选择社会保险管理体制的参照对象，经过筛选后，它们被成功地嫁接到社会保险制度上，并得到了发展和完善。从当今世界各国的社会保险制度管理中，可以看到早期的互助组织管理形式，如由行业协会组织管理的社会保险、按地区组织管理的社会保险，等等。

（3）提供了保障项目

互助组织确定的互助项目，如疾病、失业、老年、工伤等，是社会保险制度的主要内容，也是最早被列入的项目。在保险项目的选择上，社会保险显然受到了互助组织的启发。互助组织是在自愿互利的基础上组织的群众性的经济团体，从某种意义上说，每个会员既是责任者和受益者，又是管理者。这种机制决定了它能最大限度地听取会员的意见，把会员遭遇最多、最需要保障的劳动风险列入互助项目。实践验证了互助组织所选择的互助项目的准确性，也为社会保险准确选择保险项目提供了帮助。

（4）提供了政策依据

个人缴费、共同抵御劳动风险的互保形式，得到了工人的认可和参与，给政府以提示，即以缴费为特点的保险机制有条件在工人中普遍推行，工人可以接受缴费的规定，相当数量的工人有能力为自己承担保险缴费的责任。这就为政府在工薪劳动者中广泛实行由工人、雇主、政府三方共同承担责任的社会保险制度提供了依据。可以看出，社会保险制度从多方面借鉴了互助组织的经验、原则和方法。

4. 技术基础

商业保险起源于15世纪的海上保险。17世纪中叶，英国出现了承保火险的保险公司，18世纪出现了人寿保险公司，后来又出现了人身意外伤害保险和健康保险业务，人寿保险、人身意外伤害保险、健康保险三个项目构成了商业人身保险。商业人身保险建立了一套科学的、适用于人身风险的技术体系。

17世纪，英国著名的天文学家爱德华·哈雷根据居民死亡统计资料，较精确地计算出各年龄人口的死亡概率，并编制出一个完整的生命表。生命表和生命年金理论的研究，为寿险精算技术的产生奠定了基础。1756年，英国教授詹姆斯·多德森根据人寿保险费应该按照不同的年龄分别计算的理论和哈雷生命表，提出了"自然保险费"法，即按照被保险人每年的死亡概率计算其当年应缴纳的保险费。按这种方法计算保险费，投保寿险的保险费随年龄增大逐年增加，老年人往往因无力负担而退出保险。于是，詹姆斯·多德森又提出了"均衡保险费"法，即均衡地分配应缴保险费总量，投保人每年都缴纳相同的保险费，保险期限的前一阶段均衡保险费多于自然保险费，保险期限的后一阶段均衡保险费少于自然保险费，不足部分由以前均衡保险费超过自然保险费的差额及其所生利息弥补。均衡保险费理论对促进寿险的发展有重要意义。在此后不断的发展中，商业人身保险逐步形成了一套建立在现代科学基础上运用数学方法和统计方法的保险技术体系。

由于社会保险也是为人身风险提供保障，与商业人身保险有相同之处，因此，商业人身保险的技术手段对社会保险具有特别重要的指导作用，社会保险基本上全套地借鉴了商业人身保险的技术经验。可以说，没有商业保险的发展，就不可能有社会保险的产生，商业保险是社会保险的技术基础。

第二节　社会保险制度的产生与演变

一、学习目标

　　本节主要介绍社会保险产生的政治、经济、文化环境，社会保险的兴起与传播，当代社会保险的新特点与缺陷。

西方社会保障制度的建立与发展

二、学习任务

　　任务 1：课前要求学生查阅相关资料，比较社会保险产生的政治、经济、文化环境，以更好地理解社会保险出现的历史必然性。课堂上，要求学生以小组为单位对社会保险产生的背景进行阐述，教师对每个小组的发言进行点评，总结社会保险产生的政治、经济、文化环境。

　　任务 2：了解世界范围内典型国家社会保险制度的发展演变。通过该任务要求学生理解西方社会保险制度发展的背景，认知竞争的社会环境必然产生的一系列社会问题，社会保险的出现是为了缓冲和解决这些问题。

三、学习内容

　　社会保险是工业化发展的产物，而非自然产物。在以竞争机制为核心的西方近现代社会中，随着竞争而产生的一系列社会问题，如贫困、失业、养老、伤残、医疗等，都需要社会保险来缓冲和解决。西方国家在建立和发展社会保险制度的过程中，经历了一个较长的历史阶段。

（一）原始的经济保障方式解体

　　西方国家的社会保险脱胎于欧洲社会的原始经济保障。它以 18 世纪中叶的工业革命为标志，伴随着西方工业化的进程，完成了从家庭保障到团体互助，再到社会保险的历史沿革。

　　西方社会保险的兴起，首先是以原始的经济保障难以为继作前提的。从氏族社会开始，人类的生存依赖于家庭的劳作和供养，以家庭为单位的生活群体，必然使得那些不具备或完全丧失劳动能力的老人、残疾人等得到大家庭其他人的劳动帮助。这种家庭成员间的帮助是人类生存的基本保障。工业化的开始也是一系列深刻的社会变化的开始，其中最突出的是城市化。由于机器大工业在国民经济中占有的地位越来越重要，农村自然经济、家庭生产方式便趋于解体，出现了大规模的人口迁移，城市人口迅速增加。如英国，到 1851 年时城市人口占全国人口近 50%。德国 1871 年的城市化水平也达到了 36%。随着农村人口向城市流入，他们也失去了赖以生存的传统依托——土地和基本的生产工具，转而只能靠工资收入维持生活。除了工资，他们没有其他生活来源。在这种劳动制度下，一旦人们碰到生、老、病、残或失业等不幸事故，就很难再维持生计。因为城市化条件下的家庭生产职能已经大大减弱，子女为谋生而奔波，很难完全顾及家庭，家庭成员间的纽带必然随着工业化和城市化而松散。替代以家庭为核心的原始经济保障的新方式，如慈善救济、互助团体和企业保障等一些具有集体性质的经济保障就应运而生，其中以教会的慈善救济最普遍。它既基于宗教乐善好施的教义，也是对教民捐赠、税赋的一种回报。但是教会所有的财产毕竟有限，它的经济活动只能是小规模的，对工业化进程中出现的严重贫困现象，只能是杯水车薪。除教会的救济以外，还有的便是工业社会中劳资双方为保障基本生活条件而各自采取的保险办法。劳工一方通常自发地成立互助团体，这在 17—18 世纪的欧洲社会中已经出现，目的是以集体的力量来克服因意外事故而产生的生活困难。但这种团体愈到后来愈受财力的局限和利益的制约，而不愿接受那些老弱或收入水平低的劳工，许多人被拒之门外。与此同时，作为雇主的一方，为了防止劳工的不测，有的也采取企业保障措施，但是由于工业化初期，企业的规模都不大，企业主的目标又是攫取最大限度的利润，因此，除了大企业之外，一般小企业很难也很少可以真正落实经济保障。由此可见，具有集体性质的生活保障方法，依旧属于原始的保障方式，无法解决工业化过程中产生的贫困、养老、失业、医疗等社会问题。而要使工业社会得以存在和运行，就需要一种较之个体化和集体化都更为高级的经济保障方式，那就是完全社会化的保险制度。

（二）社会保险的兴起和传播

随着工业化的历史进程，对于人们的经济保障方式，也必然提出社会化的历史要求。从 19 世纪起，社会保险的意识在欧洲的一些工业国中已经比较流行，最早把这种意识付诸行动的有两个主体，一是商业，二是政府。当然，商业保险虽是在全社会的范围展开，社会化的程度较之原始的经济保障方式要高得多，但是它经营的目的是盈利，因而它的社会效益就要大打折扣。尤其是它对于年老体弱的工人不能一视同仁，甚至把他们排斥在各种保险之外，因而最终使商业保险从社会保险的范畴中分化出来，变成一种近代独立的经济保障方式。真正推行社会保险的主体是政府。当然这里也有一个很长的过程。最早是在一些西方国家的地方政府中存在着一些零星的济贫活动，但是享受的条件十分苛刻。例如，在 16 世纪末英国颁布的《贫民法》中，劳工只有在生活上无法忍受的情况下，才能获得救济，而且救济的结果仍然属于最贫困的人。对社会上普遍存在的老、弱、病、残、失业等状况，政府并未予以重视。促使政府不得不关注社会保险的原因是，随着工业化的发展，贫困愈来愈普遍和愈来愈严重。这种普遍而又严重的贫困直接从两个方面反映出来：一是劳动者的生活条件不断恶化，恶化到如果再不改善他们的处境，社会就可能失去再生产的劳动力。二是劳动者在觉醒，工人阶级的队伍在壮大，有组织、有领导的工人运动已经此起彼伏。因此，当这两个方面的状况已经危及社会的发展和稳定时，由政府出面来建立社会保险制度，就被提到历史的议事日程。在这个问题上，德国的俾斯麦政府第一个予以重视。俾斯麦这个号称"铁血宰相"的普鲁士王国首相，为了抵消社会主义思想在工人中的传播，首创了国家社会保险制度。他曾直言不讳地宣称："一个期待着养老金的人是最守本分的，也是最容易被统治的。"他甚至还认为社会保险是"一种消除革命的投资"。在这种指导思想下，他主张各行各业都设立保险计划。1883年，德国制定了世界上第一部《疾病保险法》，第二年通过了《工伤保险法》，1889年又实行了《养老、残疾和死亡保险法》。根据这些法律，国家公民必须缴纳社会保险的税金，同时在遇到疾病、工伤、养老、残疾等不幸时，可以享受规定的社会保障。俾斯麦政府推行的这套社会保险制度先在奥地利、比利时等国得到推广，之后欧美各国也纷纷开始仿效。到20世纪初叶，英国以及西欧、北欧许多国家都建立了类似的社会保险制度，对一些工业部门实行失业救济、残疾津贴和医药补助。美国和日本起步较晚，但随着20世纪30年代空前的经济危机和国家国民经济的严重萧条，也不得不于20世纪三四十年代着手建立社会保险。当然，各国在推行社会保险的具体方法上并不完全一致，有的采取完全强制，有的则要求自愿参加。公民缴纳社会保险税的税率、税额以及国家对社会保险的财政投入也不尽相同。但是各国举办社会保险的宗旨，以及对社会保险职能的要求，基本上都相同，都是利用现存的国家机构，采取温和、渐进的方式，通过一定程度上的收入再分配，来改善公民的劳动条件和生活条件，达到维持社会稳定的目的。不过，应该指出的是，由于19世纪末20世纪初西方国家的经济实力尚未达到可以建立健全社会保险制度的水平，特别是国家垄断资本主义也未盛行到具有足够的力量来组织和支撑发达的社会保险体制，因而，一般说来，第二次世界大战之前的西方社会保险，仍属于早期的、发展中的社会保险制度。

（三）当代社会保险的新特点与缺陷

西方国家实行社会保险的历史虽然比较悠久，但真正由国家统一管理，由法律保证实施，由政府财政支持的社会保险制度则是至20世纪三四十年代才形成规模。特别是第二次世界大战结束以后，随着西方社会经济实力的增强和国家垄断资本主义对社会干预的扩展，社会保险制度进一步同国家的福利政策结合，社会保险的范围不断扩大，水平迅速提高，作用也明显增强，出现了许多与早期社会保险不同的新特点。

1. 社会保险进一步制度化、法制化

20世纪30年代前后，欧美许多国家相继通过法律的形式，制定、修改和强化《社会保险法》。不少原先没有这方面法律的国家，或者有这方面法律，但比较笼统、简陋、松散、不够完备的国家，都根据各自经济发展水平和人民生活状况，通过议会较长时期的提案、议论和争辩，最后使社会保险变成国家的一项重要法规，在社会经济、政治生活中得以贯彻。例如，英国分别于1934年和1936年，在早期的《国民保险法令》的基础上，强化各项具体法律，先后通过《失业保险法令》《农业失业法令》和《国民健康法令》。第二次世界大战结束后，又通过推行"贝弗里奇计划"强化社会保险、工业伤亡、家庭补助、社会保健等四种社会福利法案。原先没有这方面法律的美国也于1935年由国会通过了《社会保障法》，并在此后数十年里，多次修订和强化了这一法律。就连起步很晚的日本，迫于战后国际社会潮流，也在1947年实施的新宪法中，规定了"国家必须在一切生

活部门努力提高和增进社会福利和社会保障"。

2. 社会保险和社会化程度不断扩大

由于法律规定和政府推行，战后西方参加社会保险的人数急剧增加，社会保险的社会化程度空前提高。由于大部分国家的社会保险税是在全社会范围内征收的，与公民的薪金收入挂钩，各行各业的职工在收受薪金的同时都有履行纳税的义务，因而社会保险的规模急剧扩大，形成缴纳社会保险税和享受社会保险的人员同比增长。社会保险税在所有税收中的比重不断提高，一般仅次于个人所得税，成为第二税收。个别国家如法国等，社会保险税的比重自 1985 年起，达到 48.3%，超过个人所得税而成为国家第一大税种。

3. 社会保险的项目不断增多

战后西方的社会保险发展很快，除了继续保持早期社会保险的几个项目以外，还增添了不少其他新的保险内容。尤其是一些经济较强、人民收入水平较高的国家，社会保险的内容更是五花八门。如：美国各级政府在 20 世纪 80 年代累计兴办的社会保险和福利设施共有 90 多项。日本也在社会保险、国家扶助、社会福利和公共卫生四个领域，设有46 项相关制度。瑞典的社会保险税更是无所不包，保险的内容扩大到休假保险、儿童保育、成人教育、工薪保险、工伤补助、工伤保险、退职补偿、解雇补偿、失业保险、就业保险等数十种，甚至还出现了越出个人为自己投保范围的集体生命保险和集体医疗保险等。瑞士、荷兰、比利时等西欧国家，虽然在社会保险的项目上不及北欧，但在养老、医疗、失业等主要项目上，也分化出许多子项目。随着西方国家社会保险的外延不断扩大，其对人们的基本生活方面也不断覆盖，客观上对于普通百姓消除后顾之忧，起了很大作用。

4. 政府支持和调控日益明显

战后西方经济迅速增长的重要原因之一是国家垄断资本主义，反过来，国家垄断资本主义对于社会经济也十分重视。因此，作为社会经济一个重要方面的社会保险事业，始终得到国家的支持和调控，并且被看作是实行市场经济必不可少的社会条件。西方各国政府，几乎都把社会保险政策看作调控国民经济再分配、缓解劳资双方矛盾、保证老弱病残基本生活水平的一种手段。规定社会保险税由雇主与雇员共同缴纳（有的国家雇主为雇员缴纳的税金超过雇员本人缴纳的，瑞典更是全部由雇主缴纳），规定社会保险税的缴税率和税基限额。对于一些十分贫困的人，政府还采取特殊的税收政策。除此之外，政府还不断增加福利开支，积极参与社会保险，从而达到维持社会稳定和促进经济增长的目的。当然，由于不断扩大的社会福利已经远远超出社会保险税收可以承担的范围，西方国家则不断地在社会保险税收中增加政府补贴。以美国为例，1950 年联邦政府和各州地方政府补贴社会保险的福利开支为 350 亿美元，占当年国民生产总值的 8.9%，1976年为 3300 多亿美元，占当年国民生产总值的 20% 左右，20 多年里增长好几倍。日本、德国、英国和意大利等国政府社会保险支出占国民生产总值的比重，也分别从 1960 年的4.7%、14.9%、10.3% 和 12% 增加到 5.7%、18.4%、13.7% 和 20.6%。

5. 社会保险的管理日趋先进

战后西方各国政府一般都有负责社会保险管理的专门机构，同时社会也有按照各项保险事务而分工的保险网络。如美国，联邦政府设有社会保险总署，领导遍布全国的社会保障网络。日本则通过"社会保障制度审议会"，专门为内阁制定这方面的最高决策提供依据。而德国对社会保险的管理是以政府监督，完全自治的形式。当然，这些不同的机构和组织都各有法定的职责范围和工作程序，分别在决策、实施和监控等岗位上各司其职。对社会保险的管理，主要反映在资金的收支上，一般社会保险税的征收根据属地化，即由职工常住地的税务机关负责。具体纳税的办法实行源泉扣缴，即在发放雇员工作薪金时，就由雇主按照规定的应纳税扣缴，不需要雇员自身过问。政府对收缴的社会保险税，实行支出预算化管理。当然每个国家的具体方法不一，有的采用现收现付，即根据收支平衡原则落实支付。有的采用基金式，即在预测未来时期社会保险支出需求的基础上，确定较长时期内收支平衡政策，这样就必须建立一个储备基金。对于这种储备式盈余的基金，政府通过专门的机构进行信托投资运作，但法律对其有严格的限制，一般只能用于购买政府公债和投资有形的公共资产，以保证用于社会保险的资金有很高的安全性，达到保值和增值的目的。同时，政府还经常将社会保险同通货膨胀、物价指数相联系，以此确定政府对社会保险的财政补贴。

通过上述这些特点，可以看到，当代西方国家的社会保险制度较之早期的社会保险措施，有着不可否认的进步意义。高度的社会化、法制化以及政府的积极干预和先进的管理方法，使现代的社会保险制度产生了较大的作用。这种作用在西方国家收入分配严重不平等的现实中，是不可低估的。它对于解决劳动者的后顾之忧，维持一定意义上的社会公平，为经济增长创造稳定的社会环境和有利的外部条件，都有相当重要的意义。同时庞大的社会保险资金集聚，也有利于经济增长所需的资金来源，有利于国家借此作为财政手段之一来调控社会经济。正因如此，现代西方的社会保险制度，从本质上来讲，已经超越了一般的生活福利范畴，而成为市场经济体制中一个不可缺少的社会要素。

这在原始经济保障和早期社会保险时期，是难以想象的。当然，西方国家的社会保险制度发展到今天，仍然还不是完善的。且不说它无法从根本上消除西方国家在收入分配上的严重不平等，就是从目前许多国家的社会保险制度本身来看，它也带有某些不平等的特征和实施上的不足。最典型的是社会保险税征收过程中的累退税，这种累退性使占人口比例很少的高收入阶层在他们的工薪超过税基限额以外部分，以及非工资收入的股息、汇利、租金、利息等所得不纳社会保险税，造成在社会保险税的负担上，高收入者远远低于中、低收入阶层。同时，随着西方国家社会保险开支日益增加，社会保险税的税率不断提高，许多贫困人口一方面不堪负担这方面的税收，另一方面又常因政府对领取保险金的苛刻条件，而难以得到足够的帮助，使得大部分受益于社会保险的人仍然低于贫困线。此外，在真正的穷人得不到有效保障的同时，不少钻营投机的人却常常因为有些国家过滥的社会保险福利政策而变得好逸恶劳，以至在今日的西方社会，常常可以听到在要求扩大穷人社会保障受益的同时，也有不少主张削减社会保障的声音。针对这些问题，在今后一段时间内，西方国家的社会保险制度仍然需要不断改革。

第三节　中国社会保险制度的发展

一、学习目标

　　本节要求学生了解中国社会保险制度发展的背景，认知中国社会保险制度是与中国的经济体制相适应的，掌握中国社会保险制度发展演变的过程，同时也应了解中国的社会保险体制也正在逐步改革。

改革开放以来
社会保险制度
之转型

二、学习任务

　　任务1：课前要求学生查阅相关资料，按照自己的理解，把中国社会保险的发展分成几个阶段，并说明理由。课堂上，比较各组学生的社会保险发展分阶段情况，教师进行点评，总结中国社会保险制度发展过程中的学习和创新能力。

　　任务2：了解中国社会保险制度的发展演变。该任务要求学生从中国社会保险制度的发展演变中，总结经验和教训。

三、学习内容

　　我国社会保险制度是在20世纪50年代初期，按照计划经济体制的要求，参照当时苏联对城镇职工推行的社会福利计划的社会保障模式建立起来的，到现在已经经历了半个多世纪。它对保障职工的基本权益、发展经济、稳定社会曾起到了重要作用。但随着我国由计划经济体制向社会主义市场经济体制的过渡，原有的制度出现了许多问题和矛盾。所以，进入20世纪80年代以来，我国社会保险制度也在逐步改革。

　　我国社会保险制度大体经历了四个发展时期，即初创时期（1951—1957年）、调整和发展时期（1958—1966年）、停滞时期（1967—1978年）、重建和改革时期（1979年至今）。

（一）我国社会保险的初创时期

　　1951年2月25日政务院颁布了全国统一的《中华人民共和国劳动保险条例》（简称《劳动保险条例》），这是我国第一部社会保险法律，标志着这一制度在中国开始实施。这个条例对社会保险的实施范围，保险费的征集、管理和支付，保险的项目和标准以及保险业务的执行和监督都作了明确规定。《劳动保险条例》规定，劳动保险开始只在100人以上的国有、公私合营、私营和合作社（即集体经济组织）的工厂、矿场及其附属单位，以及铁路、航运、邮电三个产业的各企业单位和附属单位实行。退休待遇：根据工龄按本人标准工资的 35%～60%计发。医疗保险待遇：病休 6 个月以内的，发给本人标准工资的 50%～100%；病休 6 个月以上的，发给本人标准工资的 30%～50%。劳动保险费的筹集：公私企业统一按工资总额的 3%缴纳劳动保险费，职工个人不缴费。这笔费用构成社会保险统筹基金，由工会来管理。基金的主要用途是支付各企业人员的养老金。

随着国家财政经济状况的逐渐好转，政务院于 1953 年 1 月 2 日又通过了《关于中华人民共和国劳动保险条例若干修正的决定》（简称《劳动保险决定》），进一步扩大了社会保险的实施范围，提高了若干劳动保险的待遇标准。如《劳动保险决定》将实施范围扩大到工厂、厂矿及交通事业的基本建设单位和国营建筑公司。1956 年又进一步扩大到商业、外贸、粮食、供销合作、金融、民航、石油、地质、水产、国营农牧场、造林等 13 个产业和部门。计算给付养老金的标准也作了调整：工龄满 10 年的，发给相当于职工退休时标准工资的 60%的养老金；工龄满 15 年的，发给 70%；工龄在 20 年以上的，发给 75%。疾病、生育津贴和丧葬费等也有酌量增加。

同一时期，还建立了国家机关、事业单位的社会保险制度。这方面制度是以单项法规的形式逐步建立起来的。如 1950 年 12 月 11 日内务部公布了《革命工作人员伤亡褒恤暂行条例》，规定了其伤残死亡待遇。1952 年、1953 年和 1955 年对这个条例分别进行了修改，提高了待遇水平。1952 年 6 月 27 日，政务院颁发了《关于全国各级人民政府、党派、团体及所属事业单位的国家机关工作人员实行公费医疗预防措施的指示》，同年 8 月 24 日政务院又批准了《国家工作人员公费医疗预防实施办法》。9 月 12 日又颁发了《各级人民政府工作人员在患病期间待遇暂行办法的规定》，其中规定：全国各级人民政府、党派、工、青、妇等团体，以及文化、教育、卫生等事业单位的国家工作人员和残废军人，都享受公费医疗预防的待遇，门诊、住院所需的诊疗费、手术费、住院费、门诊或住院中有医师处方的药费，均由医药费拨付。公费医疗所规定的药费报销范围比《劳动保险条例》中企业"劳保医疗"规定的范围要广泛，待遇也较后者高一些。但劳保医疗规定企业职工供养的直系亲属可以享受医疗补助，而国家机关、事业单位工作人员则无此项待遇。1955 年 12 月 29 日，国务院颁发了《国家机关工作人员退休处理暂行办法》和《国家机关工作人员退职处理暂行办法》。这两个办法规定的退休、退职条件与企业的规定大体相同。到 1955 年末，国家工作人员的社会保险制度已建立齐全。唯一与企业不同的是，国家工作人员的退休金完全从国家预算拨给各单位的行政管理费中提取。

尽管新中国成立之初就建立了城镇职工的社会保险制度，且很快就初具规模，但由于我国在这方面尚缺乏经验，因此也存在不少问题。在 1957 年 9 月召开的中共八届三中全会（扩大）上，周恩来同志所做的《关于劳动工资和劳保福利问题的报告》中，在肯定了几年来在劳保福利方面取得的成绩充分体现社会主义制度优越性的同时，又指出工作中的主要缺点是走得快了一些，办得多了一些，与我国人口多、底子穷、广大农民生活水平还比较低的现状不相适应，也助长了职工对国家的依赖心理，要"一切由国家包下来"，而缺乏依靠个人和集体力量克服困难的精神。另外，还存在项目混乱，制度规定不合理，管理不善，标准不统一，造成苦乐不均和严重浪费的现象。周恩来同志提出，针对存在的问题，今后的工作应着重于调整与完善。

（二）我国社会保险的调整和发展时期

这个阶段，结合社会保障制度存在的缺陷，也为了适应国民经济发展的需要，我国对社会保险制度进行了部分调整。

1. 统一了企业和机关、事业单位职工退休、退职制度

国务院于 1957 年 11 月 16 日公布了《关于工人、职员退休处理的暂行规定（草案）》，1958 年 3 月 7 日公布了《关于工人、职员退职处理的暂行规定》，放宽了退休、退职条件，提高了退休后的待遇标准，从而解决了企业和机关退休、退职办法不统一的矛盾。

2. 改进医疗保险制度

1965 年 9 月 21 日，中共中央在批转卫生部《关于把卫生工作重点放到农村的报告》中指出：公费医疗和劳保医疗制度要作适当改革和整顿。根据中央批示，卫生部和财政部很快发布了《关于改进公费医疗管理问题的通知》，对国家工作人员的医疗制度作了适当改革。主要措施是：看病要收挂号费，除医院领导批准使用外的营养滋补药品一律自理。1966 年 4 月 15 日，劳动部和中华全国总工会联合发布了《关于改进企业职工劳保医疗制度几个问题的通知》，规定：企业职工患病和非因工受伤，在指定医院或企业附属医院医疗时，其所需的挂号费、出诊费均由职工本人负担。职工患病所需贵重药费改由行政负担。

3. 建立异地支付社会保险待遇的办法

为了保证长期享受保险待遇的职工在转移居住地点后及时享受待遇，减少基层单位每月邮寄的手续和避免差错，中华全国总工会于 1963 年 1 月 23 日重新发布了《关于享受长期劳动保险待遇的异地支付暂行办法》。规定：凡领取退休费等社会保险费的职工、家属转移居住地点时，经本人申请，可以办理异地支付手续，到移居地方的工会组织领取应得待遇。

4. 规范职业病范围和职业病患者处理办法

为了保护职工的身体健康，改善劳动条件，合理解决职工患职业病后的保险待遇和职业病预防问题，卫生部制定了《职业病范围和职业病患者处理办法的规定》，于 1957 年 2 月 28 日发布实施。此规定将当时危害职工健康和影响生产比较严重的且职业性较明显的 14 种疾病列入职业病范围。这一规定对我国职业伤害社会保险的建立和实行提供了依据。

此外，在此期间，政府还调整了学徒工的社会保险待遇，规定了被精简职工的社会保险待遇等。在农村，农民自发建立起来的带有社会保险性质的合作医疗，即由农民自己或农民与集体经济共同集资，在医疗上实行互助互济的形式开始兴起，并在 20 世纪 60 年代后在全国普遍推行。

（三）我国社会保险的停滞时期

1966—1976 年的"文化大革命"严重阻碍了我国政治、经济、文化的发展，社会保险

制度也不例外。《劳动保险条例》被诬蔑为腐蚀职工的修正主义条例，受到根本否定。工会组织全面瘫痪，社会保险工作处于无人管理的局面。它所产生的后果是严重的：许多单位在处理保险待遇问题时，有法不依，有章不循。如对因公死亡的处理，原有的标准被废弃，当死亡职工遗属提出不合理要求并纠缠不休时，单位便擅自突破规定，支付很高的待遇，有的一次性补助高达几千元，甚至上万元，给企业增加负担。由于正常的退休、退职制度遭到破坏，大批具备退休、退职条件的职工滞留在单位，造成劳动力不能及时更新，企业冗员，国家机关工作人员老龄化，加重了国家财政负担。据统计，"文化大革命"结束时，企业职工中应退未退的有 200 多万人，国家机关工作人员中有 60 万人。

最为严重的后果是企业职工社会保险金统筹制度被废止，社会保险退化成为"企业保险"。由于社会保险专管机构——工会组织的撤销，保险基金的征集、管理和调剂使用制度也随之停止。财政部于 1969 年 2 月发布的《关于国营企业财务工作中几项制度的改革意见（草案）》规定：国营企业一律停止提取劳动保险金，企业的退休职工、长期病号工资和其他劳保开支，改在营业外列支。"文化大革命"前，每个企业要向工会系统逐月缴纳职工工资总额的 3% 作为社会保险费。当时规定，从提取的 3% 工资总额中，给企业基层工会留下 70% 作为给付退休金及其他保险金之用，其余 30% 上缴中华全国总工会，作为全国范围企业保险金开支的调剂基金。而"企业保险"的实行，失去了社会保险固有的统筹调剂职能，结果造成企业间负担畸轻畸重，有些退休职工多的企业甚至发不出职工退休金。这一点成为养老保险制度改革的原因之一。

（四）我国社会保险的重建和改革创新时期

1978 年 12 月中国共产党十一届三中全会以后，中国进入了以经济建设为中心的新的历史时期。这个阶段的社会保险又可以进一步分为重建（1978—1984 年）和改革（1984 年至今）两个阶段。1978 年后，社会保险工作获得了新生，重新确立了它在社会经济发展中的地位和作用。最初的几年，社会保险的主要工作是对过去的某些规定进行调整，其目的是解决"十年动乱"造成的人民生活水平较低的问题，改善人民的福利待遇。如国务院于 1978 年 6 月 2 日颁布的《关于安置老弱病残干部的暂行办法》和《关于工人退休、退职的暂行办法》，经过试点，于 1979 年全面实施。从 20 世纪 50 年代开始，我国干部和工人退休、退职是实行同一办法，现在分别执行两个办法，这主要是基于干部和工人的不同情况考虑的。此外，新的办法关于干部和工人的退休、退职待遇也作了较大的修改：一是放宽了老干部的离职休养条件；二是适当提高了退休待遇标准，退休金上限由过去占本人标准工资的 70% 提高到 90%；三是对因工致残、完全丧失劳动能力的干部和工人的退休费作了较大提高。此外，还规定了退休费和退职生活费的最低保证数。1978 年为每月 25 元，1983 年调高到 30 元，1989 年进一步调高到 50 元。

1981 年 4 月 6 日，国务院发布了《国家工作人员病假期间生活待遇的规定》，提高了此项待遇标准。如新规定将过去连续病假在 1 个月以内照发工资的规定延长到 2 个月，将连续病假在 1 个月以上 6 个月以下、工作年限不满 10 年的，发给本人工资的 70%～90%；工作年限满 10 年的，发给本人工资的 100%，改为连续病假超过 2 个月、工作年限不满 10 年的，发给本人工资的 90%；工作年限满 10 年的，发给本人工资的 100%。

1984年后，中国的经济体制改革进入以城市为重点，且以搞活企业为中心的阶段。企业被要求"成为自主经营、自负盈亏的经济实体，成为相对独立的商品生产者和经营者"。随着企业日益进入市场，企业之间养老负担不均衡的矛盾显露了出来。新建企业由于年龄结构轻、退休人员少、人工成本费用低而在竞争中处于优势地位，而老企业则退休人员多、负担沉重。在这一背景下，开始了以退休费用社会统筹为主要内容的养老保险制度改革，后来又相继建立了失业保险制度并进行了工伤、医疗保险制度的改革。

至今，养老保险制度改革共经历了三个时期。第一个时期是20世纪80年代初期至1991年6月，以国务院颁布的《关于企业职工养老保险制度改革的决定》（1991年6月）为标志，它确定了我国养老保险实行社会统筹，资金由"三方负担"的原则和基金筹集实行"部分积累"的模式；第二个时期是1991年6月至1995年3月，以国务院颁布的《关于深化企业职工养老保险制度改革的通知》（1995年3月）为标志，它进一步确立了我国养老保险制度的改革目标和"社会统筹与个人账户相结合"的原则；第三个时期是1995年3月至今，以国务院《关于建立统一的企业职工基本养老保险制度的决定》（1997年7月）为标志，养老保险制度从分散化走上统一化的道路。

在广泛试点的基本上，国务院于1998年颁布了《关于建立城镇职工基本医疗保险制度的决定》。该决定的颁布，标志着我国医疗保险制度的改革进入了一个崭新的阶段。在我国，实行了将近半个世纪的公费医疗和劳保医疗制度，将被新的职工基本医疗保险所取代。

《关于建立城镇职工基本医疗保险制度的决定》的主要内容包括七个方面：一是明确了改革的任务和原则；二是确定了覆盖范围、统筹层次和缴费的控制比例；三是制定了医疗保险统筹基金和个人账户的主要政策；四是规范了基本医疗保险基金的管理和监督机制；五是提出了配套推进医疗机构改革和加强医疗服务管理的要求；六是规定了有关人员的医疗待遇；七是提出了改革工作的组织领导者的具体要求。这些内容基本上制定了新的城镇职工基本医疗保险制度的大致框架，奠定了将来统一全国医疗保险制度的基础，便于各地在制订改革方案时有所遵循，同时也给各地留下了根据实际作出具体规定的空间。

在计划经济体制下，我国政府实行充分保障就业的劳动政策，不承认中国存在失业现象，自然也就没有失业保险制度。随着经济体制改革的深化，出现企业特别是大批国有企业破产、倒闭、兼并、重组等变化，大量的企业职工下岗或失业。客观上要求政府提供对失去职业者的生活保障，即失业保险制度。

中国的失业保险制度建立于1986年，以国务院颁布的《国营企业职工待业保险暂行规定》为标志，其目的是适应劳动制度改革的需要，保障国有企业职工待业期间的基本生活。《国营企业职工待业保险暂行规定》确定的覆盖范围主要是四种人：宣告破产企业的职工；濒临破产企业法定整顿期间被精简的职工；企业终止、解除劳动合同的工人；企业辞退的职工。1993年5月国务院颁发《国有企业职工待业保险规定》，同时废止《国营企业职工待业保险暂行规定》。新的规定进一步扩大了实施范围，改善了待遇水平，并强调失业保险与再就业相结合的思想。1999年1月，国务院颁布《失业保险条例》，标志着中国失业保险制度的改革进入了一个新的历史阶段。它在若干重要方面对原制度框架作了较大的修改，成为比较完善的制度。与前两个文件相比，《失业保险条例》的特点是：正式使用"失业保险"概念；覆盖范围推广到所有企业职工；在缴费比例、基金统筹层次和基金管理监督方面都作了更加具体的规定。

（五）中国传统社会保险制度存在的主要问题

几十年来，作为我国社会主义制度的重要组成部分而逐步建立起来的社会保险制度，一方面，既体现了社会主义制度的优越性，也有效地保证了国家经济生活和社会秩序的稳定；另一方面，这种社会保险制度由于其固有的特征而存在着许多问题。这些问题使其作为社会稳定机制的功能和效果，在实践上受到了很大程度的局限和削弱。

1. 社会化程度低，覆盖面缺损

社会保险制度的对象应当是全体社会劳动者。只有这样，才能在全社会范围内真正起到社会稳定机制的作用。然而，受社会生产力发展水平和国家财力的制约，使得传统的社会保险制度的覆盖面基本上局限于城市劳动者。更确切地说，局限于城市中全民所有制机关和企业职工，而合同制工人、临时工及个体劳动者未被纳入社会保险体系的范围。特别是在农村地区，除拥有若干临时性、地区性的救灾济贫项目，以及对少数特定社会成员（如优抚对象和五保户）实行了某些低水平的保障措施以外，对于占我国人口绝大多数的广大普通农民来说，基本上被排除在社会保险体系之外。

2. 就业与保障的高度重合

整个社会保险制度的运转，是以保障就业为前提和起点的。国家对一部分特定的社会成员（主要是城市中每年新增的待业人口），通过计划分配的劳动管理体制，几乎完全包揽了他们的就业安置问题，并使其获得了几乎是永久性的职业保障。社会成员一旦捧上了国家的"铁饭碗"，也就自动地进入了社会保险制度的涵盖范围，从此终生享有从基本工资、医疗保健到退休养老等一整套社会保险待遇。反之，若由于某种原因未能被安置就业，或就业后又丧失了工作，则自动地被排除在社会保险制度之外了。

3. 社会保险企业（单位）化

原有社会保险制度的具体实施是以企业（单位）为轴心的。虽然名义上各项保险制度是由国家各有关部门分口管理，但实际上却是由各企事业单位出资具体贯彻落实的。企业（单位）承担着实际的社会保险职能，社会保险和企业福利融为一体。由于在传统经济体制中，企业只是国家有关管理部门的附属物，而不是自主经营、自负盈亏的经济实体，企业与国家之间在财务上实行统收统支、统负盈亏，即各企业统吃国家财政的"大锅饭"，因此，一方面国家规定的各项社会保险制度必然要靠企业这一行政隶属系统中的最基层单位来加以具体贯彻落实；另一方面，企业为贯彻实施社会保险制度所支付的费用实际上也只是由各企业实报实销，最终由国家财政算总账、包下来，并不会给企业自身的经营在财务上造成任何负担，不会影响企业自身的经济利益。

4. 社会保险表现为单纯的国家保险、政府保障

国家不仅负责制定有关社会保险的各种政策法规，而且提供社会保险所需的大部分费用。国家法律除了规定各合作经济组织要提取公益金外，对全民所有制企事业单位未制定过要求其单独上缴社会保险基金的法规。至于实际享受各种社会保险项目的被保险

人个人，也不直接承担缴纳社会保险费的义务。社会保险的发展水平受到国家财政支付能力的严重制约。从总体上看，正是由于受到国家财力的限制，才造成了长期以来社会保险的社会化程度低、覆盖面缺损的状况，使得占人口绝大多数的广大农民基本上未能被纳入社会保险制度的实施范围。此外，由于财力的制约，各项保险的实际功效也大受影响。

从社会保险基金的筹集方式上看，经费主要来自财政拨款，但既没有为这种每年必要的财政拨款在财政总收入中建立起相应的资金来源，也没有在法规上明确规定社会保险项目的拨款额应占当年财政支出的比重。显然，这种与财政混同的资金筹集方式，存在着非基金化、非法规化的严重缺陷，无法保证社会保险基金的稳定增长和有计划地使用。不同地区、行业和企业之间承受社会保险费用负担（如公费医疗和职工退休的费用）的实际数量和能力存在较大的差异，这既不利于各类企业站在同一起跑线上展开真正的竞争，也使社会保险本应体现的社会公平原则受到损害，使许多社会保险项目遭到削弱，难以发挥其功能效果。此外，传统社会保险体制中缺乏必要的个人付费制度，个人对社会保险的贡献与其享受的保险范围和程度缺乏有机的联系，不但使得基金来源有限，还造成社会保险实施过程中出现平均主义倾向和损失浪费严重的现象。再从社会保险基金的使用方式上看，各项保险的经费支出基本上都采取无偿供给、单纯投入的方式，忽视依靠社会保险业自身的经营来保证保险基金增值从而促进社会保险发展的可能，同时在保险资金的使用方向上，往往偏重于救济生活而忽视了扶助生产，保险项目变成了单纯的救济方式，大大降低了保险资金的使用效果。

5. 政出多门的管理体制

一方面，党和政府中的许多部门，如中央组织部、劳动人事部、财政部、民政部、总工会、卫生部、保险公司等，都曾在不同范围和程度上参与了对社会保险的管理工作；另一方面，政府中又没有一个权威机构对整个社会保险制度的发展进行综合平衡并对各有关部门的管理工作进行统一协调。

由于有关社会保险的各项政策法规是由各部门分别制定的，相互间往往缺乏必要的协调，因此常常产生各种矛盾冲突；各部门对各类保险项目或某类保险项目中的某个部分实行分口管理，各有自己的政策标准，往往导致地区、部门和单位之间在项目负担上畸轻畸重，待遇标准上差异悬殊，既引起互相攀比，增加了今后调整和改革的难度，又在一定程度上阻碍了劳动力在地区、部门和单位间的合理流动；社会保险资金实行分散管理分散使用，一方面使本来就很有限的保险经费更加紧张，使许多需要集中相当数额资金才能办成的事情无从办起，另一方面又导致保险资金在某些部门的闲置浪费。

第四节　社会保险制度的改革与发展

一、学习目标

本节要求学生了解社会保险制度改革的背景，社会保险改革的措施与发展的趋势。

二、学习任务

任务 1：课前要求学生查阅相关资料，了解石油危机、人口老龄化、新自由主义等背景知识，理解和认知社会保险改革的背景。

任务 2：根据社会保险在发展过程中所出现的问题，总结经验和教训，认知社会保险改革的措施和发展趋势。

三、学习内容

（一）社会保险改革背景

1. 经济停滞，动摇了支撑社会保险持续发展的经济基础

20 世纪 70 年代的石油危机引发了西方国家普遍的经济滞胀。危机后，所有工业化国家的经济增长都明显放慢，并经历了经济增长停滞、通货膨胀及高失业率并存的艰难局面。美国的 GDP 年均增长率在 1965—1969 年为 4.4%，1970—1974 年为 2.4%，1975 年出现负增长。整个 20 世纪 70 年代，美国年平均通货膨胀率达到 7.09%，1979 年 11 月甚至达到了 13.29% 的高峰，失业率高达 9.2%。进入 21 世纪，虽然得益于全球化的推动，但金融危机的冲击，使得世界各国尤其是西方发达国家，经济增长仍旧乏力，一些国家深陷债务危机。经济困难，意味着政府财政收入减少，社会保险基金来源堪忧，各种制度的安排成为无源之水，难以为继。

2. 社会保险和福利开支持续走高，财政赤字急剧膨胀

一方面是经济步入停滞和调整，另一方面，社会保险制度在 20 世纪五六十年代全面发展，使得绝大多数发达国家的政府公共开支急剧增长。1950 年，英国用于社会保障方面的支出为 6.571 亿英镑，1970 年增至 39.27 亿英镑，1980 年猛增至 235.08 英镑。英国社会福利费用占 GDP 的比重由 1970 年的 15.9% 增加到 1981 年的 23.5%。政府开支的迅速增长造成财政赤字和国债急剧膨胀。1973—1981 年，英国的财政赤字从 39 亿英镑上升

到 120 亿英镑，国债总额从 1973 年的 375 亿英镑增加到 1981 年的 1108 亿英镑，其他发达国家也普遍面临同样的问题。统计资料显示，在 20 世纪 70 年代经济滞胀的困难时期，比利时社会保障开支占 GDP 的比重从 1970 年的 18.5% 上升到 1981 年的 30.2%，丹麦从 19.6% 上升到 29.3%，法国从 19.2% 上升到 27.2%。2008 年金融危机之后，被主权债务危机困扰的国家，更是入不敷出。以希腊为例，2001—2010 年，希腊经济年均增速为 5.6%，而社会福利年均增速却达到 9.4%。近十年来，希腊每年公共债务占 GDP 的比例一直在 90% 以上，其中 8 年超过 100%。沉重的负担使得国家财政不堪重负，濒临破产。

3. 社会保险给付压力加大，老龄化对现收现付制度构成严重挑战

第二次世界大战结束之初，各国人口平均年龄和人均期望寿命不高。1950 年的人口结构中，60 岁以上的老年人比重为 8%。随着经济持续发展、生活条件日益改善、医疗技术水平不断提高，全球尤其是发达国家人口的期望寿命，有了大幅上升。与此同时，出生率下降，人口结构由原来的金字塔型向橄榄型转变，未来倒金字塔的结构已若隐若现。以老龄化程度最严重的国家日本为例（表 2-2），人口老龄化导致的直接结果是劳动人口减少，老年抚养比上升，退休金、医疗、看护等社会保障费用猛增，传统社会保险的代际供养的现收现付制面临巨大压力。日本厚生劳动省公布的资料显示，1970 年，社会保障费只占国民收入的 5.74%。2012 年，国民收入为 349.4 兆日元，社会保障费为 109.5 兆日元，占国民收入的 31.34%，其中 70% 为老龄人口支出。40 多年间，日本的国民收入增长约 5.7 倍，而社会保障费用增长了约 31 倍。

表 2-2　日本老龄化进程

年份	0～14 岁所占人口比 /%	15～64 岁所占人口比 /%	65 岁及以上所占人口比 /%
1955	33.38	61.30	5.32
1970	23.93	69.00	7.07
1980	23.51	67.39	9.10
1990	14.58	68.05	17.37
2013	13.13	62.47	24.40
2017	12.70	59.80	27.50

资料来源：日本总务厅统计局 2006 年《日本统计年鉴》，2013 年、2017 年总务厅数据。

4. 福利病凸显，被新自由主义经济学家视为经济发展的拖累

（1）税费过高，劳动力成本上升，国际竞争力下降，资本和人才外流

为满足社会保险待遇的高额支出，企业和员工往往要支付较高的社会保险税费。以被誉为"福利国家橱窗"的瑞典为例，1973 年，瑞典一名年收入 3 万克朗的单身职工应缴纳的税款为其工资收入的 51%；到 20 世纪 80 年代末，瑞典的工业生产成本高达 20 世纪 70 年代的 2.5 倍。出口商品在世界贸易总额中的比重大幅度下降，假设 1970 年为 100% 的话，1980 年只有 69%，年年出现贸易逆差。社会保险税赋过重必然压缩企业的利润空间、减少个人的实际收入，导致资本和人才向低成本的国家和地区流动，国内投资减少。在经济全球化进程加快的 21 世纪，较高的福利成本迫使不少欧洲企业将实业转移到其他地方，导致欧洲产业空心化问题严重。以欧盟为例，2012 年，欧盟人口占世界 9%，国

民生产总值占全球 25%，而福利开支却占世界 50%。高福利、高失业、高债务和低增长，让欧洲诸国深陷泥沼。

（2）固定资本投资下降，影响经济的进一步增长

国家财政用于社会福利的开支增长，在一定程度上挤占了直接投资于经济建设上的资金，导致投资比例下降。英国政府消费额 1983 年为 1978 年的 1.98 倍，同期固定资产形成额 1983 年仅为 1978 年的 1.53 倍。福利开支与经济发展争夺资金，必然影响到资本积累和技术更新投入，削弱扩大再生产的物质基础。例如，由于瑞典生产性投资与欧洲国家相比处于较低水平，所以生产设备和技术更新及新技术的发明与采用速度缓慢，生产率增长速度放慢。据统计，瑞典国民生产总值 1960—1965 年年平均增长率为 5.7%，1970—1974 年为 3%，1974—1979 年为 0.3%。

（3）高福利削弱了员工的工作积极性，影响市场对劳动力供求关系的调节

福利国家全民保障的理念和社会保险制度的完善，一方面解除了国民的后顾之忧，但另一方面也形成了福利依赖。周全的最低收入保障和各种生活补贴政策，使没有工作的人也能获得维持起码生活标准且不需要缴纳所得税的补贴；较长期限、较高替代率的失业津贴，在一定程度上让失业员工失去了尽快重新找到工作的动力，也在一定程度上削弱了在职员工的工作效率、努力不失去工作的压力。在很多高福利国家，失业人员一般可以领取失业前工资的 65%～95% 的失业保险金，有的甚至是 100% 的补偿，这势必打击在职员工的工作热情，并在某种程度上制造了一种失业陷阱。

5. 社会保险制度自身存在的问题急需改革

在社会保险制度产生 130 多年以来，其赖以存在的经济社会文化等背景因素均发生了变化，但制度本身的变革不大，制度老化已经成为困扰实施效率提升的关键因素，需要进一步改革完善。同时，随着社会保险项目的增加和保障范围的扩大，参与社会保险管理的人数不断增加，社会保险管理机构的规模也日趋扩大，用于社会保险管理的费用迅速增长。但社会保险管理部门的运行效率却不尽如人意，官僚作风蔓延，对社会保险基金的投资运营也缺乏有效途径。无论是发达国家还是发展中国家，社会保险制度管理存在诸多问题是被诟病的主要因素。

（二）社会保险调整改革与发展趋势

1. 开源：增加保险费收入，减轻财政负担

（1）提高缴纳保险费的标准

为缓解政府财政入不敷出、赤字外债规模日益扩大的困境，许多国家政府探索提高社会保险费的费率。例如，1983 年美国国会决定，将企业和雇员的保险费率从 1977 年的 5.85% 逐步提高到 7.75%，使联邦老年、遗属、残疾和健康保险信托基金在以后的 7 年里增加了 1690 亿美元。2010 年法国决定将公共部门退休金缴纳比例从 7.85% 提高至 10.55%。

（2）提高或取消社会保险缴费基数的上限

在许多国家，社会保险缴费的基数并不是全部工资而是工资的一部分，并且都设定

了一个上限。提高或取消上限，实际上是扩大了缴费基数，从而扩大了社会保险缴费收入。例如，美国将缴费收入的上限由 1977 年的 16500 美元，逐步调整到 53000 美元。

（3）增加税（费）项目

法国 1991 年开征社会普遍贡献税，按工资收入的 2.4% 征收，用于弥补社会保险基金的不足。美国从 1984 年 1 月 1 日起，对收入超过一定标准的年金领取者征收所得税，划入社会保险基金。被债务危机困扰的希腊，从 2010 年 8 月 1 日起征收退休人员团结税，对养老金每月超过 1400 欧元的部分征税，税率为 3% ～ 10%。2012 年，日本通过了以提高消费税率为主的社会保障与税制一体化改革大纲，分别在 2014 年 4 月和 2015 年 10 月将 5% 的消费税率提高到 8% 和 10%，消费税收全部用于支付养老金、医疗费等社会保障费用。

（4）提高法定退休年龄，增加保险基金收入并减少开支

在老龄化、人口预期寿命提高、养老金入不敷出的背景下，从 20 世纪 90 年代开始，提高退休年龄在经济合作与发展组织（OECD）国家中渐渐成为社会福利改革中一个较为普遍的手段。德国政府决定从 2012 年 1 月 1 日起，到 2030 年把退休年龄从现在的 65 岁延长到 67 岁。2010 年，法国政府不顾风起云涌的罢工浪潮，强行推出新的退休制度改革，逐步将法国人的退休年龄从 60 岁推迟到 62 岁。2010 年 10 月，英国政府宣布领取退休金的年龄将在 2016 年提升到 66 岁，将在 21 世纪 40 年代末将退休年龄进一步推迟至 69 岁。延长退休年龄，一方面延长了缴费年限，增加了基金收入；另一方面，推迟了养老金领取时间，节约了开支。

2. 节支：降低保险费支出

（1）取消保障项目，降低社会保险待遇给付水平

1979 年撒切尔夫人上台后，大刀阔斧地削减公共开支和社会福利。以养老金为例，1975 年工党政府的年金法，附加年金最高可达投保人年收入的 25%。撒切尔夫人在基本年金保持不变的情况下降低"附加年金"的数额，把原来规定的以投保人一生中收入最高 20 年的年均收入为标准计算附加年金，改为按一生的平均收入为标准计算，这样附加年金数额就会从收入的 25% 降低到 20% 左右。同时，英国政府也将病人、失业者以及失去工作能力者的短期津贴降低了 5%。

（2）提高社会保险待遇领取要求

里根就任美国总统后，为减少福利开支，美国国会在 1981 年通过法案，有子女的父母在其最小的孩子满 16 岁之后不可以继续申领福利金，而此前的年龄限制是 18 岁；1983 年规定，从 1990 年起，把领取年金待遇的条件从 1983 年的缴纳社会保障税的 10 年工龄改为 20 年。

（3）谨慎运用养老金的指数调剂机制，防止社会保险支出膨胀

过去普遍实行社会保险金自动指数化制度，即社会保险待遇标准自动随着物价、工资或生活费指数的变化进行调整。为了减轻保险金增长带来的压力，各国均采取了一些措施。例如，美国 1983 年社会保险改革法案，将按物价指数调整年金的时间推迟半年，后来又规定，当消费物价指数与上年同期相比增长幅度超过 3% 时，才对年金进行调整。在社会保障信托基金储备下降到一定程度时，要在消费物价指数的上涨和平均工资增长

幅度之间，取低者作为调整年金的依据。瑞典从 1994 年开始，基本年金的基数不再完全与价格指数同步增长，而是只增加 60%。1980 年，英国撒切尔政府宣布，无论长期性或短期性的津贴，都只和物价挂钩。有的国家干脆冻结了保障金的增长。

3. 从过分强调政府责任转向强调责任共同分担

自 20 世纪 80 年代以来的社会保险改革，明显突出企业和个人责任，特别是要求个人应当为自己的前途及其家庭收入保障担负责任，政府扮演最后出场的角色。英国撒切尔政府认为，英国社会保障制度的主要问题是过分强调国家在提供有效的社会保障中应该承担的义务与责任，忽视个人应该承担的责任与义务，没有在社会保障制度方面将国家所应承担的责任与个人所应承担的责任区分开来。1993 年，日本社会保障制度审议会指出：社会保障制度应该是为了全民的利益，由全民来建立和支持的制度。20 世纪 90 年代，中国政府将完全依靠企业负担的劳动保险，向企业、个人、政府多渠道筹资的社会保险转变，个人不缴费的传统安排，逐渐被缴费的社会保险模式所取代。

4. 调整政策，促进消极保障向积极保障转变

福利国家普遍实施的高福利政策和单方责任原则，容易陷入福利刚性和福利陷阱，出现养懒汉等问题。为此，各国采取措施，把原来的消极保障转变为积极保障。例如，失业保险制度逐步趋于就业保障，由被动救助转变为促进和鼓励就业。即在控制失业保险金和失业救济金水平的前提下，把更多的资金投向职业培训和就业服务。在工伤保险制度中，充分利用费率杠杆的作用，增加用于工伤预防的资金，以降低事故发生率和减少工伤保险基金支出。

5. 引入基金积累制，使现收现付的单一模式向混合模式演进

为了应付人口老龄化对养老金需求的日益增长，很多国家将长期以来一直实行的现收现付筹资方式改为基金积累制或部分积累制。例如，20 世纪 80 年代的智利养老金改革采取了颠覆式的完全积累制，制度至今运行良好，南美诸国及部分东南亚国家纷纷效仿。中国 1997 年建立统一的企业职工基本养老保险时，就吸收借鉴了积累制的经验，创造性地实行个人账户与社会统筹相结合的部分积累制筹资模式。英国和澳大利亚将公共附加养老金计划转变为储蓄积累式的企业年金；高福利的瑞典也开始引进与收入相关联的名义个人账户制度。

6. 探索社会保险基金投资新途径，引入竞争性的私营管理和市场机制

安全性是社会保险基金投资运营的第一法则，但高安全系数往往与低收益率相关联。在通货膨胀居高不下的背景下，随着积累制的引入，保险基金的保值增值成为关键问题。1980 年智利军政府对原有养老保险计划做了根本性调整，其中之一即将养老保险基金交由私营性质的养老基金管理公司经营管理，缴费者个人可自由选择一家养老基金管理公司，将完全积累的个人账户交由其投资运营，政府允许养老基金管理公司（AFP）将养老基金广泛投资于国债、企业债券、股票、银行发行的金融资产、海外投资等。这种完全由私营机构竞争管理的运营模式，与传统社会保险基金强调安全性的管理大相径庭，但在实践中获得的较高收益，引来了部分国家的仿效和借鉴。1980—2009 年，智利养老基

金的平均投资回报率为 11.2%，养老金增长 75%。虽然这种管理模式风险较大，但也给面临改革调整的各国带来新的思路和启发。在全球化进程中，社会保险基金市场化运作走势日渐加强，但金融风险也在日益加大。

7. 构建多层次的养老保险体系逐渐成为共同的政策取向

1994 年，世界银行发表了《防止老龄危机》的研究报告，提出建立多支柱养老保障制度的建议。报告指出，各国养老保障实践可以划分为三种模式：一是公共的现收现付制计划；二是雇主发起的职业年金计划；三是个人储蓄年金计划。2005 年底，世界银行又出版了《21 世纪的老年收入保障——养老金制度改革国际比较》，扩展了三支柱的思想，进而提出了五支柱的概念和建议：提供最低水平保障的非缴费型"零支柱"；与本人收入水平挂钩的缴费型"第一支柱"；不同形式的个人储蓄账户性质的强制性"第二支柱"；灵活多样的雇主发起的自愿性"第三支柱"；建立家庭成员之间或代与代之间非正规保障形式的"第四支柱"。国际组织提出的改革建议，对当代西方乃至世界各国社会保险制度改革产生了直接影响。承认多种保障模式的互补作用，大力发展补充性社会保险计划，成为 21 世纪社会保险制度改革的一大趋势。

8. 重新整合，使分散管理向统一管理过渡

西方许多国家的社会保险制度，最初都是在行业保险的基础上发展起来的，往往存在多头经办、相互攀比待遇、重复保障、管理成本高等弊病。为了改善政府的管理服务，许多国家尝试将分割管理的体制逐步整合为统一管理体系。例如，澳大利亚把分散的社保机构组建成全国联网的服务联盟。2007 年，德国议会通过议案，成立统一的医疗卫生基金和法定医保机构联合会，将原来对 253 个行业医保机构的分散管理改为统一管理。目前，中国社会保险制度改革完善的一个重要任务，也是加快推进城乡养老、医疗保险管理体系的衔接、统筹与整合。

> **学习拓展**

一、老龄社会的到来，中国面临挑战

据《南方都市报》报道，截至 2019 年底，我国距离"老龄社会"还有 1.4% 之遥。1 月 17 日，国家统计局局长宁吉喆介绍 2019 年国民经济运行情况时表示，我国 60 周岁及以上人口为 25388 万人（约 2.54 亿，2018 年约为 2.49 亿），占总人口的 18.1%。其中，2019 年底，我国 65 周岁及以上人口已达 17603 万人（约 1.76 亿），较上年（2018 年约为 1.67 亿）新增 945 万人，占总人口的 12.6%，较上年（2018 年约为 11.9%）新增 0.7 个百分点。

我国进入老龄化社会的速度明显快于建设现代化的速度，发达国家出现老龄化时，人均 GDP 已经达到 5000 美元甚至 1 万美元以上，也就是先富后老；而中国目前人均国内生产总值才刚刚超过 1000 美元，属于未富先老。在经济水平没有达到一定程度的时候，人口老龄化将会给我国带来许多问题，整个社会的消费结构、劳动力总量、社会保障等都面临巨大变化和挑战。

1.消费结构转向老年产业

"对消费总的来看没有太大影响，但是消费的特点则会产生一定的变化，比如旅游、老年服务消费、休闲、医疗及相应的服务业。"中国社会科学院人口与劳动经济所研究员胡伟略接受记者采访时表示。同时该研究所副研究员王德文也认为，老年人的消费支出，主要是用于医疗方面的支出会大幅度上升，所以从事生产方面的投资就会相对下降，也会对经济的增长产生影响，直接导致储蓄额的下降，经济增长的速度可能会放慢。

2.劳动力比例下降

老龄人口增加的另一侧面即适龄劳动力的减少，中国社会科学院人口与劳动经济研究所副研究员王德文指出，老年人增多导致直接从事劳动力生产的人员减少，劳动力比例下降；老年人比例上升也直接致使抚养比上升，经济增长的幅度会有所下降。

此外还有一种观点认为，虽然十年以后老龄人口比重增加严重，但是相对我国浩大的劳动力市场，这还不是一个决定性的数字。老龄化带来的问题更多的是社会、经济负担方面。胡伟略说："老龄人口中有许多人力资源优势，比如老年人有丰富的经验，我们要让人力资源优势得到充分发挥。"他还建议，建立起包括女性在内的老年工作或劳动的市场机制，这并不是出于生活来源的考虑，而是让有条件有愿望的老年人有参加经济和社会工作的机会。

3.社保体系承重

庞大的老年人口中，70岁以上的老人生活不能自理的比例很高，这无疑会给家庭和社会带来沉重的负担，未来10年是老龄人口激增到来之前总抚养比较低的时期，大力发展社会经济同时完善社会保障体系是当务之急。人口老龄化发展预测见表2-1.

胡伟略认为社会保障薄弱的重点在农村，报告中也指出中国农村的老龄化水平高于城镇1.24个百分点，这种城乡倒置的状况将一直持续到2040年。

表2-1 中国老龄化发展预测表

时间段	发展阶段数	老年人口最高峰值	80岁以上的人口
2001年到2020年	快速老龄化阶段	2.48亿	3067万
2021年到2050年	加速老龄化阶段	超过4亿	9448万
2051年到2100年	重度老龄化阶段	4.37亿	7500万至1.2亿

二、"第三条道路"——社会保障改革思路的再选择

20世纪90年代，克林顿入主白宫，布莱尔当选首相，两人分别宣称奉行"第三条道路"。克林顿说："我们的政策既不是随便的，也不是保守的；既不是共和党的，也不是民主党的。我们的政策是新的，是与以往不同的。""是介于自由放任资本主义和福利国家之间的第三条道路。"这就是说，他认为自己的政策是介于新自由主义与凯恩斯主义之间的折中主义经济政策。

1.克林顿经济学的社会保障思想

克林顿当选为美国总统后，在向国会提交的经济报告《美国变革的前景》中提出了自己的政策主张，人们将他的这一套政策主张称为"克林顿经济学"(Clinton's Economics)。克林顿采取的政策措施涉及社会保障方面的内容主要有：(1)短期内增加政府开支以缓解失业。(2)长期内增税减支以削减财政赤字。削减财政赤字，减少政府债务，是克林顿经济学的核心内容之一。就增税计划而言，除提高个人所得税的边际税率、提高公司所得税税率及征收某些高收入个人的附加税以外，夫妇年收入在4.4万美元以上者，单身者年收入在3.4万美元以上者，其社会保障津贴的应税部分由50%提高到85%；扩大低收入者的税收减免，以抵消能源税的影响。就减支计划而言，克林顿计划在4年内削减2470亿美元，其中医疗保健和退伍军人福利开支减少910亿美元。(3)改革社会福利制度。改革美国的健康保险制度是克林顿政府社会福利政策的重心。克林顿主政之前的美国有3500万人不享受任何医疗保健，他认为这既不公平，又使现行制度无效率。于是他强调建立更广泛的高效的医疗保健网络，雇主应为职工提供更多的医疗保险。这表明，一方面克林顿主张增税，另一方面又主张降低高收入者享受的过于优惠的税收待遇和削减公共部门过高的医疗保健开支，将政府公共开支向低收入阶层倾斜，这甚至可以理解为在不同收入阶层之间进行某种形式的再分配。因此，克林顿自称为奉行"第三条道路者"。

2.布莱尔的"第三条道路"

布莱尔的"第三条道路"(The Third Path)实际上是社会民主主义思想在英国的新发展。它倡导积极的福利(Positive Welfare)，主张用"社会投资国家"(Social Investment State)来取代"福利国家"。"积极的福利"开支将不再是完全由政府来创造和分配，而是由政府与其他机构(包括企业)一起通过合作来提供。在积极的福利社会中，个人与政府之间的契约发生了转变，因为自主与自我发展将成为重中之重。积极的社会福利不仅关注富人，也关注穷人。

"第三条道路"对社会保障问题持如下观点：①国家不仅应该提供适当水平的养老金，而且应支持强制性的养老储蓄。把国家资金和私人资金结合起来为老年人提供养老金的制度值得推广。②逐步废除固定的退休年龄，把老年人视为一种资源而不是一种负担。人们可以自行选择使用养老资金的时间，这不仅使他们可以在任何年龄停止工作，而且可以为他们提供教育经费，或者在需要抚育幼儿时减少工作时间。③对劳动力市场的严格管制，比如严格的就业立法，并不会对失业造成强烈的影响。较高的失业率与慷慨而无限制地发放救济有着直接的关联。④政府需要强调终身教育。

三、何谓"三险一金""五险一金"

我们常说"三险一金""五险一金"，指的是具体的社保和住房公积金种类。五险一金包括：养老保险、失业保险、工伤保险、医疗保险、生育保险＋住房公积金。其中，医疗保险分为基本医疗保险和大额互助保险。

"三险一金"是比较早的说法，因为工伤保险是2004年实行的，生育保险是2006年实行的，这两险是后来的，再早的时候当然只有养老、失业、医疗"三险"了，还有一种说法是在职介（人才）服务机构以个人名义缴纳社会保险只能缴纳养老、失业、医疗"三险"。现在还有种说法是"四险"，这主要是在社保中心里。因为社保中心是两套系统：医疗保险单独一套系统；其他四险（养老保险、失业保险、工伤保险、生育保险）已统一到一套系统。在社保中心，"四险收缴""四险支付"都是指养老保险、失业保险、工伤保险、生育保险。以后随着社保信息化水平和软件系统的进一步整合，也许能实现"五险"统一。目前，在一些地区已经能实现四险收缴与医疗的业务能在同一窗口办理，但实际上两个系统并未真正实现整合，只是他们在一台电脑上装了两套系统，方便业务办理而已。

➤　**复习思考题**

1. 为什么说人权思想是社会保险的思想渊源？

2. 简述社会保险产生的可能性。

3. 为什么说社会保险是工业化的产物，而非自然产物？

4. 为什么社会保险必须由政府来举办？

5. 简述中国社会保险制度发展的四个阶段。

6. 社会保险制度是在什么社会历史背景下产生的？

第三章
基本养老保险

► **内容概述**

本章主要阐述养老与基本养老保险、基本养老保险制度、中国养老保险制度、中国基本养老保险操作实务。本章旨在帮助学生了解世界各国典型养老保险模式，熟悉我国城市与农村社会养老保险模式、补充养老保险，掌握中国基本养老保险的操作实务。

► **教学目标**

通过本章的学习，使学生了解世界各国不同养老保险模式的特征、中国基本养老保险制度，掌握我国基本养老保险的操作实务。

► **重点难点**

重点掌握世界典型养老保险模式，中国基本养老保险模式的资金渠道、待遇水平和领取，中国基本养老保险操作实务。难点是中国现行养老保险制度的弊端与改革方向。

第一节　养老与基本养老保险

一、学习目标

本节介绍养老保险的概念及特点，阐述养老保险的原则与功能、养老保险的意义。

二、学习任务

任务 1：课前要求学生查阅相关资料，了解养老保险定义的内涵与特点。

任务 2：了解养老保险制度的沿革，重点掌握养老保险的功能与原则。

任务 3：理解养老保险的意义。

三、学习内容

不论一个国家的社会制度和经济发展水平如何，养老都是一个普遍而极其重要的问题。在加速发展的全球人口老龄化背景下，养老保险制度的建立、发展与完善已经成为各国关注的重要而紧迫的问题。在我国，社会与经济正在进行剧烈的变革，传统的家庭养老方式也在发生改变，建立社会性的养老保险制度变得十分紧迫。

（一）养老与养老问题

1. 养老及其社会化

养老是人类社会存在与发展的重要问题。养老的方式由社会生产方式及经济发展水平所决定。在传统社会中，家庭是生产、消费和经济的基本单位，养老也是以家庭为单位的，换言之，养老是家庭的功能之一。随着社会化大生产的发展，特别是工业化、城市化的发展，社会发生变迁，社会变迁对家庭的规模、结构和功能产生冲击，家庭规模逐步缩小，家庭结构简单化，同时，家庭伦理观念转变，使家庭亲情关系淡薄化，老人由家庭赡养的观念逐步弱化，从而造成家庭养老功能的弱化。家庭的养老功能弱化是与家庭的生产功能退化同步产生与发展的。

在社会化大生产的条件下，劳动力的再生产也是社会化的。劳动者在长期的社会化生产、劳动过程中，为国家和社会创造了一定的物质财富，也为上一代老年人提供了物质帮助，因此，当其本人年老退休丧失劳动能力后，理应得到同等的物质帮助，使其老有所养。这不但是老年劳动者的需求，也是社会应尽的义务。因此，在家庭养老功能弱化的同时，社会化养老逐渐发展并成为现代社会中养老的主要方式。养老保险制度也成

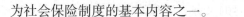

为社会保险制度的基本内容之一。

2. 人口老龄化及其社会经济影响

人口老龄化是在人口出生率降低、人口增长速度减慢、人均寿命延长的进程中加速发展的一种趋势。按照国际公认的标准，一个国家 60 岁以上人口占总人口的比重达到 10%，或者，65 岁以上人口占总人口的比重达到 7% 时，即为老龄化国家。按照这一标准，目前世界上许多国家已进入老龄化国家的行列。人口的老龄化必然对整个世界的经济产生重大影响。

人是社会生产力中最积极、最活跃的因素，亦是制约经济发展的决定性要素之一。人口老龄化对社会经济的影响，首先通过对劳动力市场的影响体现出来。在人口老龄化加速发展的背景下，老年人口增多并在总人口中所占比重日益上升，必然会对劳动力供求市场产生重大影响。老龄化意味着总人口结构中，经济活动人口（16～59 岁）的比重呈下降趋势，经济负担人口（60 岁以上）的比重逐渐上升，将不同程度地影响到劳动力市场供求的格局，并增大经济负担比重，进而从两个不同方面对经济发展形成压力：劳动力供给不足可能直接制约经济增长，经济负担加重则制约经济发展。此外，由于人口老龄化进程加速，大量老年劳动者受制于技术变革、流动等因素，容易较早退出劳动领域，进而可能导致较高的失业率。

人口缓慢增长将有助于资金密集型产业的发展，进而有助于提高人均收入；同时，为维持相对固定的资本劳动比率所需附加资本存量相对要少，而人均资本量又因人口增长缓慢而增长，进而有利于经济增长。但是，老龄化意味着人口总量中老年劳动者所占比例的增加，老年人的经验和知识固然丰富，但其对新技术的学习与运用的能力以及应变力较差，劳动者的流动范围受到多种限制，这些因素的综合作用则可能限制经济发展，导致较低的经济增长水平。

人口老龄化意味着老年人口赡养率上升，从而大幅度地增大社会保险费用支出负担，其占国民收入的比重将面临较大幅度的增加。这必然会在相当程度上加重未来经济与社会发展的负担，并成为制约经济发展的严重障碍。

（二）养老保险的概念与特点

养老保险（endowment insurance）是国家和社会根据一定的法律和法规，为解决劳动者在达到国家规定的解除劳动义务的劳动年龄界限，或因年老丧失劳动能力退出劳动岗位后的基本生活而建立的一种社会保险制度。这一概念主要包含以下三层含义。

第一，养老保险是在法定范围内的老年人完全或基本退出社会劳动生活后才自动发生作用的。所谓"完全"，是指以劳动者与生产资料的脱离为特征；所谓"基本"，是指参加生产活动已不成为主要社会生活内容。

第二，养老保险是以保障老年人的基本生活，满足其基本生活需求，为其提供稳定可靠的生活来源为根本目的。

第三，养老保险是以法律制度为手段实现保障基本生活的目的。具体来说，就是在一定范围内以国家立法强制施行的方式，来保障老年人的基本生活。

养老保险是社会保险的主要项目之一，也是整个社会保障制度的极其重要的组成内容。建立并完善养老保险制度，是国家和社会应尽的义务。这项制度的建立和完善，有利于切实保障老年人安度晚年的合法权利，保证老年人老有所养、老有所医、老有所乐；同时也有利于消除在业人员的后顾之忧，调动其生产积极性，为社会提供更多更好的物质财富，从而为包括养老保险在内的整个社会保障制度的巩固和实施准备雄厚的物质基础。

养老保险是社会保险制度中覆盖面最广的重要项目之一。在政府立法确定的范围内，对达到法定年龄的社会劳动者，当其按照规定正式退出劳动领域后，皆由国家或用人单位为其提供经济补偿，以保障基本生活需要。在世界上大多数国家中，养老保险主要表现为职工或雇员的退休制度。在我国，这项社会保险一般称为职工养老制度。

养老保险具有以下特点。

第一，养老保险是一种最普遍而重要的险种。几乎所有实行社会保险的国家，都设置了养老保险。这是因为，妥善解决老年职工的老有所养问题，不仅是劳动力再生产的需要，而且对于社会安定极其重要。因此，许多国家都把发展养老保险作为建立社会保险制度的重要突破口。养老保险是社会保险子系统中最重要的项目，也是整个社会保障制度中最为重要的项目。在绝大多数国家，养老保险金支出均占其整个社会保险支出的很大比重。

第二，养老保险保障的对象广泛。因为年老退休几乎是每个劳动者都无法回避的事实。所以，实际上，养老保险所保障的是全体劳动者。这一点明显区别于社会保险的其他险种。养老保险中，参加保险的人数与享受保险待遇的人数从长远看几乎是一致的，凡参加养老保险的人，最终都会享受到养老保险待遇，而其他社会保险在这两者之间都存在差额，均为多数人分担少数人的风险损失。

第三，养老保险待遇水平相对较高。尽管每一个国家的养老保险制度所规定的退休待遇不一致，而且在一个国家中，不同劳动者的退休待遇也有差别，但从总体上说，养老保险待遇水平较高。它不仅要求补偿基本生活需要，而且还应尽可能维持较高的生活水平。因为，一个社会不能要求老年人的生活水平比其他人低。另外，在保障期限上，养老保险的保障期是从退休至死亡，时间也比较长。

第四，养老保险的开支大，负担重。养老保险开支是社会保险总开支的主体，特别是在人口老龄化高峰期，所占比重更大，为了合理分担养老保险的开支，多数国家采取国家、企业和雇主、劳动者个人三方负担养老保险费用的形式，其中企业雇主承担大部分，国家财政给予一定的补贴，个人在不影响其生活水平的条件下也承担一定的比例。

（三）养老保险制度的沿革

1. 养老保险的产生

现代意义上的养老保险制度产生于德国。1889 年《老年、残疾和遗属保险法》的颁布，标志着现代养老保险制度的建立。劳动者在职时缴费，并得到承诺——到老年时可以得到退休金，国家在其中以立法形式承担了保证待遇兑现的责任。

2. 养老保险的发展

继德国之后，其他国家纷纷进行有关立法，并开始推行养老保险制度。例如，挪威于 1892 年颁布了《养老保险法》；意大利于 1898 年推行强制性老年保险；瑞典于 1901 年颁布《养老和残疾保险法》；法国于 1910 年制定了《养老保险法》；英国在 20 世纪 40 年代末建立了无须个人直接缴费的养老金制度，成为世界上第一个福利国家。

与欧洲各国相比，美国由于崇尚个人自由主义与社会达尔文主义，社会保障制度起步较晚。在 20 世纪 30 年代的经济大萧条后，美国总统罗斯福实行"新政"，于 1935 年颁布了《社会保障法》，又称为《老、遗、残社会保障法》，开始设置养老保险制度。

十月革命之后的苏联及东欧等社会主义国家，建立了覆盖范围广泛的由国家承担全部责任的养老保险制度。我国在 20 世纪 50 年代参照苏联模式建立了国家养老保险制度。另外，新加坡于 1953 年以公积金形式为有工资收入的劳动者提供养老保险；智利于 20 世纪 80 年代初建立了个人账户模式的养老保险。养老保险制度进入多元化发展阶段。

3. 养老保险的改革

稳健的经济发展和稳定的人口结构是维持养老保险制度可持续发展的前提条件，是实现收入再分配、维持社会稳定的根本保证。

20 世纪 70 年代后，石油危机导致西方工业化国家经济发展滞胀，人口老龄化日趋严重和养老保险覆盖人群的扩大，使各个国家养老保险基金面临入不敷出的困境；对于发展中国家来说，经济发展落后、资金匮乏，更为主要的是农村劳动者占绝大多数的人口格局使养老保险制度的发展困难重重；而经济转型国家则充斥着高失业率和通货膨胀率，亟待社会保障制度的改革来缓和社会矛盾，减轻社会动荡。

这些问题使各国普遍加快了对养老保险制度的改革，改革的手段大致有以下几类：建立多层次的养老保险体系，减轻国家财政负担；通过对给付方式和筹资模式的改革，克服人口老龄化危机，实现养老基金的可持续发展；加强养老基金的市场运营，争取高回报率。

（四）养老保险的实施原则

1. 享受养老保险待遇的同时解除劳动义务

人的实际劳动年龄因个体差异而有所差别，国家规定的法定养老（退休）年龄是以劳动者平均劳动年龄上限为依据的，它是以立法形式确定的一个统一的退休养老的年龄标准。劳动者到了退休年龄后，国家依据退休制度，一方面保障他们有获得物质帮助和社会服务的权利，另一方面妥善安排他们退出原来从事的职业或工作，不再承担社会劳动的义务。

劳动者退休后享受一定的养老待遇，这是他们履行了一生的劳动义务之后应享受的权利，这使社会劳动力不断更新，保证社会生产的正常发展。劳动者到达退休年龄后，无论其实际劳动能力是否丧失，都应按时退休。

2. 权利与义务的基本对等

养老保险待遇应与企业和个人对社会保险基金的贡献相联系。根据社会保险的基本性质，养老保险待遇的确定应适当体现劳动者所在企业及劳动者本人对社会保险基金贡献的大小，即适当地与劳动者所在企业和其个人的工资总额、工资收入、缴费比例、缴费年限、数额相联系，以充分体现社会保险权利与义务基本对等的原则要求。

3. 切实保障基本生活水平

养老保险待遇是退休者的主要乃至唯一的生活来源，因此，退休金水平应能满足退休人员基本生活开支需求，在确定退休待遇时，既要考虑到与原在职时的工资收入应有适当的差别，又要考虑到与在职时的生活水平不能差距过大、下降过多。此外，由于退休待遇采取终身给付的形式，还要考虑如何抵消物价上涨的影响，保证实际退休金收入水平不致降低。一般情况下，物价指数逐渐上升是难以避免的正常现象。为保障退休者的实际生活水平与整个社会消费水平相适应，抵消物价上涨给实际生活水平带来的不利影响，国家必须采取有力措施，根据物价指数的波动情况适时调整养老金水平，并在法律上予以保证。

4. 分享社会经济发展成果

养老金水平的高低是相对社会平均消费水平而言的。随着社会经济的发展，社会平均消费水平总是不断提高，而退休者的养老金水平相对而言却是比较固定的。即使根据物价水平上涨情况调整实际养老金水平，在社会消费水平普遍提高的情况下，退休者的实际消费水平也会出现相对下降的现象。因此，应当保证养老待遇随社会经济的发展而不断提高，让退休者能从增加养老金收入和提高其他福利待遇方面直接分享社会经济发展的成果。

退休者虽然已经退出劳动领域，但在过去几十年的劳动中为社会扩大再生产做出了贡献，这些贡献正是当前国民经济继续发展的基础。所以，退休者分享社会经济发展的成果是理所当然的。同时，只有坚持退休职工能够继续分享社会经济进步成果的原则，才能更好地促进社会再生产最终目标的实现，保证退休职工日益增长的物质文化需要逐步得到满足，也才能从根本上消除在职职工的后顾之忧，以充分调动他们的积极性与创造性。

分享原则的实施办法一般是，由国家根据一定时期内生产发展和人民生活的改善程度，并考虑在职职工工资水平的增长，相应地调整和提高退休待遇，或者不定期地向退休人员发放一定数额的生活补贴。

（五）养老保险的功能

1. 有利于防范劳动者的老年风险

建立养老保险制度的目的在于保证劳动者在年老退出劳动领域之后能够获得基本的生活保障，解除其基本生存风险。老年阶段是个体劳动能力不断减弱或丧失劳动能力的阶段，人到达老年阶段退出劳动领域之后，会面临健康问题和经济压力。如果老年生活能够得到保障，可以消除正参加工作的劳动者的后顾之忧，使其能安心工作和劳动。因此，养老保险制度的施行有利于社会的安定团结和协调发展。

2. 有利于国民收入的再分配

劳动者在劳动期间创造了价值与财富，所获得的回报不仅包括在职期间的工资等形式的收入，而且还包括在解除法定劳动义务后，应该获得的生活补偿，这种补偿不但大于在职时所缴纳的税费，而且还在不同收入的劳动者之间进行再分配，在一定程度上平抑不同收入劳动者之间的差异。因此，养老保险制度能够调节国民收入的再分配以及社会财富在代际之间的再分配。

3. 有利于经济的发展和调控

社会保险注重公平但不排斥效率，因此，各国设计养老保险制度多将公平与效率挂钩。由于养老保险涉及面广，参与人数多，在运作中能够筹集到大量的养老保险基金，为资本市场提供了巨大的资金来源。对这些养老保险基金进行运营和利用，有利于国家对国民经济的宏观调控，维持和推动宏观经济可持续发展。

4. 有利于劳动力的代际更替

劳动者达到法定退休年龄后只有退出劳动力市场，新生劳动力才能获得工作岗位，并且源源不断地补充到劳动者队伍中。因此，施行社会养老保险制度能够有效实现代际更替，不断为社会生产更新劳动力。

（六）养老保险的意义

养老保险是社会发展的需要。人类社会的历史表明，老年人口对社会发展仍具有重要的作用，这主要体现在他们所具备丰富的知识与经验，以及良好的行为规范，并且他们还承担着教育下一代人的重任。因此，通过养老保险为退休劳动者提供生活保障，不仅是其个人的生活需求，也是社会不断向前发展的需要。养老保险是人类文明和人道主义的重要体现。通过建立和健全养老保险制度，使所有因年老而丧失劳动能力的社会劳动者都能获得基本生活保障，安度晚年，这是现代社会中一个国家文明与进步程度的重要表现，也是人道主义的一种具体反映。劳动者在有劳动能力的时候，为国家和社会做出了贡献，维系和推动了社会的发展，当他们退休后，理应得到社会的尊重，并由国家和社会承担起赡养责任。

人口老龄化是现代社会的一大特征，养老保险是应付人口老龄化挑战的一种重要手段。人口老龄化是社会经济发展的一种客观结果，它对一个国家的政治、经济和文化等各方面都会产生一系列重大的影响：退休人口大量增加，退休金负担日益加重；劳动年龄人口赡养系数上升，家庭负担加重；医疗费用急剧上升，医疗服务量迅速增长；各种福利设施和特殊服务保障项目出现。面临如此严峻的挑战，国家只有建立现代化的养老保险制度，才能从根本上解决这一问题。

养老保险有利于职工队伍的正常更替。人类社会总是在连续和继承中发展的。劳动者年老体衰、工作能力下降时，应按国家规定实行正常的退休，为新成长起来的劳动力提供必要的工作岗位。这种新陈代谢有利于保持劳动力队伍旺盛的生命力，有利于提高整体素质和工作效率。

养老保险有利于解除在职劳动者的后顾之忧，调动其劳动积极性。稳定、完善的退休养老保险制度，不但可以为达到法定退休年龄者提供生活保障，而且因为未来的退休金待遇与在职工资收入相关，能够促进劳动者在职时积极进取，为退休后获得较好的养老待遇积累更多的资格条件。同时，养老保险的实施也大大减轻了年轻一代对退休老人的经济负担，有利于提高其劳动积极性。

第二节　基本养老保险制度

一、学习目标

本节要求学生了解基本养老保险制度的覆盖范围，养老保险基金的筹集与管理；掌握养老保险的待遇给付，养老保险模式的分类与比较。

二、学习任务

任务 1：课前要求学生查阅相关资料，了解养老保险的覆盖范围以及基金筹集和管理模式，理解和认知不同国家养老保险模式的差异性。

任务 2：重点掌握养老保险待遇给付的资格条件，养老保险待遇给付水平确定模式。

任务 3：了解养老保险模式的分类与比较，认知社会保险"碎片化"特点。

三、学习内容

（一）养老保险覆盖范围

养老保险覆盖范围是指法定的制度适应对象和适应群体。建立养老保险制度的各国因经济社会发展水平的广泛差异，其制度覆盖范围大有不同。虽然养老保险制度是针对劳动者的一项社会保险制度，但不同国家的制度覆盖范围受制于多方面因素的共同影响，形成了不同的覆盖模式，但一般都经历从狭窄到宽泛的拓展过程。现阶段养老保险的覆盖范围归纳起来可以分为四种类型：一是全体居民，即在该国家拥有合法居住身份的全部人员，包括拥有短期和临时身份的人；二是全体国民，即具有该国国籍的人；三是全体雇员，即有合法劳动合同关系的人；四是全体就业者，即有职业的人，包括个体劳动者。各国的国情不同，养老保险覆盖范围也不同。例如，以英国、澳大利亚、加拿大为代表的普惠制，基本养老保险覆盖全体国民，强调国民皆有年金；以美国、法国、德国为代表的选择性制度，并不覆盖全体国民，而是选择一部分社会成员参加，主要为有工资收益的人群。法国规定，养老保险适用于所有雇员，包括制造业、农业、矿业、铁路、公用事业和共同雇员、海员、非农业自我雇佣者等。农业自我雇佣者适用另外的专门规定。不工作的家庭妇女和照顾伤残家属的非雇员，可自愿参加保险。

（二）养老保险基金的筹集和管理

1. 养老保险基金的筹集

（1）由雇主、雇员和政府三方共同负担

这是最为经典而普遍的一种主流筹资方式，是基于责任分担或责任共担原则确立的，资金的来源渠道越多，保险系数越高，有利于养老责任风险的分散和财务稳定，因此是大多数国家选择的筹资模式。该模式体现了劳动者权利与义务相统一的原则，体现了养老保险基金来源多元化的特色，同时又兼具较强的互济性，更有利于制度的可持续发展。英国、德国和意大利等诸国都是采取这种筹资方式。但即便都是采取雇主、雇员和政府三方共同负担的方式，不同国家在三方分担的比例方面也存在明显差异，这取决于不同国家建立养老保险制度的价值偏好。

（2）由雇主和雇员双方共同负担

养老保险基金来源于雇主与雇员也是比较广泛的一种筹资方式，如法国、荷兰、葡萄牙、新加坡等国家。但不同国家在具体筹资比例上存在相当差异，如新加坡是雇主与雇员各自承担50%，而法国是雇主承担大部分费用，荷兰却是参保人员承担较大比例。总之，尽管养老保险基金来自雇主与雇员，但具体承担比例基于各国国情而不同。

（3）由雇主和政府双方共同负担

瑞典的养老保险基金筹集在2000年以前采取雇主与政府共同负担的方式。瑞典实施高税收、高福利的社会保障模式，社会保险基金由税收部门统一征收，个人所得税一般为29%～35%，而且实施累进税。因此，瑞典的养老金支出虽由雇主和政府共同负担，但政府负担比例较大，个人不再缴纳养老保险税费。这种制度属于政府直接负责的养老保险制度，其养老金通常以国民年金的形式存在。这种筹资形式强调政府的重任，政府对养老保险事务实行直接监管，具有很强的普遍性和公平性。

（4）完全由个人负担

智利在20世纪80年代后推行养老保险完全私有化改革，政府强制为参保人建立自我负责的个人账户。在这种模式下，政府与雇主不负担缴费义务，养老保险基金全部来源于个人缴费，所缴纳保险费全部计入个人账户，并通过市场化的私营基金管理公司投资运营，所获得收益也充实到个人账户中，劳动者退休后领取个人账户中的资金用于养老。该基金筹集模式强调个人自我负责，政府责任很小，只负担历史债务，因而缺乏互助共济与风险分散功能。尽管对个人有一定激励作用，但无法实现和维持社会公平。

2. 养老保险基金的管理模式

（1）美国模式

美国养老金制度是政府与私人混合的管理模式。社会保障署负责公共养老基金的投资运营，聘请专家负责投资策略分析。具体执行机构是美国政府投资公司，主要是购买国债，少数投放金融市场。可用于投资的资金分为成员结余、保险基金和退休前取款基金。成员结余由社会保障署掌管，只能投资于国债；雇主为雇员购买的私人保险基金主要由保险公司投资于定期存款、股票、债券等。

养老保险资金
的管理模式

（2）智利模式

智利模式是典型的私人分散管理模式。智利养老金的投资运作由基金管理公司负责。为了保障投保人的利益，政府通过法律和独立的监管机构对养老基金的运营做出严格的监管。管理公司的养老金运营必须与自身资产的运营分离，养老金可投资于政府认可的投资工具，如政府债券、公司债券、股票等。投资项目须经过两家以上私人风险评级机构评级，并由风险评级委员会最终决定。对于各种投资，政府有严格的限制性规定，以减少风险。养老基金的政府管理部门是养老基金管理总局，负责对养老基金管理公司的经营行为和养老金的使用进行监控。养老基金具体管理交由养老基金管理公司，管理公司向成员收取一定的管理费用来维持经营。管理总局监控、协调各养老基金公司的经营管理，不参与基金的管理和经营。

（3）瑞典模式

瑞典的养老金管理是典型的相对集中的管理模式。瑞典养老金由税务部门缴收，其征收的养老金转交给新成立的养老金管理局。养老金管理局根据个人的意愿，将相应部分的养老金交给雇员自主选择的养老基金管理公司管理，由其负责养老保险金的投资运营，该模式允许任何在瑞典注册的基金公司参与管理，参保人可以任意选择，由养老基金管理局代替参保人与基金公司签署管理合同。管理公司可以将养老金投资于资本市场，受政府的监管，但是没有最低收益保证制度。

（三）养老保险待遇给付

1. 养老保险待遇给付资格条件

（1）退休年龄

法定退休年龄是享受养老保险待遇的首要条件。科学设定退休年龄可以保证劳动者在年老丧失工作能力时退出社会劳动，得到及时有效的生活保障；更重要的是，退休年龄直接影响劳动力市场的规模和质量，影响就业率。退休年龄过低可能会使具有共济性质的养老保险基金出现收不抵支的情况，同时失去大批经验丰富的劳动者，不利于社会财富的创造；退休年龄过高则使劳动者在丧失劳动能力之后不得不继续从事劳动，不仅对个人不利，同时会使劳动效率下降，产出减少。另外，会影响新生劳动力的就业，影响社会稳定。

正确规定退休年龄需要考虑以下几方面的因素：

第一，人口的平均预期寿命。平均预期寿命延长，则退休年龄应相应推后；反之亦然。

第二，人口老龄化程度。人口老龄化程度提高，表明劳动力供应减少，退休年龄应推后；反之则应提前。

第三，适龄人口的就业率。就业率高则表明就业岗位较充裕，退休年龄可推后；反之应提前。

第四，劳动者平均受教育年限。劳动者受教育年限延长表明人才培养的成本上升，为创造相应的社会价值以弥补投资成本，应推迟退休年龄。目前，受教育年限延长已成为社会发展的普遍趋势。

第五，生产率的变化。技术等方面的不断进步使得劳动生产率提高，国民产出增加，退休金来源更加有保障，退休年龄可以适当提前。

第六，职业的性质。例如，有一些工作岗位会给劳动者带来一些无法避免的身体伤害，则应提前退休；而某些技术性很强的岗位，新人需要掌握该技能的时间长、难度大，则可以适当推迟退休年龄。

世界各国的法定退休年龄普遍趋于推迟，这和世界人口的平均寿命大大延长和严重的人口老龄化有直接的关系。

（2）工龄或缴费年限

劳动者的工龄和缴费年限是决定退休保险待遇的主要条件，体现了劳动者权利和义务的对应关系。确定退休工龄或缴费年限，主要是为了明确可以享受养老保险待遇的最低年限，以及根据工龄或缴费年限而确定的待遇水平。退休工龄和缴费年限的标准还应考虑对投保人晚年基本生活的保障程度，一般由退休金的工资替代率高低来体现。替代率越高，则其标准越高；反之，则可适当降低标准。

各国对退休工龄和缴费年限标准的规定主要有四种：第一，符合最低工龄标准就可享受基本数额的退休金，待遇随工龄而增加；第二，符合最低缴费年限就可享受基本数额的退休金，待遇随缴费年限增加；第三，同时达到标准才可领取全额退休金；第四，只要达到规定年龄即可领取养老金，强制储蓄模式下常见这种规定。

2. 养老保险待遇给付水平确定模式

（1）普遍生活保障模式

普遍生活保障模式面向所有老年居民，只要达到领取养老保险待遇的法定资格条件，享受待遇的标准是均等的，保障水平与消费水平有关，与老年人的社会阶层、退休前收入的高低、职业是否稳定没有关系。一般而言，普遍生活保障模式往往属于基础养老金或者国民年金等，注重公平的实现和维护，一般只保障基本生活水平，政府财政都会给予直接支持。如福利国家的国民年金基本上都是普遍生活保障模式。

（2）收入关联模式

收入关联模式强调养老保险费税一般由雇主、雇员和政府三方共同负担，养老保险的缴费额度与养老保险待遇的给付标准都与劳动者在职时的工资收入关联。这是一种与个人收入水平关联的制度模式，一般只是针对工作相对稳定的劳动阶层，非工薪阶层、灵活就业者、农民等群体往往被排斥在制度之外。相比较而言，收入关联模式更为关注效率，而普遍生活保障模式则更强调社会公平。

（四）养老保险模式的分类

1. 国家保险型养老保险

（1）概念及特点

国家保险型模式以苏联、东欧等社会主义国家为代表，最早始于苏联。这种模式的主要特点是：工薪劳动者在年老丧失劳动能力后均可享受法定的社保待遇，老年保险所需的资金都来自国家财政，国家不向劳动者征收任何保

世界三大典型
养老保险模式

险税费。从养老金领取方式来看，国家保险型养老保障模式大多规定了领取人的领取条件，如：必须达到退休年龄，需考量工龄和职务等。

（2）优势与不足

总体来看，这种模式的管理工作简单，管理成本不高，投保人负担很小，但这种保险资金全部来自财政拨款的模式给国家带来了较为沉重的财政负担。以我国为例，原有的养老保险制度就其正面效应而言，在当时的条件下，它使得部分劳动者的养老问题得以解决，体现了社会主义和国营经济的强大和优越性，从制度上显示了公有经济的力量，增强了人们对公有制度的信心。因此，对我国经济建设起到了一定推动作用。然而，这一制度的不合理性给我国经济发展带来的负面影响也是突出和深刻的，这种模式追求有限范围的过度保险，而不是广范围的普遍保险，因而在保险的体现上没有真正贯彻设立养老保险的目的。

2. 投保资助型养老保险

（1）概念及特点

投保资助型养老保险是传统而经典的养老保险模式，也是一种社会共同负担和共同享有的养老保险模式，以德国、美国、日本为代表。该模式用强制手段把所有雇主、雇员乃至一切公民，都无一例外地覆盖在社会保险的网络之下。通过立法程序强制雇员和雇主缴纳养老保险费，建立养老保险基金，国家在财政、税收和利息政策上给予扶持。这种模式的一个重要特点就是多层次的养老金制度，基本养老金包括普遍养老金、员工基本退休金和附加年金三个层次。普遍养老金的目的在于每个人都能享受基本生活保障，不论是否是工资劳动者。员工基本退休金是基本养老金中最重要的一个层次，一般以退休者在就业期间领取的最高工资或几十年的平均工资作为计算基础，与收入替代率和投保期限共同构成养老金给付指数调节机制，目的在于把养老保险金与劳动者就业期间的劳动贡献联系起来。附加年金是退休者在职期间抚养的直系可以享有的年金，直到失去被抚养资格。例如，美国规定，退休者扶养（抚养）的配偶和未成年子女，配偶达到退休年龄，被扶养（抚养）者每人均按退休者享受的半数退休金给付。

（2）优势与不足

投保资助模式下，享受待遇的权利与缴费义务相联系，但两者并不完全对等，在缴费和给付方式上通过特定的技术机制，使同代人共担风险和共享资源，同时可以实现代际支援。另外，该制度中实行的多层次养老金制度下的工资挂钩退休金制度，一方面使养老金随着在职劳动者平均工资的增加而增加，另一方面也可以抵御一部分因通货膨胀而导致的基金贬值的风险。但实行这种模式的国家由于要随物价指数变化调整退休金给付标准以保证退休者的生活水平，因此技术性比较强，资金管理难度大，成本高。

3. 普遍保障型养老保险

（1）概念及特点

普遍保障型养老保险又称为福利国家型养老保险。在此模式下，劳动者无须缴纳任何费用，只要满足一定条件就可在达到一定退休年龄后获取一定数额的养老金。资金主要来源于国家一般税收，基本由国家和雇主承担，按同一水平支付而与个人收入状况无关。该模式是英国、北欧国家及其他英联邦国家普遍推行的养老保险制度。采取此类型的前提条件，必须是国家的劳动生产率水平高于国际平均水平，个人国民收入、国民素质和物质生活等方面享有较高的水平，并借助财政、税收、金融等经济杠杆的调节作用，以强大的社会福利刺激需求，推动经济发展。其特点是强调普遍性和人道主义，把所有老年人作为普遍养老金的发放对象，如：瑞典强调只要年满65岁，不论其经济地位和职业状况，都可以获得同一金额的基本养老金，同时还将在该国居住一定年限的外侨纳入养老保险体系内。这种模式崇尚公平，强调养老保险待遇的普遍性，同时也给国家财政带来了沉重负担，不利于经济发展。

（2）优势与不足

该模式的优势在于运作简单易行，通过国民收入再分配的方式，对老年人提供基本生活保障，以抵消市场经济带来的负面影响。该模式直接的后果就是政府的负担过重。由于政府财政收入的相当部分都用在了社会保障支出，而且要维持如此庞大的社会保障支出，政府必须采取高税收政策，从而加重了企业和纳税人的负担。另外，由于社会成员普遍享受养老保险待遇，养老金与贡献的相关联度比较弱，缺乏对个人的激励机制，容易形成社会成员的依赖思想。

4. 强制储蓄型养老保险

（1）概念及特点

强制储蓄型养老保险也称为完全积累型养老保险。这种保障方式是指国家依法要求雇主和雇员缴纳定额保险费，从而建立特别基金，分别计入雇员的个人账户，由国家设立基金会对养老保险基金进行管理，当雇员年老或发生意外时，把其全部储蓄和利息按规定返还于雇员。该模式以新加坡和智利最为典型。由于管理方式的不同，该模式又分为两种形式：公共管理的储蓄积累和私营管理的储蓄积累。公共管理储蓄积累模式又称中央公积金制，实行该模式的主要有新加坡、马来西亚等东南亚国家。私营管理储蓄积累模式又称智利模式，实行该模式的主要是以智利为代表的拉美国家。这种模式的特点体现在以下四个方面：第一，建立个人账户，雇主与雇员的缴费（或者完全由雇员个人缴费）全部记入雇员的个人账户；第二，雇员退休时，其养老金待遇完全取决于其个人账户的积累额；第三，个人账户的基金积累可进行投资，投资回报率将极大地影响到退休后的养老金水平；第四，公共储蓄积累模式的个人账户养老基金由政府部门来集中管理和投资，私营管理储蓄积累模式的养老金由私营管理公司来管理和投资，政府不直接参与管理，政府的作用是对管理公司的资格认定、最低投资回报率等进行政策性管制和监督，多个管理公司之间存在竞争，参保人可以在不同的公司之间进行选择。

（2）优势与不足

公共管理储蓄积累模式。该模式无须国家财政拨款，只在税收、利率上提供优惠政策，实现了"自我养老"。激发了劳动者的生产积极性和提高业务水平的主动性，又由于账户制要求资金不断积累，激发了投保人的主人公意识及理财透明化。另外，养老基金由政府部门统一管理，因此为国家财政积累了一笔雄厚的社保基金，促进了国家经济增长；经济的增长又有利于劳动者工资的提高，投保费用基数增长了，社保基金总额又相应增长，如此可形成一个经济水平和工资水平交替增长的良性循环，劳动者安全感日益增强。该模式比较突出的问题是缺乏互济性，没有分担风险的功能；此外，退休金来源单一，由于规定了高投保费率，雇主投保费用金额比较大，往往无力再办企业补充退休制度，因此雇员开辟养老途径的方法只有购买商业保险。而对于低薪工人或年轻时丧失劳动能力使得工龄很短的投保人，由于没有足够的养老金积累额，又无余力购买商业保险，老年生活很可能难以为继。

私营管理储蓄积累模式。这种模式下的养老保险基金不由政府统管，由众多基金管理公司按自愿投保、自愿退保原则分别管理，各家公司为争取投保人，必须努力做好服务，降低管理费用，促进了社保基金管理行业的良性竞争。同时，由于养老保险制度透明，基金投放的多样化和渠道化，投保人真正成了股东，只要投保人善于选择基金管理公司，就能保障退休时享有足够的退休金数额。另外，它与公共管理储蓄积累模式一样，对雇员的工作积极性有很大的激励作用。该模式的问题在于投保仅依靠个人负担，市场经济条件下，金融市场会受到各种因素的影响，基金收益会随经济状况的好坏而波动，在不提高投保费率的情况下，单靠基金投资难以保障基金收益的可靠性和稳定性。另外，与公共管理储蓄积累模式一样，该模式也缺乏互济性。

（五）养老保险模式比较

1. 覆盖面

普遍保障型养老保险模式的保障对象基本覆盖全体居民，国家保险型养老保险模式的保障对象是工薪劳动者，而投保资助型养老保险和强制储蓄模式则根据不同的国家有不同的制度规定，并且在发达国家与发展中国家之间存在较大差异。在经济基础较为雄厚的国家，公共养老保险一般都实行普遍年金、社会救助与社会养老保险三者结合的养老保险制度，从而使保障覆盖到全体居民，也体现了其社会保障理论思想上的平等与公平原则。据2000年世界银行提供的资料，12个高收入国家公共年金计划的人口覆盖范围为95.8%，而19个低收入国家的覆盖范围仅为10.2%。与此同时，大多数发展中国家的养老保险覆盖面过于狭窄。究其原因，主要是他们的经济发展水平还太低，其社会保险制度还处于相对不成熟的初级阶段。而且，二元经济结构的普遍存在，给实现全面覆盖带来了一定的困难，部分农村劳动者还无法纳入保障体系。

2. 筹资机制

（1）基金来源

具体来看，国家保险模式的基金全部来源于国家财政，不向劳动者征收任何保险税费。投保资助模式基金来源于三方，政府责任主要是间接的。普遍保障模式的基金来源于一般税收，基本上由政府和雇主负担，个人不缴纳保险费或缴纳低标准的养老保险费。例如，瑞典退休者在工作期间不必缴纳任何保险税费。强制储蓄模式不需要政府在财政上给予拨款，强制雇员和雇主同时投保，以形成保险基金，国家在银行利息上给予优惠。

（2）筹资方式

一般来说，投保资助型、普遍保障型国家的法定养老保险多采用现收现付制，强制储蓄模式国家采取完全积累制。大部分国家的养老保险筹资都从现收现付制开始，之后由于经济上不能维持，而转向探索尝试积累制或者部分积累制。但德国一直坚持现收现付制，即便在世界各国都为基金积累制跃跃欲试的改革浪潮中，德国坚持认为它易受经济周期变动、通货膨胀、战争等不可预测因素的影响，因此始终固守现收现付制。进入20世纪70年代后，养老保险私有化的浪潮席卷全球，以智利为代表的养老基金私有化改革备受推崇。相比而言，经济转型期的发展中国家在养老保险改革中采用的筹资方式较多趋于积累制。基金积累制的典型代表国家新加坡的公共管理储蓄积累模式，在社会保障领域中从被排斥到被肯定的待遇就反映了这种改革趋势。

3. 运行效果

普遍保障型和国家型重公平、轻效率，强调普遍性原则，但不可避免地导致福利开支庞大，政府财政负担沉重，其福利开支在国民总收入中所占比重随着人口老龄化的加剧而逐年上升。据统计，20世纪80年代，用于老年人的实际福利支出在国民总收入中所占比重，瑞典为19.48%，比利时为21.71%，而投保资助型的美国仅为7.53%。

相比，投保资助型养老模式更加强调效率，与普遍保障型相比，减轻了政府的负担，能较好地适应市场经济和竞争的需要，因而对经济的发展能发挥保护器的有力作用。

以智利、新加坡为代表的强制储蓄模式强调的是自我保障的实现，在社会成员之间没有互济性，其运行效果如何很大程度取决于个人账户上的存款基金能否有效地保值增值。尤其是智利这种私营竞争型的管理模式，它可以通过市场竞争产生最佳的资金配置和投资效益，从而实现基金的保值增值，但同时市场竞争也使管理更加复杂，管理成本增大，分散化的私营投资管理使经济规模效应消失。

表3-1所示为四种养老保险模式的比较。

表3-1　四种养老保险模式比较

养老保险模式	基本特征	基金来源	责任归属	代表国家
国家保险型	政府包揽全体国民的养老	政府	政府	苏联、中国计划经济时期
投保资助型	权利义务对等，保基本	雇主、雇员、政府	三方	德国、美国、日本
普遍保障型	高税收，保障全民养老	政府、雇主	政府	英国、瑞典
强制储蓄型	强制劳资缴费予以养老	雇主、雇员	个人	新加坡、智利

第三节 中国基本养老保险制度

一、学习目标

本节要求学生重点掌握城镇职工基本养老保险的筹集和管理、养老保险的待遇给付，了解新型农村基本养老保险的筹资方式、待遇给付、领取条件，了解城镇居民基本养老保险制度。

二、学习任务

任务1：课前要求学生查阅相关资料，了解中国养老"双轨制"的背景，认识现在城镇职工养老保险的适用范围。

任务2：重点掌握中国养老保险待遇给付的资格条件，养老保险待遇给付水平确定模式。

任务3：了解中国新型农村基本养老保险和城镇居民养老保险。

三、学习内容

（一）职工基本养老保险

我国城镇职工养老保险长期实行双轨制，由企业养老保险和机关事业单位退休制度构成。企业职工按照固定比例缴纳养老保险金，领取养老金数额与其在职期间缴纳的保险费相关；而机关事业单位职工无须缴纳养老保险金，由国家财政承担其退休后的养老金。随着市场经济改革的深入，双轨制的弊端越来越明显。

我国养老保险"并轨"的目的及措施

2015年1月，《国务院关于机关事业单位工作人员养老保险制度改革的决定》将机关事业单位退休制度与城镇职工养老保险并轨。这次改革是全国范围的全面性的改革，范围为按照《公务员法》管理的单位、参照《公务员法》管理的机关事业单位及其编制内的工作人员。《国务院关于机关事业单位工作人员养老保险制度改革的决定》的发布标志着我国城镇职工养老保险"双轨制"成为历史，纳入改革范畴的单位和人员实行社会统筹与个人账户相结合的基本养老保险，与现行机关事业单位编制管理和经费保障制度相适应，从根本上改变了制度模式，使养老保险从单位保障变为真正意义上的社会保障。

1. 适用范围

（1）国家机关和事业单位及其职工

根据《国务院关于机关事业单位工作人员养老保险制度改革的决定》规定，适用职工基本养老保险的人员有：①公务员。根据《公务员法》，下列机关中除工勤人员以外的工作人员均属于按照《公务员法》管理的人员：各级国家行政机关、各级人民代表大会及其常务委员会机关，中国人民政治协商会议各级委员会机关、中国共产党各级机关、各民主党派和工商联的各级机关、各级检察机关、审判机关。②参照《公务员法》管理的事业单位工作人员，包括使用国家行政编制的人民团体和群众团体机关等。参照《公务员法》管理的单位，如中共中央党校、中国证券监督管理委员会及其派出机构、妇女联合会等。

事业单位职工，是指国家为了社会公益目的，由国家机关举办或者其他组织利用国有资产兴办的，从事教育、科技、文化、卫生等活动的社会服务组织。根据《国务院关于机关事业单位工作人员养老保险制度改革的决定》规定，事业单位职工也统一纳入城镇职工养老保险体系。

（2）企业、个体工商户、灵活就业人员

《社会保险法》第 10 条规定，职工应当参加基本养老保险。应当参加社会养老保险的职工从所有制形态来看包括国有企业、城镇集体企业、外商投资企业、私营企业等职工。个体工商户和灵活就业人员都需纳入城镇职工养老保险体系。灵活就业人员是以非全日制、临时性和弹性工作等灵活形式就业的人员，包括自由职业者和非全日制劳动者等。

2. 养老保险费的筹集和管理

《社会保险法》第 11 条规定：基本养老保险实行社会统筹与个人账户相结合。基本养老保险基金由用人单位和个人缴费以及政府补贴等组成。第 12 条规定：用人单位应当按照国家规定的本单位职工工资总额的比例缴纳基本养老保险费，记入基本养老保险统筹基金。职工应当按照国家规定的本人工资的比例缴纳基本养老保险费，记入个人账户。无雇工的个体工商户、未在用人单位参加基本养老保险的非全日制从业人员以及其他灵活就业人员参加基本养老保险的，应当按照国家规定缴纳基本养老保险费，分别记入基本养老保险统筹基金和个人账户。

（1）基本养老保险统筹基金

基本养老保险基金由以下部分组成：用人单位、城镇个体劳动者缴纳的基本养老保险费；基本养老保险基金的利息等增值收益；基本养老保险费滞纳金；社会捐赠；财政补贴；依法应当纳入基本养老保险基金的其他资金。

根据《国务院关于机关事业单位工作人员养老保险制度改革的决定》规定，机关和事业单位的工作人员，其基本养老保险费由单位和个人共同负担。单位按工资总额的 20% 缴费。

根据《国务院关于建立统一的企业职工基本养老保险制度的决定》规定，企业缴纳基本养老保险费（以下简称企业缴费）的比例，一般不得超过企业工资总额的 20%(包括划入个人账户的部分)，具体比例由省（自治区、直辖市）人民政府确定。少数省（自治区、直辖市）因离退休人数较多、养老保险负担过重，确需超过企业工资总额 20% 的，应报劳动部、财政部审批。

　　城镇个体工商户和灵活就业人员自己缴纳养老保险费，缴费基数统一为当地上年度在岗职工平均工资，缴费比例为20%，其中12%记入统筹账户。

　　（2）个人账户资金

　　《社会保险法》规定，基本养老金由统筹养老金和个人账户养老金组成。机关事业单位职工按本人缴费工资的8%缴费，本人缴费工资高于当地职工平均工资3倍的部分不纳入缴费基数，低于平均工资60%的以本人缴费工资的60%为基数缴费，即"300%封顶、60%托底"。个人缴费全部计入个人账户，统一计息。企业个人缴纳基本养老保险费（简称个人缴费）的比例，根据规定，从2006年1月1日起，个人账户的规模统一由本人缴费工资的11%调整为8%，全部由个人缴费形成，单位缴费不再划入个人账户。个体工商户和灵活就业人员按照当地上年度在岗职工平均工资的20%缴纳养老保险，其中8%记入个人账户。职工基本养老保险个人账户不得提前支取。个人在达到法定的领取基本养老金的条件前离境定居的，其个人账户予以保留，达到法定领取条件时，按照国家规定享受相应的养老保险待遇。其中，丧失中华人民共和国国籍的，可以在其离境时或者离境后书面申请终止职工基本养老保险关系。社会保险经办机构收到申请后，应当书面告知其保留个人账户的权利以及终止职工基本养老保险关系的后果，经本人书面确认后，终止其职工基本养老保险关系，并将个人账户储存额一次性支付给本人。

　　参加职工基本养老保险的个人死亡后，其个人账户中的余额可以全部依法继承。

3. 养老保险的转移接续

　　随着我国劳动力市场化及流动性的日益加强，养老保险制度在实际运行过程中暴露出很多亟待解决的问题，养老保险跨地域转移接续困难成为制约养老保险制度自身发展，影响职工与企业参保积极性的瓶颈之一。

　　2008年实施的《劳动合同法》首次在法律层面明确规定，"国家采取措施，建立健全劳动者社会保险关系跨地区转移接续制度"。2010年1月1日起正式实施的国务院《城镇企业职工基本养老保险关系转移接续暂行办法》对基本养老保险的转移接续做出了具体的规定，由此开始，基本养老保险关系的转移接续正式进入实际操作阶段。2011年7月正式实施的《社会保险法》第19条再次明确规定：个人跨统筹地区就业的，其基本养老保险关系随本人转移，缴费年限累计计算。个人达到法定退休年龄时，基本养老金分段计算，统一支付。具体办法由国务院规定。2010年至今，各省（自治区、直辖市）相继出台了养老保险转移接续的具体政策和操作规范。

　　（1）养老保险转移接续的适用范围

　　《城镇企业职工基本养老保险关系转移接续暂行办法》规定：本办法适用于参加城镇企业职工基本养老保险所有人员，包括农民工。《城镇企业职工基本养老保险关系转移接续暂行办法》消除了转移接续的限制，实现了无论是否在户籍所在地，均可进行养老保险关系的接转。同时，《社会保险法》明确取消了城镇、农村职工参加职工基本养老保险的身份差异，农民工养老保险的特殊政策将逐步消亡，为农民工养老保险的转移接续扫清了障碍。

　　根据《城镇企业职工基本养老保险关系转移接续暂行办法》的规定，两类人员的基本养老保险关系不能转移：一是已经办理正式退休手续，享受基本养老待遇的职工，无论其户籍所在地为何处，其只能在待遇领取地继续领取待遇，而不能再进行养老保险关系的转移；二是接近退休年龄的人员，这条规定主要是为了防止出现职工在接近退休时将养老保险转至经济发展水平较高地退休的情况。

（2）转移程序

转移程序在《城镇企业职工基本养老保险关系转移接续暂行办法》中也作了相应规定：参保人员跨省流动就业的，由原参保所在地社会保险经办机构开具参保缴费凭证，其基本养老保险关系应随同转移到新参保地。转移接续办理过程中需要不同地区和制度间进行频繁有效的沟通，既要转关系，还要转基金。目前全国社会保险经办机构工作人员约16万人，在目前条件下很难达到1:10 000甚至更高的服务比，远远低于国际平均水平。如果要实现2亿多农民工、数以千万计的城镇迁移流动劳动力和不同部门之间的转换劳动力的养老保障权益顺畅地转移接续，需要增加的业务量将更加庞大。

4. 养老保险待遇的给付

（1）养老保险给付条件

退休年龄条件：①正常退休年龄（也称法定退休年龄），即男年满60周岁，女管理岗位年满55周岁、生产岗位年满50周岁；②特殊工种提前退休，即从事井下、高空、高温、特别繁重体力劳动或者其他有害身体健康工作的职工，累计工作年限符合国家规定的特殊工种年限，男年满55周岁，女年满45周岁；③因病提前退休，即职工因病完全丧失劳动能力，经劳动能力鉴定委员会鉴定符合条件的，男年满50周岁，女年满45周岁；④其他人员，城镇个体工商户、灵活就业人员和农民工，男年满60周岁，女年满55周岁。

个人养老金计算方法及领取地认定

缴费年限（含视同缴费年限）累计达到15年。依据缴费年限是适应我国城镇职工养老保险制度改革的现实需求而设置的，按照"老人老办法、新人新办法"的原则，横跨两个制度的"中人"则有不依据缴费年限和依据缴费年限之分。改制规定把没有实行个人缴纳养老保险费之前的工作时间也看作缴费年限，在计算养老保险待遇时，将缴费年限与视同缴费年限合并计算。依据企业职工基本养老保险政策，下列情况工龄可计算为"视同缴费年限"：①国有、集体企业原全民固定工，其1995年年底前符合国家规定可计算为连续工龄的工作年限，可计算为视同缴费年限。②凡已纳入基本养老保险的企业职工，其在人民解放军、武警部队服役的年限；在国家机关、社会团体、事业单位（不含企业化管理的事业单位）工作的原国家干部和全民固定职工的工作年限；知识青年上山下乡，在农村参加劳动的时间，均可计算为视同缴费年限。③国有、集体企业原固定工，流动到非国有企业工作的，其原在国有、集体企业工作期间符合规定可计算为视同缴费的工作年限，可与流动前后的实际缴费年限合并计算。④1995年年底以前，按县级以上地方政府规定实行养老保险统筹的非国有企业职工，其1995年年底以前的缴费年限，可按地方政府原有的规定计算为视同缴费年限。视同缴费年限认定必须严格依据上述政策规定进行，除此之外，目前没有其他政策依据。

根据《国务院关于机关事业单位工作人员养老保险制度改革的决定》规定：国家机关、事业单位职工的视同缴费年限认定应当是2014年10月前，在职人员从参加工作至2014年10月都视同缴费年限。

　　参加基本养老保险的个人达到法定退休年龄时，累计缴费不足 15 年的，可以缴费至满 15 年，按月领取基本养老金；也可以转入新型农村社会养老保险或者城镇居民社会养老保险，按照国务院规定享受相应的养老保险待遇。

　　参加职工基本养老保险的个人达到法定退休年龄后，累计缴费不足 15 年（含依照规定延长缴费），且未转入新型农村社会养老保险或者城镇居民社会养老保险的，可以书面申请终止职工基本养老保险关系。社会保险经办机构收到申请后，应当书面告知其转入新型农村社会养老保险或者城镇居民社会养老保险的权利以及终止职工基本养老保险关系的后果，经本人书面确认后，终止其职工基本养老保险关系，并将个人账户储存额一次性支付给本人。

　　（2）养老保险费给付标准

　　①企业职工养老保险费给付标准。根据《国务院关于建立统一的企业职工基本养老保险制度的决定》规定，有老中新三种给付标准。

　　新人，《国务院关于建立统一的企业职工基本养老保险制度的决定》实施后参加工作、缴费年限（含视同缴费年限，下同）累计满 15 年的人员，退休后按月发给基本养老金。基本养老金由基础养老金和个人账户养老金组成。退休时的基础养老金月标准以当地上年度在岗职工月平均工资和本人指数化月平均缴费工资的平均值为基数，缴费每满 1 年发给 1%。个人账户养老金月标准为个人账户储存额除以计发月数，计发月数根据职工退休时城镇人口平均预期寿命、本人退休年龄、利息等因素确定。

　　中人，《国务院关于建立统一的企业职工基本养老保险制度的决定》实施前参加工作，本决定实施后退休且缴费年限累计满 15 年的人员，在发给基础养老金和个人账户养老金的基础上，再发给过渡性养老金。各省（自治区、直辖市）人民政府要按照待遇水平合理衔接、新老政策平稳过渡的原则，在认真测算的基础上，制定具体的过渡办法，并报劳动保障部、财政部备案。

　　老人，《国务院关于建立统一的企业职工基本养老保险制度的决定》实施前已经离退休的人员，仍按国家原来的规定发给基本养老金，同时执行基本养老金调整办法。

　　②机关事业单位职工养老保险给付标准。根据《国务院关于机关事业单位工作人员养老保险制度改革的决定》规定，也有老中新三种给付标准。

　　新人，本决定实施后参加工作、个人缴费年限（含视同缴费年限，下同）累计满 15 年的人员，退休后按月发给基本养老金。基本养老金由基础养老金和个人账户养老金组成。退休时的基础养老金月标准以当地上年度在岗职工月平均工资和本人指数化月平均缴费工资的平均值为基数，缴费每满 1 年发给 1%。个人账户养老金月标准为个人账户储存额除以计发月数。计发月数根据本人退休时城镇人口平均预期寿命、本人退休年龄、利息等因素确定。

　　中人，本决定实施前参加工作、实施后退休且缴费年限累计满 15 年的人员，按照合理衔接、平稳过渡的原则，在发给基础养老金和个人账户养老金的基础上，再依据视同缴费年限长短发给过渡性养老金。具体办法由人力资源和社会保障部会同有关部门制定并指导实施。

　　老人，本决定实施前已经退休的人员，继续按照国家规定的原待遇标准发放基本养老金，同时执行基本养老金调整办法。

（二）农村居民基本养老保险

1. 新型农村居民基本养老保险概念

新农保与城镇
职工养老保险
的异同点

新型农村社会养老保险是指在基本模式上实行社会统筹与个人账户相结合，在筹资方式上实行个人缴费、集体补助、政府补贴相结合的社会养老保险制度。

（1）农村养老保险改革试点

1991年，经国务院同意，民政部开始选择部分县市进行农村社会养老保险试点，在总结经验的基础上，1995年10月，国务院办公厅转发了民政部《关于进一步做好农村社会养老保险工作的意见》，要求各地加强领导，积极推进农村社会养老保险制度建设。到2007年年底，全国有28个省（自治区、直辖市）1805个县（市、区、旗）开展了农村养老保险工作，5171万农民参保，积累保险基金412亿元，392万参保农民领取养老金。由于是个人缴费为主，财政没有补贴，待遇低，农民参保的积极性不高。

新农保与老农
保的区别

（2）新型农村养老保险试点推广

从2003年，我国开始积极推动各地开展探索建立个人缴费、集体补助、政府补贴为筹资机制的新型农村社会养老保险试点。到2008年6月，全国25个省（自治区、直辖市）305个县（市、区、旗）开展了试点，取得了较好的效果。在此基础上，2009年9月，国务院出台了《关于开展新型农村社会养老保险试点的指导意见》，提出年满16周岁、未参加城镇职工基本养老保险的农村居民，可以自愿参加新型农村社会养老保险，新型农村社会养老保险实行政府主导和农民自愿相结合的方式，引导农村居民普遍参保。按照指导意见的要求，2009年试点覆盖面为全国10%的县（市、区、旗），以逐步扩大试点。这项政策出台后，地方政府推进的积极性非常高，推进的步伐远超过指导意见的要求，有的省在所有县（市）同时推开。2010年，试点覆盖面扩大到全国23%的县（市）。到2012年年底，该制度已经实现全面覆盖，比原计划提前8年实现了既定目标。

2. 新型农村居民基本养老保险的特点

（1）坚持政府统一管理，个人缴费、集体补助、政府补贴的农村养老保险筹资模式

政府补贴提升是新型的农村社会养老保险模式最为显著的特点，也是新旧制度的一个根本区别。早期的农村养老保险的筹资模式是"以个人缴费为主，集体补助为辅，国家政策扶持"，但在具体实施中对参保的农民来说，集体补助无望，国家扶持几乎没有，社会养老保险实质上是一种个人养老储蓄。新的筹资机制不仅可以减轻农民的负担，提高农民的养老保障水平，更重要的是能够体现政府的责任。

（2）养老基金采用社会统筹与个人账户相结合，大账户小统筹的模式，并设立了激励机制，改变了农村居民基本养老保险单一的个人账户的模式

新型农村居民基本养老保险参照城镇职工养老保险办法，实行社会统筹和个人账户相结合的模式为每个参保人员建立农村社会养老保险个人账户，个人缴纳的养老保险与村集体补助部分全部计入个人账户，各级政府补助部分作为农村社会养老保险统筹基金，主要用于支付参保人员的基础养老金。以本地区上年度农民人均纯收入为缴费基数，在

统一基数的基础上确定不同的缴费比例，由参保人员根据自身经济承受能力自行选择。选择比例越高，缴费数额越大，将来领取的养老金越多。

（3）城乡社会养老保险制度可衔接

新型的农村社会养老保险制度框架与城镇职工的基本养老保险制度基本一致，其区别主要在于缴费基数的不同。可以通过调节缴费基数实现城乡养老保险制度的衔接。因此，也可以说，新型的农村社会养老保险制度是通向城镇职工基本养老保险制度的基本平台。

2014年国务院提出，"十二五"末，在全国基本实现新农保和城居保制度合并实施，并与职工基本养老保险制度相衔接。2020年前，全面建成公平、统一、规范的城乡居民养老保险制度，与社会救助、社会福利等其他社会保障政策相配套，充分发挥家庭养老等传统保障方式的积极作用，以更好保障参保城乡居民的老年基本生活。

（4）公共财政加大支持力度，降低参保门槛，提高保障水平，并建立了多种补贴制度

在面向农民的筹资上，降低门槛，坚持政府组织引导和农民自愿相结合，以政府投资为主，低水平起步，建立农民的最基本养老保障制度。

3. 农村社会养老保险的筹资方式

新型农村社会养老保险与原有旧制度最主要的区别就是筹资方式上增加了政府补贴。①关于个人缴费。指导意见规定，参加新农保的农村居民应当按规定缴纳养老保险费。缴费标准目前设为每年100元、200元、300元、400元、500元五个档次，地方可以根据实际情况增设缴费档次。参保人自主选择档次缴费，多缴多得。国家依据农村居民人均纯收入增长等情况适时调整缴费档次。②关于集体补助。指导意见规定，有条件的村集体应当对参保人缴费给予补助，补助标准由村民委员会召开村民会议民主确定。鼓励其他经济组织、社会公益组织、个人为参保人缴费提供资助。③关于政府补贴。指导意见规定，政府对符合领取条件的参保人全额支付新农保基础养老金，其中中央财政对中西部地区按中央确定的基础养老金标准给予全额补助，对东部地区给予50%的补助。目前，中央确定的基础养老金标准为每人每月55元。地方政府应当对参保人缴费给予补贴，补贴标准不低于每人每年30元；对选择较高档次标准缴费的，可给予适当鼓励，具体标准和办法由省（自治区、直辖市）人民政府确定。对农村重度残疾人等缴费困难群体，地方政府为其代缴部分或全部最低标准的养老保险费。

4. 新型农村社会养老保险待遇

（1）养老保险待遇给付

养老保险待遇由基础养老金和个人账户养老金组成。①关于基础养老金。中央确定的基础养老金标准为每人每月55元。地方政府可以根据实际情况提高基础养老金标准，如北京市基础养老金标准为每人每月280元。对于长期缴费的农村居民，可适当加发基础养老金，提高和加发部分的资金由地方政府支出。国家根据经济发展和物价变动等情况，适时调整全国新农保基础养老金最低标准。②关于个人账户养老金。国家为每个新型农村社会养老保险参保人建立终身记录的资金由地方政府支出。个人缴费，集体补助及其他经济组织、社会公益组织、个人对参保人缴费的资助，地方政府对参保人的缴费

补贴，全部记入个人账户。个人账户储存额目前参考中国人民银行公布的金融机构人民币一年期存款利率计息、个人账户养老金的月计发标准为个人账户全部储存额除以139（与现行城镇职工基本养老保险个人账户养老金计发系数相同）。若参保人死亡，个人账户中的资金余额，除政府补贴外，可以依法继承；政府补贴余额用于继续支付其他参保人的养老金。

（2）养老金待遇领取条件

根据指导意见的规定，年满60周岁、未享受城镇职工基本养老保险待遇的农村有户籍的老年人，可以按月领取养老金。新农保制度实施时，已年满60周岁、未享受城镇职工基本养老保险待遇的，不用缴费，可以按月领取基础养老金，但其符合参保条件的子女应当参保缴费；距领取年龄不足15年的，应按年缴费，也允许补缴，累计缴费不超过15年；距领取年龄超过15年的，应按年缴费，累计缴费不少于15年。

（三）城镇居民基本养老保险

在城镇职工基本养老保险日臻完善、新型农村社会养老保险启动实施之后，城镇非从业人员成了我国养老保险制度覆盖的最后空白点。2011年6月《国务院关于开展城镇居民社会养老保险试点的指导意见》下发，城镇非从业居民的养老保险制度，即城镇居民社会养老保险制度从当年7月1日开始在全国范围内启动试点。

城镇居民基本养老保险是个人缴费、政府补贴相结合的保险制度，实行社会统筹和个人账户相结合，与家庭养老、社会救助、社会福利等其他社会保障政策相配套，以保障城镇居民老年基本生活。城镇居民基本养老保险的参保人，是年满16周岁（不含在校学生）、不符合职工基本养老保险参保条件的城镇非从业居民，符合条件的个人可以在户籍地自愿参加城镇居民养老保险。

城镇居民基本养老保险除了在缴费档次上有更多的选择外，在制度框架、基金筹集原则、个人账户设立、养老金待遇给付原则、给付条件等方面，均与新型农村社会养老保险一致，为今后两套制度的合并打下了基础。

2014年2月，在总结新型农村社会养老保险和城镇居民社会养老保险试点经验的基础上，国务院决定，将上述两项制度合并实施，在全国范围内建立统一的城乡居民基本养老保险制度。

第四节 补充养老保险

一、学习目标

补充养老保险
与企业年金的
区别与联系

本节要求学生了解补充养老保险产生的背景及作用，认知企业年金的类型和企业年金的筹资渠道与待遇水平。

二、学习任务

任务 1：课前要求学生查阅相关资料，了解补充养老保险产生的背景及作用，课堂上对补充养老保险阐述自己的看法。

任务 2：对比基本养老保险类型、筹资渠道、待遇水平，了解企业年金的类型、筹资渠道与待遇水平。

三、学习内容

（一）补充养老保险的产生及其作用

1. 补充养老保险的产生

企业补充养老保险，即指企业年金。企业年金保险是指在政府强制实施的基本养老保险制度之外，企业在国家政策的指导下，根据自身的经济实力和经济状况而建立的旨在为本企业职工提供一定程度退休收入保障的制度。企业年金是现代多层次养老保险制度的一项重要的子制度。我国企业年金保险制度的发展起步于 20 世纪 90 年代，国家通过税收优惠政策鼓励、支持有条件的企业建立企业年金保险制度，并在 2004 年 5 月 1 日起施行的《企业年金保险试行办法》中明确规定企业年金保险实行缴费确定型模式，即企业年金保险基金实行完全积累，采用个人账户方式进行管理。

2. 企业补充养老保险的作用

企业年金保险是一种辅助的养老金计划，是对国家法定基本养老保险的一种有效补充，通常以要求建立个人账户的方式实行规定缴费制，用于增强实力雄厚企业的退休员工的养老金收入，它是企业树立良好形象、增强吸引力、招揽人才的有效措施。

（1）能够有效分散风险，保证养老资金安全

对于劳动者个人而言，参与企业年金保险计划主要有两点作用：①有效分散风险，改

善老年人生活质量。企业年金保险作为辅助养老金计划，为职工建立了社会基本养老保险之外的第二道养老保障，它使得养老责任在国家、企业和个人之间得到更加均衡合理的分担。同时能够有效弥补基本养老保险替代率下降、基金空账等不足，有利于改善劳动者退休后的养老生活。②保障养老资金安全。企业年金保险基金运作采用信托方式，通过钱权分离，有效降低运营管理风险，确保资金安全。同时企业年金保险基金专款专用，只能用作养老金的给付，且不因公司管理层变更或企业破产等而改变其支付目的，有利于维护劳动者的合法权益。

（2）有助于优化企业人力资源管理

对于企业而言，企业年金保险有助于优化企业人力资源：①企业建立完善的企业年金保险能够提高职工综合福利保障水平，有利于吸引优秀人才的加盟，增强企业竞争力；②差异化的福利保障体系有利于在企业内部形成良好的激励机制，充分调动职工工作的积极性，激励其最大限度地发挥自身的潜力，为企业发展做出贡献；③企业年金保险制度，特别是与职工期权计划融合的企业年金保险计划，可起到维系人才、减缓企业劳动力流动的作用，从而有利于稳定企业职工队伍，增强企业的凝聚力。

（3）能够应对人口老龄化压力，减轻财政负担，优化资本市场

对社会和国家而言，企业年金保险具有以下作用：①企业年金保险的建立，既能充分分散养老风险，有助于适应人口老龄化的趋势，又能完善多层次养老保障体系，有助于促进社会稳定和经济持续发展；②企业年金保险的建立有助于降低基本养老保险替代率，实现养老保障责任由国家向企业和个人的部分转移，减轻国家财政负担；③企业年金保险基金是一国长期资金的主要来源，且其投资运用相对自由，有助于优化资金配置，促进资本市场发展。

（二）企业年金保险的类型

1. 现收现付模式与基金积累模式

与基本养老保险一样，现收现付模式企业年金保险采取以支定收、即收即付的筹资模式；基金积累模式企业年金保险采取收支平衡、略有结余的筹资模式。

2. 自愿模式与强制模式

自愿模式的企业年金保险，一般通过国家立法制定企业年金保险基本规则，企业自愿参加，凡参加的企业必须按照规定的方式运作，但具体实施方案、待遇水平、基金模式、筹资方法可由企业根据实际情况制定或选择。

强制模式的企业年金保险，由国家通过立法强制实施，所有企业都必须为其雇员投保，年金待遇水平、基金模式、筹资方法等完全由国家立法规定。

3. 确定缴费型模式和确定给付型模式

确定缴费型补充计划是指雇主和雇员定期按一定比例提取保险费，建立个人企业年金账户，雇员退休后企业年金的给付水平，取决于账户资金积累的规模及其投资收入，是一种基金制保险计划。其优点是：①简便灵活，雇主不承担将来提供确定数额养老金的

义务，只需按预先测算养老金额缴纳一定的养老费，且可根据企业经营状况做适当调整；②透明度高，养老金直接进入个人账户，雇员在退休前终止养老金计划时，对其账户余额的处置具有广泛的选择权，对雇员有很强的吸引力。其缺陷是：①个人承担投资风险，企业原则上不承担超过定期缴费以外的保险金给付义务，如投资业绩不佳，养老金难以保值增值；②该种计划一般都要求雇员在退休时一次性领取养老金，终止养老关系，雇员可能要为此支付较高的所得税。

确定给付型补充计划是指在雇员工作期间的缴费是不确定的，但无论缴费多少，雇员退休时的待遇都是确定的。该种计划不实行个人账户制度，雇员一般不缴费，费用全部由雇主负担，雇主缴费多少取决于经办机构的投资收益状况。如果收益好，雇主就可以少缴甚至暂时不缴费；反之，就要多缴费。雇员退休时的养老金水平取决于在职期间的工资收入及在该企业的工作年限。其优点是：①该计划通常与基本养老保险计划在给付上关系密切，并往往根据基本养老金的给付水平来确定补充保险金的给付水平；②保险基金的积累规模和水平随工资增长幅度进行调整。其缺陷是：①实施过程中技术难度较大；②对职工流动有阻碍。该计划中的退休金，在雇员退休前不能取，流动后也不能转移。

（三）企业年金保险的筹资渠道与待遇水平

1. 建立以基金制为主的养老保险体系，强化企业年金保险

关于建立三支柱的养老保险体系，已取得广泛共识：第一支柱为基本养老保险；第二支柱为企业年金保险；第三支柱为个人储蓄型养老保险。其中，应以基金制的企业年金保险为主。为建立三支柱的养老保险体系，应降低基本养老保险过高的替代率，通过税收优惠等措施强化企业补充保险，并实行企业和个人的强制缴费。基本保险个人账户不但要严格与社会统筹账户相分离，条件成熟后还应纳入企业年金保险的范畴。

2. 多渠道筹集企业年金基金，做实个人账户

建立基金制养老保险的前提是国家通过多渠道筹集资金，解决政府的养老隐性负债问题。除发行认可债券和彩票、调整财政支出结构等方式外，国家减持国有资产最有可能解决实质性问题。减持国有资产的途径主要有以下几种：①国有股存量发行。②已上市公司的国有股减持。③国有资产出售给上市公司。④国有资产向战略投资者私募发行。无论采取何种方式，都应依法进行，充分披露信息，做到公开、公正，切实保护有关各方的权益，特别是小投资者的利益。如果为了补充社保基金而使证券市场的行为发生扭曲，则得不偿失。

企业年金保险层次的待遇水平主要是为了体现劳动者个人在投保期间对保险基金的贡献，因此均与劳动者在职期间的工资收入挂钩，以此确定给付标准。关于工资基数的确定有四种做法：①以在职最后一年工资收入为计发基数，计发百分比随工龄而增长；②以退休前若干年中连续收入最高的 3～5 年的平均工资收入为基数，计发百分比随工龄或缴费年限的提高而增加；③以全部在职期间平均工资收入为基数，计发百分比随缴费年限而增加；④规定工资基数有其上下限，在此期间，按计发百分比累退方式确定，即收入基数越高，计发百分比越低，反之则越高。

（四）补充养老保险与企业年金的区别与联系

1. 企业补充养老保险与企业年金的区别

从法律定位看，原有补充养老保险的财产性质不明确，如果购买的是保险产品，补充养老保险财产成为保险公司的负债，并不与保险公司的资产相独立，当保险公司出现亏损、破产、倒闭时，这部分财产也会面临风险；而企业年金采用信托方式管理，企业年金资产被规定为信托资产，保证了年金财产与企业财产、受托人财产、托管人财产相分离，财产安全不受其他各方经营风险的影响。

从管理模式看，原有补充养老保险的财产或由企业自行管理，或以储蓄存款和商业团险的形式交由商业银行或保险公司管理，都无法保证财产的独立性和安全性；而企业年金采用的是钱权分离的模式，强调资金与权力的分立、独立。各年金管理人各司其职，互相监督、制衡，并接受各监管部门的监督。从制度上保证了企业年金运作的规范性，减少了企业年金基金投资过程中道德风险和操作风险的发生，最大程度保证了企业年金基金的安全性。

从实际运作看，原有补充养老保险若由企业自行运作，由于专业能力较差，使得补充养老保险财产面临较大风险；若以储蓄形式存入商业银行，虽然安全性得到了保证，但是收益率过低；若购买保险产品，由于保险产品费率不透明，因此实际收益难以保证。而企业年金各当事人提取的费用比例由相关法律法规进行了明确规定，扣除费用后的所有收益都归委托人/受益人所有，保证了企业年金基金投资运作中企业和个人的最大利益。

从配套政策看，与原有补充养老保险相比，企业年金的各项配套政策日益完善，国家对企业年金的管理模式、运作流程、投资限制、管理机构的资格认定等都有明确规定。并且，企业年金还可以享受税前列支的优惠政策。

综上，我们可以看出原有补充养老保险和企业年金有四个方面的区别。现在很多企业都会通过加大公司福利来留住人才，因此实行补充养老保险政策的公司越来越多，国家为了方便管理，现在已经将原有的补充养老保险更名为企业年金。

2. 企业年金与企业补充养老保险的联系

企业补充养老保险的范围包括企业年金和契约型补充养老保险等。

（1）建立企业年金，单位缴费有税收优惠，尽管现在国家还没有统一政策，但方向应该是这样的；商业保险没有税收优惠。

（2）企业年金是由政府制定的一项制度，通过政策去引导推动；商业保险是保险机构开发的契约型产品，通过市场手段去推销。

（3）两者没有必然的顺序，作为用人单位，可以建立企业年金，也可只为职工投保商业保险，或者既建立企业年金，又投保商业保险。目的是提高职工退休后的生活水平，可以使退休者在满足基本生活的基础上，过得更好一些。

一般而言，企业补充养老保险具有五个主要特征。

（1）由企业发起建立。

（2）经办方式多种多样：一是大企业自办；二是由多家企业联合或行业管理机构建立的区域性或全国性协会、基金会经办；三是由有关中介机构经办；四是由有关金融机构包括各类银行、基金管理公司、证券公司、寿险公司经办。

（3）国家给予一定的税收优惠政策：企业补充养老保险缴费以及基金的投资可免税。

（4）企业补充养老保险基金实行市场化投资运营。

（5）政府在企业补充养老保险的建立和管理中不承担直接责任，政府的主要职能是对其进行严格监管。

第五节　中国城镇职工基本养老保险实务操作

一、学习目标

本节要求学生掌握职工养老保险费的计征和账户管理相关实务操作。

二、学习任务

任务1：要求学生了解职工工资项目的构成情况和不同类型人员的缴费办法，依据缴费办法，进行养老保险费计征的实务操作。

任务2：要求学生了解个人账户年度储存额的年度计算法，掌握月积数计算个人账户储存额。

三、学习内容

（一）职工基本养老保险费的计征

基本养老保险费由企业和被保险人共同缴纳。企业和被保险人应当按时足额缴纳基本养老保险费。被保险人以本人上一年月平均工资为缴费工资基数，按一定比例缴纳基本养老保险费。1998年，被保险人缴费比例为5%，自1999年1月起提高到6%，以后每两年提高1个百分点，最终达到8%。

养老保险征缴
业务规定

1. 职工工资项目

目前，我国职工工资总额的定义是：在一定时期内，直接支付给本单位职工的劳动报酬总额。按照国务院批准的国家统计局1990年1月1日第1号令发布的《关于工资总额组成的规定》，现阶段职工工资总额由六部分组成：计时工资、计件工资、奖金、津贴和补助、加班加点工资、特殊情况下支付的工资，并明确规定工资总额不包括如下项目：

（1）根据国务院发布的有关规定颁发的创造发明奖、自然科学奖、科学技术进步奖和支付的合理化建议奖和技术改进奖，以及支付给运动员、教练员的奖金；

（2）有关劳动保险和职工福利方面的各项费用；

（3）有关离休、退休、退职人员待遇的各项费用；

（4）劳动保护的各项支出；

（5）稿费、讲课费及其他专门工作报酬；

（6）出差伙食补助费、误餐补助、调动工作的旅费和安家费；

（7）对自带工具、牲畜来企业工作职工所支付的工具、牲畜等的补偿费用；

（8）实行租赁经营单位的承租人的风险性补偿收入；

（9）对购买本企业股票和债券的职工所支付的股息（包括股金分红）；

（10）劳动合同制职工解除劳动合同时由企业支付的医疗补助费、生活补助费等；

（11）因录用临时工而在工资以外向提供劳动力单位支付的手续费或管理费；

（12）支付给家庭工人的加班费和按加工定货办法支付给承包单位的发包费用；

（13）支付给参加企业劳动的在校学生补贴；

（14）计划生育独生子女补贴。

1994 年，国家统计局《关于机关和事业单位工作人员工资制度改革后劳动统计若干问题的通知》（国统字〔1994〕37 号）规定，机关事业单位工资制度改革后，其工资总额构成仍分为计时工资、奖金、津贴和补贴、其他工资。

2. 不同类型人员的缴费办法

（1）转业、复员、退伍军人，由机关、事业单位转（调）入企业工作的人员及新招和失业后再就业的人员，在缴纳基本养老保险费时，以本人工作第一个月工资作为当年缴费工资基数，从第二年起，按本人上一年实发工资的月平均工资作为缴费工资基数；

养老保险征缴
业务示例

（2）经企业批准请长假保留劳动关系，但不支付工资的人员，以请假的上一年本人月平均工资作为缴费工资基数，被保险人应按企业与个人缴费比例之和的标准向企业缴费，企业向社会保险经办机构缴纳；

（3）在医疗期内的病休人员，其病休期间领取的病假工资或疾病救济费（在不足整年度时与病休前的当年工资合并计算）作为第二年缴费工资基数；

（4）因工（公）致残领取伤残抚恤金的人员，其领取的伤残抚恤金（在不足整年度时与当年发生伤残前的工资合并计算）作为第二年缴费工资基数；

（5）被派到境外、国外工作的人员，按出境（国）上一年本人月平均工资作为缴费工资基数。次年缴费工资基数按上一年本单位平均工资增长率进行调整；

（6）企业外派、外借及劳务输出到其他单位工作的人员和下岗人员，按在原企业领取的本人上一年月平均工资作为缴费工资基数；

（7）个体工商户、雇主及与之形成劳动关系的城镇劳动者，男年满 60 周岁，女年满 50 周岁，不再缴纳基本养老保险费。

➤ **例 1**

某企业有赵、钱、孙、李四位职工，有关情况如下：

赵是退伍军人，2003 年 1 月到该企业上班，该月的工资计发标准是 1200 元。

钱因病在 2002 年请病假 5 个月，病假工资为每月 300 元；2002 年其他各月的工资标准是 700 元；2003 年 1 月开始上班，该月的工资计发标准是 800 元。

孙因公致残，2002 年领取伤残抚恤金 8 个月，每月的伤残抚恤金是 480 元；2002 年其他各月的工资标准是 900 元；2003 年 1 月开始上班，该月的工资计发标准是 800 元。

李在 2002 年各月的工资标准是 2000 元；2003 年 1 月被派往国外工作，国外的薪水是每月 800 美元。

请根据以上背景资料，确定 2003 年赵、钱、孙、李四位职工的养老保险缴费工资基数，并分别说明理由。

分析要点：

赵的养老保险月缴费工资基数是 1200 元。

因为根据规定，转业、复员、退伍军人，由机关、事业单位转（调）入企业工作的人员及新招和失业后再就业的人员，在缴纳基本养老保险费时，以本人工作第一个月工资作为当年缴费工资基数。

钱的养老保险月缴费工资基数 =[（300×5）+（700×7）]÷12

=（1500+4900）÷12=6400÷12=533.33（元）

因为根据规定，在医疗期内的病休人员，其病休期间领取的病假工资或疾病救济费（在不足整年度时与病休前的当年工资合并计算）作为第二年缴费工资基数。

孙的养老保险月缴费工资基数 =[（480×8）+（900×4）]÷12=（3840+3600）÷12=7440÷12=620（元）

因为根据规定，因工（公）致残领取伤残抚恤金的人员，其领取的伤残抚恤金（在不足整年度时与当年发生伤残前的工资合并计算）作为第二年缴费工资基数。

李的养老保险月缴费工资基数为 2000 元，因为根据规定，被派到境外、国外工作的人员，按出境（国）上一年本人月平均工资作为缴费工资基数。次年缴费工资基数按派出前上一年本单位平均工资增长率进行调整。

► **例 2**

2003 年 1 月，甲单位的职工王某被借调到乙单位工作 1 年，王某 2002 年在甲单位的月平均工资是 1000 元；在借调期间，甲单位发给王某基本工资每月 300 元，乙单位每月补贴工资 1500 元。

北京市 2002 年的最低工资标准为 465 元，职工月平均工资 1600 元。北京市某单位张某 2002 年 10 月参加工作，当月工资标准是 600 元。由于本人不小心脚被拉伤，请病假 2 个月，病假期间单位仅仅发给生活费 150 元。某单位李某技术能力强，贡献大，2002 年月平均工资 8000 元。

请确定王某 2003 年和 2004 年的养老保险缴费工资基数，张某和李某 2003 年的基本养老保险缴费工资基数，并说明理由。

分析要点：

王某 2003 年养老保险月缴费工资基数为 1000 元，2004 年的养老保险月缴费工资基数为 1500+300=1800（元）。因为根据规定，企业外派、外借及劳务输出到其他单位工作的人员和下岗人员，按在原企业领取的本人上一年月平均工资作为缴费工资基数。这些人员在非本企业取得的劳务收入可与本企业发放的工资合并计算，作为第二年缴费工基数。

　　张某 2003 年养老保险月缴费工资基数应当是北京市职工最低工资标准 465 元。因为张某 2002 年的月平均工资＝（600+150×2）÷3=300（元）。低于北京市 2002 年职工最低工资标准，按照规定，应当按照北京市职工 2002 年最低工资标准缴纳养老保险费。

　　李某 2003 年的养老保险月缴费工资基数应当是 1600×300%=4800(元)，因为按照规定，被保险人本人月平均工资高于上一年该市职工月平均工资 300% 以上的部分，不缴纳基本养老保险费，也不作为计发基本养老金的基数。

➤ 例3

　　黄某 1985 年调入某厂工作，为计划内合同工。1995 年转为合同制工人，并从此时开始缴纳养老保险费。1996 年她随丈夫调入另一城市，在某服装厂工作。2005 年 6 月退休。区社会保险处要她补缴 1985 年至 1995 年的养老保险费，否则这段时间不算作工龄，区社会保险处的做法妥当吗？

分析要点：

　　区社会保险处的做法不符合政策规定。

　　黄某所有参加工作的时间，都应该计算为连续工龄；其 1995 年以后缴纳养老保险费的年限属于缴费年限，她 1985 年调入某厂作为计划内合同工至 1995 年缴费前这段时间的连续工龄，按照规定应视同缴费年限。

　　在新中国成立之初实行劳动保险制度时，没有要个人缴纳养老保险费的政策，直到 1978 年国务院发布《关于工人退休、退职暂行办法》（国发〔1978〕104 号），也没有这种规定。个人缴纳养老保险费，是从 1984 年以后各地逐渐对养老保险费实行社会统筹才开始的。按照国务院的规定，从 1986 年开始，首先在合同制职工中实行。20 世纪 90 年代初才在固定职工中实行，在国家没有规定个人要缴纳养老保险费时，要个人缴纳这一段时间的养老保险费，没有政策依据，当然也没有缴费标准。

　　为了不影响职工的切身利益，国家规定：在实行养老保险个人缴费后，个人缴费时间计算为缴费年限，在没有实行个人缴费之前的连续工龄视同缴费年限，在退休时要把缴费年限和视同缴费年限相加计发养老金。

（二）职工基本养老保险账户管理

1. 利息率确定标准

　　被保险人在缴纳基本养老保险费期间，其个人账户储存额记账利率，每年参照银行规定的同期居民 1 年期存款利率计算，当年存入个人账户金额的记账利率，参照银行规定的同期居民活期存款利率计算。年度内银行利率变更时，以当年最高利率计算。利息所得并入个人账户。个人账户全部储存额作为第二年计算利息的基数。

2. 各年度的利息率

　　个人账户的利息率将随着银行利息率的调整进行调整。因此不同年度的利息率是不同的。

3. 至本年底止个人账户累计存额的计算方法

（1）年度计算法

计算公式：至本年底止个人账户累计储存额 = 上年底止个人账户累计储存额 ×（1+本年记账利率）+ 个人账户本年记账金额 ×（1+ 本年记账利率 ×1.083×1/2）

（2）月积数计算法

零存整取计息的公式是：利息 = 月存金额 × 累计月积数 × 月利率。累积月积数 =（存入次数 +1）÷2× 存入次数。按照这个推算一年期的累计月积数就为（12+1）÷2×12=78，同理，三年期、五年期的累计月积数分别为666 和 1830。

如何计算养老保险个人账户累计储存额

假如你在 2004 年 3 月 1 日开立了零存整取户，约定每月存入 100 元，定期一年，开户日该储种利率为月息 1.425‰（月利率 = 年利率 ÷12），按月存入至期满，应获利息多少元?

应获利息 =100×78×1.425‰=11.1（元）

公式 1：

被保险人个人账户累计储存额 = 上年底止个人账户累计储存额 ×（1+ 本年储存额计账利率）+ 当年存入个人账户金额 + 当年存入个人账户金额的利息

公式 2：

账户金额的利息 = 金额月积数 × 金额记账利率 ×1/12

公式 3：

当年存入个人账户金额月积数 = ∑ [n= 月份存入金额 ×（12−n+1）]

(n 为本年度存入个人账户金额的月份，且 1 ≤ n ≤ 12)

➤ 例1

某职工上年底止个人账户累计储存额为 4000 元，假设本年的记账年利率为 2%，该职工本年记账额本金为 1980 元。又知该职工缴费工资基数为 1500 元，要求用月积数法计算该职工本年末个人账户累计储存额。（提示：个人账户的缴费比例按照工资基数的 11% 来计算）

解：本年记账月积数 =（12+11+10+9+8+7+6+5+4+3+2+1）×11% ×1500=12870（元）

本年记账额利息 =12870×2%×1/12=21.45（元）

本年累计个人账户储存额 =4000×（1+2%）+1980+21.45=4080+1980+21.45=6081.45(元)

4. 个人账户的继承

职工或离退休人员死亡时，其个人账户中个人缴费形成部分可以继承。具体而言：（1）已建立个人账户的职工在就职期间死亡时，继承额等于该时点其个人账户全部储存额中个人缴费部分本息；（2）离退休人员死亡时，其继承额等于离退休人员死亡时个人账户余额乘以离退休时个人账户中个人缴费本息占个人账户全部储存额的比例。继承额一次性支付给亡者生前指定的受益人或法定继承人。个人账户的其余部分，并入社会统筹基金。

例：职工赵某退休时，其个人账户储存额为 10 万元，其中个人缴费部分累计本息为 4 万元。赵某退休后死亡时，个人账户有 7 万元，那么：

继承额 =7×4÷10=2.8（万元）

➤ **学习拓展**

1. 什么是"老人""中人"和"新人"

所谓"老人""中人"和"新人"，是近年来养老保险制度改革引入个人账户以后出现的新概念。"统账结合"的实行，为每位企业在职人员设立一个终身不变的个人账户，以后新参加工作的人员也相应建立一个个人账户。对新参加工作的人员而言，由于其工作一开始就有个人账户，就开始记录其个人账户储存额，因而在退休后其个人账户累计储存额除以 120 即是该职工退休时的个人账户养老金，加上基础养老金，即是该职工退休时的全部养老金。

换句话说，对"统账结合"以后参加工作的人员来讲，其退休时的养老金可以直接用统一制度的养老金计发办法加以计算，不考虑其他因素，因而将这部分人称为"新人"。

而对"统账结合"之前参加工作、之后退休的人员来讲，由于其"统账结合"之前的工作年限没有实行个人账户，则其退休时个人账户全部储存额中没有体现其"统账结合"之前的劳动贡献情况，因而其退休时个人账户养老金不能简单用个人账户储存额除以 120。也就是说，对这部分人不能简单套用统一制度的计发办法计算其退休时的养老金，而应采取一种过渡的办法。对这种新制度之前参加工作、之后退休的职工，习惯上称为"中人"。

所谓"老人"，实际上是"中人"的一种，它的含义是"实行个人账户之前参加工作，之后三年内退休的职工"，之所以这么划分，主要是考虑实行个人账户后三年内退休的职工其个人账户储存额太少，在采用账户放大法（或系数法）的情况下，用它去放大、推断职工一生的劳动贡献误差太大，故实行了三年的"缓冲期"。由于在计算"中人"过渡性养老金时，一般不提倡用账户放大法或系数法，加上一些地方个人账户实行的时间已逾三年，故"老人"的概念实际操作中已很少出现，习惯上可统一称为"中人"。

2. 基本养老替代率确定的依据

基本养老金替代率水平高低决定了公共养老金水平的高低。具体来说，基本养老金替代率越高，公共养老金支出水平越高；反之亦然。

基于上述公共养老金制度目标定位尽可能低的原则，基本养老金替代率也应尽可能低一些，但以满足老年人基本生活需要为限度。

解决温饱问题是人类生存最基本的需要，所以解决老年人晚年日常的食物消费支出是维持老年人最基本生活水平的关键。这样，为了保障退休者的老年基本生活，公共养老保险制度要解决的是老年人日常食物支出部分。恩格尔系数是由

基本养老金
替代率依据

德国统计学家恩格尔（Engel，1821—1896年）在《萨克森生产与消费的关系》一书中首先提出的，它表示食物支出金额占总支出金额的比重，它还可以近似地表示为食物支出占总收入的比重。可见，选择恩格尔系数作为确定基本养老金替代率数值的指标是合理的。

在中国目前乃至未来相当长的时间内，养老保险制度的覆盖面可能仍然主要是城镇退休职工，因此本文选择城镇恩格尔系数这一指标来确定基本养老保险制度的养老金替代率。2000年中国城镇恩格尔系数为39.18。这一数值的基本含义是：2000年城镇居民收入中的39.18%用于食物支出，这也是人们维持生命的最基本的需要，因此，这与郑功成等专家提出的应将中国养老保险制度中社会统筹部分的养老金替代率提高到40%的观点相一致。

选择恩格尔系数作为确定基本养老金替代率的指标，它的合理性在于：一方面，它短期内比较稳定，能够避免基本养老金大幅波动，进而保障退休老人的稳定生活；另一方面，从长期来看，恩格尔系数会随着经济发展水平的提高缓慢下降，这样由恩格尔系数确定的养老金替代率也会随之平稳下调，所以能够避免养老金支出刚性上升，减轻政府财政负担，实现养老保险制度的可持续发展。

如：2002年某一城市新退休人员领取的平均养老金为650元/月，而同年该城市在职职工的平均工资收入为1100元/月，则：2002年该市退休人员的养老金替代率为（650÷1100）×100% = 59.09%。

► **复习思考题**

1. 简述养老保险定义的三层含义。

2. 简述养老保险的功能与原则。

3. 简述养老保险待遇给付资格条件。

4. 从基本特征、基金来源、责任归属三个方面，比较四种养老保险模式。

5. 中国城镇职工养老保险给付的条件和标准是什么？

6. 新型农村养老保险的特点是什么？

7. 什么是企业年金保险，我国的企业年金保险有哪些类型？

8. 参加基本养老保险的个人，达到法定退休年龄时累计缴费满15年的，按月领取基本养老金。对其中累计缴费满15年，有不少人认为只要缴费满15年就可以领养老金了。对此，请谈谈你的看法。

9. 近年来，对于延长退休年龄的争论一直都很激烈。你认为是否应该延长退休年龄？如果延长退休年龄，又该如何实施？

第四章
基本医疗保险

➤ **内容概述**

本章介绍医疗保险相关的基本理论和主要内容，包括：医疗保险的含义、特征和原则；医疗保险模式的主要内容与特点；中国医疗保险制度、补充医疗保险、中国基本医疗保险实务操作。

➤ **教学目标**

通过本章学习，学生可了解典型的西方医疗保险模式、中国医疗保险的模式，掌握医疗保险费用的筹集与支付、中国新农村合作医疗保险及中国社会医疗保险操作实务。

➤ **重点难点**

重点掌握国外四种典型的医疗保险模式及中国的医疗保险模式，难点是如何认识中国当前的医疗保险制度中的城乡差别。

第一节　医疗保险概述

一、学习目标

本节要求学生了解医疗保险的含义及相关概念、历史沿革、特征、原则。

二、学习任务

任务 1：要求学生认知医疗保险的含义及了解相关概念、历史沿革。

任务 2：要求学生了解医疗保险的特征及原则。

三、学习内容

（一）医疗保险的含义

生老病死是人类不可抗拒的自然规律。在人的一生中，因疾病发生并造成损失是必然的，但疾病发生的时间及造成损失的程度又具有偶然性与不确定性。正是这种必然性与偶然性的对立统一形成了疾病风险。医疗保险是专门处理疾病风险的一种社会保险，是国家和社会为社会劳动者的健康和疾病医疗提供费用和服务的一种社会保险制度。因为劳动者的健康既关系到国家强盛的根本，也是社会文明进步和经济发展的象征。

医疗保险是指社会劳动者因为疾病、受伤等原因需要诊断、检查和治疗时，由国家和社会为其提供必要的医疗服务和物质帮助的一种社会保险制度。在这里，"疾病"是指这样一种现象：在某种致病因素影响下，人体生理机能失调，致使身体由健康状态转为不健康状态，表现为抵抗力的减弱，劳动能力的丧失，并伴随着一系列的临床症状，它的发展可导致残废或死亡。医疗保险承担的责任，正是这种疾病风险所可能产生的经济损失。需要指出，这里的"受伤"不包括"因工负伤"，因为因工负伤属于工伤保险的范畴。

医疗保险主要是保障劳动者的身体健康，对于在职劳动者来说，用于医疗方面的开支，属于"劳动力的修理费用"，因此它的支付方式和原则与其他社会保险不同，有着显著的特点。企业或雇主支付医疗保险费用不仅仅是出于道义上的原因，而主要是其自身生产和经营的需要。职工患病，必然影响到生产过程，企业和雇主支付必要的医疗费用，目的在于使劳动者恢复健康重新上岗。

医疗保险是一种比较复杂的保险形式，对于患者来说，医疗费用仅仅是一种手段，其目的在于通过它换来医疗服务，或者说，医疗费用必须通过第三者——医疗机构才能发挥作用。不同的疾病需要不同的医疗费用，相同的疾病若由不同医疗机构诊治，其费用也不一定相同。因此，医疗机构成为医疗保险制度的一个重要因素。

与医疗保险具有紧密联系的一种社会保险是疾病保险。疾病保险是劳动者因患病而暂时丧失劳动能力，收入中断，失去生计来源时，社会提供一定物质帮助的一种社会保险制度。疾病保险与医疗保险的区别在于，当劳动者患病时，医疗保险提供医疗费用方面的帮助，而疾病保险提供维持基本生活需要的物质帮助。劳动者患病后失去劳动能力并超过一定时间，工资收入间断，才能享受疾病保险待遇。实行疾病保险的目的在于维持劳动力的简单再生产，使劳动者病愈后继续从事生产劳动。疾病保险中的疾病一般与劳动没有直接关系，属人体内部生理上的异常变化，这又将它与商业保险中的意外伤害保险及社会保险中的工伤保险区别开来了。

由于医疗保险与疾病保险的保险事故在性质上具有连续性和因果性，两类保险在制度上也具有许多共性。因此，在这里，我们把疾病保险归入医疗保险的范围来讨论。除非特别说明，下文提到的"医疗保险"均包括"疾病保险"。也就是说，这里的医疗保险是一种广义的医疗保险。

（二）医疗保险相关概念

1. 医疗费用保险

医疗费用保险，简称医疗保险，是指仅补偿因疾病所导致的、与疾病诊疗直接相关的费用，如检查费、化验费、治疗费、手术费、药费、输血费等，而体检、防疫及康复等与疾病诊疗没有直接关系的费用则得不到补偿。

2. 健康保险

健康保险是指不仅补偿因疾病导致的直接的医疗费用，还补偿疾病预防、健康维护、康复等产生的间接医疗费用的保险。从保障内容来看，健康保险保障范围相比医疗费用保险要广，所以，健康保险一般又称为广义医疗保险，医疗费用保险则称为狭义医疗保险。

3. 基本医疗保险

基本医疗保险是指在生产力、社会经济承受能力、卫生资源和卫生服务供给等达到一定水平的条件下，在国家或地区的基本健康保障范围内，为参保人获得基础性的、必不可少的医疗服务提供的保险。基本医疗保险一般提供较低水平的医疗保险待遇，主要满足参保人员因常见病、多发病所产生的基本医疗保障需求。

4. 补充医疗保险

补充医疗保险主要是作为基本医疗保险的补充，主要向参保人员提供基本医疗保险保障额度以上的医疗保障，旨在满足部分参保人员高额医疗保障需求。补充医疗保险是相对于基本医疗保险而言的一个概念，本章第五节将对补充医疗保险做详细介绍。

5. 社会医疗保险

社会医疗保险，也称作医疗社会保险，主要由国家或政府开办，为分散社会成员因疾病风险带来的经济损失而建立的一项社会保险制度。社会医疗保险主要补偿参保人员接受合理的、必要的医疗卫生服务而产生的医疗费用，一般由国家立法强制实施。

6. 商业医疗保险

商业医疗保险是指由保险公司开发、设计并销售的，向符合条件的参保人员提供直接或间接医疗费用保障的人身保险。经营商业医疗保险的保险公司一般需要自负盈亏，所以商业医疗保险对参保人员的风险选择非常严格，虽然遵循自愿参保原则，但一般只有符合保险公司参保条件的被保险人才能获得相应参保资格。

7. 疾病保险

疾病保险是指以特定疾病的发生为保障责任，即当参保人员罹患合同中约定的疾病时，由医疗保险机构承担疾病诊疗费用补偿或给付责任的保险。在商业保险领域，疾病保险主要是指重大疾病保险，多采取定额给付的方式支付保险金。在社会保险领域，疾病保险一般采取费用补偿形式给付保险金，主要针对约定好的、一旦发生将产生高额医疗费用的疾病承担补偿责任。例如，新型农村合作医疗大病保险中，将儿童白血病、先天性心脏病、终末期肾病、肺癌等 22 种疾病列入保障范围。

8. 大病保险

大病保险是指当参保人员因罹患大病发生高额医疗费用支出时，医疗保险机构给予费用补偿的医疗保险制度。大病保险以发生高额医疗费用为界定标准，当患者个人自付部分超过一定额度，可能导致家庭灾难性医疗支出时，即可认为该病是大病。

9. 医疗保障

医疗保障是指国家通过立法多渠道筹集医疗保障基金，保证社会成员，尤其是无收入或低收入贫困人口，在患病或遭受各种突发事故伤害时，能够得到基本的医疗服务；同时根据经济和社会发展状况，逐步增进公民的健康福利水平，提高国民健康素质的一系列制度和事业的总称。

（三）医疗保险的历史沿革

医疗保险制度有其自身产生与发展的过程。在医疗保险制度产生之前，病人的医药费用均由个人及家庭负担。近百年来，虽然各种医疗保险制度日益兴起和发展，但是，由自己负担医药费用在世界范围内仍然广泛存在，在某些国家至今仍是费用负担的主要形式。

从 17 世纪开始，在西欧首先出现了医疗保险的萌芽，即互助保险社的组织形式，但是这种保险组织都是不稳固的。直到 18 世纪末 19 世纪初，民间性的"社会保险"才在欧洲一些国家兴起，这种民间保险多半是在一种行业或者一个地区的基础上，由劳动者自愿组织的各种基金会、互助救济组织共同集资，以偿付医药费用。但是，这些保险基金主要由被保险人本人支出，雇主和国家并不参与。

到了 19 世纪末 20 世纪初，这种自愿的民间保险逐渐转向社会保险。1883 年，德国政府颁布了《疾病保险法》。该法令规定，在各地建立疾病基金会，大部分经费由企业负担，职工只缴纳一部分保险费。后来，欧洲各国纷纷效法德国，建立以医疗保险为主要内容的社会保险制度。尽管各个国家的具体办法不尽相同，但共同原则都是所筹集的保险基金全部处于国家的监督之下。国家还制定有关法律，以立法的形式强制实行。

随着社会化大生产的进一步发展，医疗保险开始出现了新的形式。有的国家的医疗费用由国家负担，实行全民免费医疗；有的国家由于经济条件的限制，只对部分国民实行免费医疗；有些国家虽然实行了全民免费医疗或医疗保险，但病人还得自己负担一部分费用。

近些年来，有些国家又出现了一种新的医疗保险制度，即医疗银行和医疗储蓄制度。职工从工资中拿出一定比例的份额，存入医疗银行，患者从银行的储蓄中开支医疗费用，国家也拨出一定经费给医疗银行作为机动经费。

由自费医疗到互助合作医疗，再到医疗保险，后来又进一步形成内容更为广泛的现代医疗保险制度，这是生产社会化的客观要求。在个体和家庭式小生产占统治地位的情况下，劳动者的身体健康问题基本上是个人的事务；而在现代化大生产的情况下，劳动者的健康状况是关系到国家生产发展的重大问题。因为劳动力是生产过程中的首要因素，一个国家要发展社会生产力，开发新技术，首先需要高质量的、适合经济建设需要的劳动力，而劳动者必须具有健康的体魄，才能使其聪明才智得到发挥，在各种工作岗位上愉快地胜任工作。

（四）医疗保险的特征

1. 社会性

医疗保险的社会性主要表现在：第一，保障对象的社会性。医疗保险保障对象广泛，理论上来讲，医疗保险的覆盖对象应当是全体社会成员。第二，医疗保险管理机构的社会性。这是因为只有通过建立独立的、统一的、专门的社会化管理机构，对医疗保险进行科学、合理、规范的管理，才能充分发挥医疗保险互助共济、抵御疾病风险的功能和作用。第三，医疗保险基金来源的社会性。每个社会成员既有享受医疗保障的权利，也有发展医疗保障的义务。医疗保险基金的建立，既有政府财政支持，也有雇主和雇员缴纳的保险费，同时还有少部分来自社会各界的捐款。

2. 普遍性

医疗保险主要化解疾病风险所带来的经济损失，而疾病风险是普遍存在的，因为每位社会成员一生中可以不发生工伤、生育和失业等风险，但绝对不可能回避疾病风险的威胁，即疾病风险对于所有社会成员来说都具有客观性和必然性。从服务对象和次数看，社会保险的对象，即工资劳动者，不分性别，也不分年龄，一生中都需要经常与医疗保险"打交道"，可以说，医疗保险服务与劳动者关系最为密切。因此，疾病风险的普遍性决定了医疗保险的普遍性。

3. 复杂性

医疗保险的主要手段是提供医疗技术服务。其他社会保险项目一般以提供现金补助为实施手段，而医疗保险却必须为社会劳动者提供医疗服务。这种服务是专门且复杂的技术性服务，实施过程需要医疗方及医药方的直接介入。在其他社会保险中，各项目的实施是在社会保险机构与受益方之间进行的，即使有些社会保险项目如养老保险可以委托银行等中介机构实施保险金发放，但这些服务机构只能按由社会保险供给方掌握和规定的标准开展工作，其对社会保险项目的实施并无更多的影响；而医疗保险却必须有医疗方及医药方的直接介入才能实施，国家和社会必须设立医疗机构和医药机构，对需要治疗或医疗帮助的社会成员实行免费、低费或收费服务。不仅如此，医疗方或医药方的诊治还直接决定着医疗保险的费用或成本高低。

4. 关联性

医疗保险既是社会保险的一个独立项目，同时也构成养老保险、失业保险、工伤保险、生育保险及其他社会保险的一项重要内容。在各项社会保险中，除了现金补助外，被保险人也都有医疗服务的需求。如失业者除需要获得失业期间的收入损失补偿外，还需要得到医疗卫生服务；退休者除需要定期获得退休金外，还需要获得老年保健服务。因此，医疗保险制度与社会保险体系中其他一切险种都交织在一起，这是其他险种所不具有的特点。

5. 福利性

医疗保险制度的建立和实施不以盈利为目标，主要目的在于保障社会成员身心健康、维护社会稳定以及促进经济发展，自始至终将社会效益放在首位。医疗保险作为社会保险的重要项目，本质上属于一项社会公共事业，是国家、社会和雇主对社会成员在健康受损时提供医疗服务和经济补偿的帮扶措施，不与社会成员的年龄、身份、地位、财富和社会贡献等直接挂钩，而且多倾向于低收入、体弱多病等弱势群体，更多地强调社会公平。需要指出的是，目前我国尚处于社会主义初级阶段，受到社会经济发展水平等客观条件的限制，医疗保险的福利性还只是一定程度上的福利性，还需要社会成员个人承担一定的缴费义务和部分医疗费用自付责任，因此不能将这里的福利性理解为由国家或政府提供完全免费的医疗卫生服务。医疗保险的福利性还体现在待遇的均等方面。其他险种的待遇享受一般都与工资有关，如：退休金高低与退休者在业时工资高低有关，生育保险金高低与妇女工作时的工资有关，失业保险待遇与失业者在业时的工资有关。但在医疗保险中，劳动者只要取得享受医疗保险的资格条件，就可享受规定的医疗服务待遇，这种待遇水平一般与劳动者的工资水平无关，而与实际需要有关，即与病情有关。

（五）医疗保险实施的基本原则

1. 强制性原则

国家通过立法规定医疗保险的实施范围、相关主体权利义务、医疗保险费率及待遇水平等相关内容。强制实施，即任何单位和个人都应参加医疗保险，各级医疗保险机构不得拒绝任何符合参保条件的单位或个人参加医疗保险。在我国，虽然目前城镇居民医疗保险和新型农村合作医疗在实施过程中遵循的是自愿参加的原则，但要求以家庭为单位参加城乡居民基本医疗保险。强制性原则保证了医疗保险的投保规模，又避免了自愿投保所带来的逆选择风险，对医疗保险制度的建立和实施有着非常重要的意义。

2. 互助性原则

医疗保险的互助性原则表现为参保人员的"互助共济、风险分摊"，医疗保险费率厘定一般只与参保人员收入水平和支付能力有关，而不考虑参保人员的健康、年龄和职业等因素。医疗保险制度通过参保人员缴纳医疗保险费的形式聚集疾病风险基金，同时通过向发生疾病风险的参保人员提供医疗服务保障的形式进行风险分散。在这个过程中，未发生风险的人员互助共济发生风险的人员，健康水平高的人员互助共济健康水平低的人员，缴费水平高的人员互助共济缴费水平低的人员，在一定程度上体现了医疗保险风险分担的有效性。

3. 保障性原则

保障性原则是指医疗保险的待遇水平要能够满足参保人员基本医疗服务需求，切实维护参保人员的基本健康权益。疾病风险发生后需要及时治疗，由此产生的医疗费用及收入损失可以由保险制度予以补偿，在一定程度上减轻了参保人员的负担。但医疗保险保障水平一定要与当地经济社会发展水平及各方承受能力相适应，保障水平不能过高也不能过低。保障水平过高，医疗服务需求快速增加，导致政府财政负担和用人单位负担过重，医疗保险制度无法持续发展；保障水平过低，无法对参保人员提供有效保障，制度形同虚设反而会引起社会成员更多不满。就现阶段而言，考虑到我国经济社会发展水平、用人单位负担能力和个人收入水平，目前我国医疗保险主要提供的是基本医疗保障，体现在基本用药、基本技术、基本服务、基本收费等方面。

4. 费用分担原则

现行城镇职工基本医疗保险基金主要来自国家、雇主和雇员三个渠道，改变了传统医疗保险制度下完全由政府财政负担或用人单位全额负担的方式。随着经济社会的快速发展，医疗技术的迅速提高，物价水平的持续上涨，医疗费用支出也在不断提升，如果继续依靠单一渠道筹集医疗保险基金，就无法满足社会成员医疗保障需求。采取三方合理分担医疗保险费的方式，不仅有利于扩大医疗保险基金筹集渠道，减轻政府财政负担和用人单位财务压力，同时还有利于在更大范围内进行疾病风险分担，增强医疗保险制度抗风险能力，另外，让个人参与筹资，对抑制不合理医疗服务消费有一定作用。

5. 合理补偿性原则

所谓合理补偿原则，是指医疗保险制度中应包含针对医疗服务供方即定点医疗机构和医疗服务需方即参保人员的费用约束机制，使医疗机构做到合理检查、合理用药、合理治疗和合理收费，同时增强参保人员费用节约意识，对超出规定范围的不合理医疗费用甚至弄虚作假所产生的医疗费用坚决不予支付，并对相应责任主体进行严格查处，以有效避免医疗卫生资源的浪费，从源头控制医疗保险基金的不合理开支，保证医疗保险制度可持续运行。对于医疗保险保障范围内的合理医疗费用，医疗保险机构要及时进行给付，保证定点医疗机构的正常运转和发展，同时减少对参保人员后续生活的影响。

第二节　医疗保险制度

一、学习目标

本节要求学生了解医疗保险的制度模式、医疗保险系统、医疗保险的筹资方式、医疗保险待遇项目、医疗保险费用偿付。

二、学习任务

任务 1：要求学生了解发达国家的医疗保险模式，认知每种模式的优缺点。

任务 2：要求学生了解医疗保险系统及筹资模式。

任务 3：要求学生了解医疗保险费用偿付、医疗保险待遇项目。

三、学习内容

（一）医疗保险模式概述

医疗保险制度是指以社会保险形式设立的，为公民提供因疾病所需医疗费用补助的一种社会保险制度。

医疗保险的
制度模式

世界各国医疗保险制度的发展，大体上都是从无组织的医疗服务，即自费医疗向有组织的医疗服务发展。而有组织的医疗服务又是从低级形式（如互助形式的合作医疗）向高级形式（如现有的医疗保险模式）发展。1883 年德国制定的《疾病保险法》，标志着社会医疗保险的诞生，随后，许多西方工业化国家纷纷建立了医疗保险制度。社会医疗保险诞生 100 多年来，世界各国在医疗保险和医疗保障制度的理论和实践方面均作了大量的探索和尝试。至今世界上大多数国家都实行了不同形式的医疗保险，而且保险覆盖的人群也越来越多。但由于社会制度、经济发展水平、医疗卫生服务条件、保险基础等的差异，各国医疗保障制度各有特点。迄今为止，世界上实行医疗保险的国家中，没有哪两个国家的制度是完全相同的，每一个国家的医疗保险制度都有自己的特点。值得注意的是，从 20 世纪七八十年代以来，西方发达国家因全民医疗保障而日益增长的财政负担及管理困境使得它们纷纷进行新型的医疗保险改革，几乎一致地选择了加入市场机制。

由于医疗保险涉及医（医院、医生）、保（医疗保险机构）、患（患者）三方关系，因此，医疗保险制度分类是一个十分复杂的问题，它包括医疗保障对象、医疗保险基金筹集、医疗保险费用支付、就医方式、医疗保险资金和业务管理等方面。按照以上这些指标，可将目前各国的医疗保险制度分为：国家保障型、社会保险型、商业保险型、储蓄保险型、医疗救助型、合作医疗保险型等。从医疗保险资金筹集的角度看，有以英国为代表的政府型、以德国为代表的社会保险型、以美国为代表的市场型和新加坡为代表的储蓄型及其他兼有型、自保型等医疗保险模式。

（二）国外医疗保险模式及其改革

1. 国家医疗保险制度——英国

国家健康保障也称为国民保障型医疗保险、免费医疗保险，是指医疗保险基金由国家财政支出，纳入国家预算，通过中央或地方政府实行国民收入再分配，医疗保险基金有计划地拨给有关部门或直接拨给医疗服务提供方，医疗保险享受对象看病时，基本上无须支付费用。在实行国家保障医疗保险制度的国家，医院大部分是公立医院或非营利性医院，为患者提供基本免费的医疗服务。在公立医院工作的医务人员的工资由国家分配，他们是受政府雇佣的公务人员。我国的公费医疗，苏联和东欧社会主义国家所实行的全免费医疗，以及英国、加拿大、瑞典、爱尔兰、丹麦等国家所实行的全民医疗保险制度都属于此类。除我国的公费医疗制度的覆盖面只限于机关和事业单位外，实行国家保障医疗保险制度的国家通常包括全体公民。

下面以英国为例，介绍这种模式的主要内容。

英国是最早实行全民医疗保健制度的国家，也是实施国家医疗保险模式最具有代表性的国家。英国所实行的国家卫生服务制度主要是通过国家预算来筹集医疗资金、支付医疗费用，为全体英国人提供免费的医疗卫生服务。

（1）基本模式

国家卫生服务体制渗透着"福利国家"的理念。例如，英国早在 1948 年就颁布了《国家卫生服务法》，首先在英格兰地区成立医院管理委员会，形成了初级卫生保健服务（全科医师提供）、地级服务（由政府提供的社区服务）和医院服务（专科医疗服务）的三级服务体制。所有医疗机构均实行国有化。医疗管理网络中的经费来源主要是政府的公共财政拨款（约为 85%），另外部分来自于医院特需服务及病人就诊时的处方费收入。社区医疗保健体系是整个系统的"守门人"，这里的全科医师不隶属于政府部门，政府卫生部门向他们购买大众的初级保健服务，并通过合同的形式对全科医师提供的服务进行服务内容、服务范围及诊所收费最低标准等方面的管理。每个居民需指定一位全科医师作为自己的家庭医师。若患者想到二级医疗服务机构就诊，须持有全科医师的转诊单。二级医疗服务机构的规模由政府管理部门按照该地区的人口决定，医院的医师根据转诊单来了解患者的病史，并把出院后的注意事项交代给患者的全科医师。若患者病情较重或较疑难，二级医疗服务机构会将患者转到三级医院治疗，三级医院由专家负责提供解决临床某专业内复杂疑难问题的服务，三级医院不负责一般病情的诊疗。

（2）特点

政府直接管理医疗保险事业。即由国家财政提供经费的公立医院向居民提供免费（或低价）的医疗服务；商业医疗保险在英国医疗保险体系中仅起补充作用。

全民免费医疗。自从 20 世纪 40 年代《国民健康服务法》颁布以来，英国的国家保险制度都一直强调凡是英国公民都能平等享受国家医疗服务。其宗旨是提供全面的、基本上公平的服务，即主要视患者的实际需要，而不是根据其支付能力提供医疗服务。当然，在英国也有一些私人医院和私人医疗保险机构，可以满足人们不同层次的医疗服务需要，但比重不大。

保险费基本由国家财政负担。在英国，国家通过税收形成医疗保险基金，再由国家财政转移支付有计划地拨给公立医院来资助全国性的医疗服务。国家在医疗卫生方面的财政预算占卫生总费用的90%以上。

（3）制度优势

政府介入医疗保险体系的所有方面，直接管理医疗保险事业，并凭借对医保基金的大部分支配权，作为医疗服务的主要购买方负责制定医疗服务的范围、内容、标准和费用标准，并依据这些指标与医院和制药公司等供应方签订年度购买计划，将英国医疗保险体系的成本控制在相对较低的水平。国家型医疗保险制度具有强有力的国家卫生控制系统与健全的卫生法规，医疗服务具有国家垄断性和高度计划性，市场机制对卫生资源配置、医疗价格制定基本不起调节作用，筹资比较容易。

注意强调卫生服务的公平性，向全体公民直接提供免费或低收费的医疗服务，保证了医疗保险的广泛性。同时，它能合理利用卫生资源。病人必须从底部的初级保健——全科医疗开始治疗，再向更高级的医疗机构流动。这个三级卫生服务网络赋予全科医师守门人的角色，使得大部分健康问题在这个初级层面得以识别、分流，并通过全科医师实施的健康教育等预防手段得以控制，充分合理地利用了医疗资源。而且，它覆盖面广和基本免费的特性保障了"人人享有初级卫生保健"。

（4）制度缺陷

英国多年承受沉重的财政负担。医院属于国家，85%的经费由政府提供，医护人员领取国家固定工资。由于缺乏激励机制，医疗服务的质量偏低，医院服务效率低下，医务人员工作积极性不高。医生的报酬与付出没有直接联系，也无法调动医生的积极性。

基本免费提供的医疗服务极易导致公众对医疗服务的过度需求，从而导致长队就医、住院期过长等现象，医疗费用持续增长。该制度还缺乏对需求方的控制，造成了医疗卫生资源的极大浪费，使国家负担日益加重。另外，由于医疗保险费用要由国家财政拨付，受国民经济发展水平的影响，在经济低速增长时期，政府预算有限，筹资就会出现困难。

（5）英国的医疗保险制度改革

为了解决国民健康、服务体系整体供应能力不足、医疗机构的效率不尽如人意、医护人员的工作积极性有待提高等问题，英国从20世纪90年代起即持续不断地进行医疗保险体制改革。英国医疗体制改革的首要目标就是控制医疗费用。为此，英国在国民健康服务体系中引入了市场机制，鼓励私人资本和私营医疗机构进入大众医疗服务领域，允许外国制药公司进入国内市场竞争，希望通过"发展合作，鼓励竞争"，在"自上而下的、没有丝毫变通余地的指挥和控制"与"因任由公众免费享用而经常处于无序和供应不足状态的医保基础"之间"探索出一条新路"。

2. 社会医疗保险型——德国

社会医疗保险是通过国家立法形式强制实施的一种医疗保险制度。其医疗保险基金主要是由雇主和雇员缴纳，政府酌情补贴，参保者及其家属因患病、受伤或生育而需要医治时，由社会医疗保险机构提供医疗服务和物质帮助。社会医疗保险模式的医疗保障经费常采用多渠道集资的办法。该模式在管理体制上属于计划与市场相结合的体制，至于是以计划为主还是以市场为主，各国均有不同程度的侧重。其代表性国家有德国、日本、法国等。其中，德国的医疗保险制度历史最悠久，最具有代表性。

（1）基本模式

德国是世界上最早实行社会保险的国家之一，社会医疗保险是德国医疗筹资的主要途径。德国的社会医疗保险有足够的法律保障，总体上体现"高收入者帮助低收入者，富人帮助穷人，团结互助、社会共济、体现公平"的社会医疗保险宗旨。按照德国的社会保险法律，除了收入在一定水平之上的市民可以选择不加入社会保险，其他就业者都必须参加社会医疗保险，子女随父母享受相应的社会保险，弱势群体可以减免保险费加入社会保险，但享受相同待遇。德国的社会医疗保险覆盖面广、保障范围宽。社会保险覆盖面达90%以上，另外的9%左右则选择私人医疗保险，基本上做到了应保尽保、全程覆盖，对疾病的预防、早期诊断、治疗、康复都提供保险，而且还有疾病津贴、丧葬补贴、生育待遇优惠等保险内容。

在医疗服务体制的建设上，德国不实行医疗定点制度，任何人可以选择到任何医院、任何药店看病买药。德国严格实行医药分开，医生开处方，病人到药店买药，医生的处方权与药店的售药权严格分离，医生不得建议或暗示病人到某一特定的药店买药，这就避免了医生滥用处方权与药商共谋的情况。在德国，药品不是一般自由交易的商品，药店需要病人凭处方才能卖出定量的药。德国的门诊和住院是严格分开的，门诊服务由个体医生负责，住院服务需要门诊医生的转诊手续，否则社会医疗保险不予报销。这样做的好处是保证了转诊渠道的畅通，杜绝了医院滞留病人获取收益的情况。德国医生认真负责，服务态度也很好，这与医院对医疗质量安全的严格管理密切相关。如果因责任心不强导致患者死亡，医生不仅需承担相应的法律责任，而且会立即遭到解聘，并被没收医生执业执照。德国医院按财产关系可分为公立医院（40%）、教会医院（24%）和私立医院（24%）等类型。少数大型医院为集医、教、研于一体的国家医学中心。由于转诊制度的限制，一般病人不能到这些大医院去治疗，而是到全国各地的社区医院（约占医院总数的83%）解决基础医疗服务的问题。因此，德国没有拥挤到大医院看门诊的现象。此外，德国的医院都是非营利性的，州政府和保险公司的投入是其主要的经济来源。

（2）特点

法制健全。德国自1883年颁布世界上最早的社会保险法——《疾病保险法》以来，一直坚持推行社会保险制度，表现在医疗保险上，即实行一种强制性的、以社会医疗保险为主、辅之以商业医疗保险的制度。它将社会福利作为国家制度的一项基本原则，即国家有义务保护社会弱者，并不断谋求社会公正。

广覆盖。德国的社会医疗保险制度覆盖了91%的人口，再加上商业医疗保险的覆盖群体，德国整个医疗保险制度为99.8%的人口提供了医疗保障。

保险费主要由个人、企业负担。社会医疗保险资金主要来自被保险者和雇主共同缴纳的医疗保险费。德国的医疗保险费用来源有：职工工资年收入的13.5%左右，职工和雇主各承担一半；私人保险费；看病时患者自付的部分费用。国家原则上不拨款，失业者的医疗保险费由劳动局支付，养老金领取者的医疗保险费由养老保险机构承担。德国政府不参与社会医疗保险的具体操作，政府的主要作用是设计相关的制度和法律，担当中介及仲裁角色。

（3）制度优势

德国是世界上第一个以社会立法实施社会保障制度的国家，一直把社会福利作为国家制度的一项基本原则，以社会统筹为主渠道的筹资方式有利于在一定范围内实现社会弱势群体向社会优势群体转移医疗经济风险，平衡医疗负担，实现社会公平。社会医疗保险特别强调"给付的平等"和"负担的公平"，它的直接目的是通过医疗费保障，达到"防病防贫"。

（4）制度缺陷

德国的社会医疗保险制度是政府干预和市场调节相结合的中间模式，它具有很大局限性，即不能控制外部经济环境，缺乏弹性的医疗服务市场。德国医疗保险制度还存在的主要问题就是由于采用第三方付款方式，缺乏制约措施，医疗保险中的道德风险致使医疗费用上涨较快。另外，高科技医疗技术的广泛使用、药品价格的提高、人口负增长和人口老龄化等因素，已使各大医疗保险基金组织每年可以取得的医疗保险费的增长速度明显低于医疗保险费用支出的增长速度。医疗保险发生的赤字，2002年为27亿欧元，2003年前三季度为26亿欧元；另据德国《明镜》周刊报道，1970—2004年，德国GDP的增幅为527%，医疗费用支出的增幅则达到了975%，国家财政难以承受对医疗保险进行补贴的压力。为此，2003年，德国开始借鉴澳大利亚的经验，对按照病种付费进行改革，同年下半年政府推出了全面的医疗保险改革方案。

（5）改革

德国"医疗服务现代化"的医疗保险体系改革规定：整个保险体系由两部分组成——法定保险和私人保险。自2004年1月1日起，月收入3900欧元或者年收入46800欧元以内的德国公民都必须在315家法定医疗保险机构中选择一家投保，超过这个收入水平的人可以自由选择法定机构或者私立机构投保。目前，医疗保险改革已经初见成效，315家法定医疗保险公司之间的竞争意识增强，纷纷推出向投保人让利的"折扣方案"；私人医疗保险机构的兴起意在引入市场竞争机制，在一定程度上增强了医疗服务的透明度，提高了医疗服务的效率和质量。另外，医疗制度改革后，法定医疗保险的保险费提高，个人需缴纳工资7%的保险费，另外一半由雇主代为缴纳，以增加医疗保险基金的收入；原来的基本免费医疗改为收取部分费用，例如，原来的免费就诊改为每季度收费10欧元，住院治疗时病人要缴纳10%的住院费用，但最高不超过300欧元。改革后医疗保险支出不断增长的势头终于得到遏制，找医生看病的人数明显减少，请病假的情况降到历史最低水平。

3. 商业医疗保险型——美国

商业医疗保险型又称为市场医疗保险模式，是把医疗保险当作一种特殊商品，主要通过市场机制来筹集费用和提供服务。在这种模式下，医疗保险的资金主要来源于参保者个人及其雇主所缴纳的保险费，医疗服务的供给、医疗服务的价格等是通过市场竞争和市场调节来决定的，政府干预较少。在医疗保险市场上，卖方是指营利或非营利的私人医疗保险公司或民间医疗保险公司；买方既可以是企业、社会团体，也可以是政府或个人。美国是实施市场医疗保险模式的典型代表。美国医疗保险制度的主要特点是多元化，有公共医疗保险和商业医疗保险，但以商业医疗保险为主。

（1）基本模式

美国是发达的市场经济国家中唯一没有实行全民健康保险或国家卫生服务制度的国家。自20世纪30年代中期以来，美国都实行以商业医疗保险为主体的医疗保障制度。无论是医疗服务的提供还是医疗资金的筹集都主要通过市场需求来调节，其医疗保障以人们自愿购买私人健康保险为主，政府辅以对特殊群体的社会医疗保险与补助。美国约40%的医疗费用来自私营医疗保险计划，即使是政府医疗保险计划，很多操作工作也是由私营医疗保险公司去执行的。这些私营保险公司主要分为两类：非营利性健康保险公司，如蓝盾、蓝十字公司及营利性商业健康保险公司。两者竞争的手段是采取费用分担方法降低保险金。他们只提供对较低费用的医疗项目的保险服务，对一些昂贵的医疗服务项目则设立单项保险。政府对特殊群体的社会保险和医疗救助主要分为：医疗照顾制度和医疗救助制度。医疗照顾制度由美国卫生与公共服务部卫生服务经费管理局直接管理。它包括医院保险和补充医疗保险两部分，前者的资金来源于社会保障税，后者的25%来自申请人的投保金，余下的75%由政府一般收入解决。该制度是对65岁以上及65岁以下因残疾、慢性肾炎等疾病而接受社会救济金的人群提供的医疗保险。保障范围包括大部分的门诊及住院医疗费。医疗救助制度是政府对低收入人群、失业人群和残疾人群提供医疗服务的一个最大最具代表性的项目，联邦政府支付55%、州政府支付45%，以便对上述人群实行部分免费医疗。此外，美国还有工伤补偿保险、某些少数族裔免费医疗、军人医疗计划等特殊医疗保障项目。

美国的医院有公立、私立之分，主要提供住院医疗服务。公立医院包括各级政府和公立大学办的医院，由政府拨款，约占美国医院总数的30%；私立医院有非营利性和营利性之分，分别约占医院总数的55%和15%，非营利性医院一般由私立大学、宗教团体及其他非营利组织经营；营利性医院主要服务对象是具有支付能力的患者。

（2）特点

两大类医疗保险同时存在。美国是以商业性医疗保险为主的国家，其医疗保险以市场运作为主。它的医疗保险制度可分为两大类：一类是社会医疗保险，包括以65岁及以上老年人为承保对象的医疗照顾制度，以及以穷人和残疾人为承保对象的医疗救助制度；第二类是商业医疗保险，分为营利性和非营利性两种。

政府管理成本较低而公平性较差。医疗保险作为一种商业活动，采取各种技术手段控制风险，减轻了国家政府的负担，政府部门无须花费精力去筹集资金、制订计划和组织落实。同时由于市场调节机制发挥作用，可以满足人们对医疗保健服务的不同需要。商业医疗保险公司从自身利益最大化出发，往往会拒绝健康条件差、收入低的居民投保。因此，美国医疗保障的公平性较差，有资料表明，美国仍有约17.4%的公民没有任何医疗保障。

政府为"最终付费人"。美国政府对私人商业医疗保险免征医疗保险金所得税以及社会保险税，而且社会医疗保险资金绝大多数也要由政府税收收入来负担。因此，美国商业医疗保险制度的资金来源主要是政府的税收减免，民众承担的只是极其有限的责任。

（3）制度优势

在商业医疗保险模式下，美国的医疗保险市场竞争非常激烈，医疗保险种类不断增多，有利于投保人支付较低的保费获取较多的保障，有利于实现社会公平。同时，商业医疗保险公司拥有高端的技术和人才、完备的统计数据、科学的风险管理手段和方法，保证了医疗保险产品责任范围、费率厘定、保险事件处理等方面的科学合理性。美国已经逐步建立起了比较完善的医疗保障法规及制度体系。

（4）制度缺陷

在美国医疗保险的"第三方付费"制度下，政府缺乏对各个行为主体进行有效的规范、监督与管理，导致了医疗服务的滥用及医疗资源不同程度的浪费，同时巨额的医疗保险开支，从一定程度上削弱了美国企业的竞争力。

保险机构以营利为目的，对参保人的身体条件要求十分严格，体弱多病者和老人往往被排除在外。

低收入者由于难以支付昂贵的保险费，因而只能享受较低水平的营利服务，社会公平性差。

（5）改革

在20世纪90年代初期，由于保健费用的不断上升，保险公司意识到，传统的医疗服务收费保险计划不利于费用的控制，许多保健提供组织开始采用管理式医疗的概念。即将医疗服务提供与资金的供给相结合，用以控制医疗费用，提高服务质量。医疗提供团体承担为人们提供保健和健康维护服务的责任，而且往往会与保险公司分担所面临的财务风险，它使得保险公司能够对医疗服务的供给、实施和费用施加影响。管理式医疗具有以下一些特征：具有严格的医疗服务利用审核制度；对医生医疗行为进行监督与分析；由主治医生作为"看门人"来管理病人；引导医疗服务提供者向病人提供高质量、高效率的医疗服务；帮助医疗服务提供方制订改善服务质量的计划；建立对医生、医院及其他医疗服务提供者合理的补偿机制，以使其能够对医疗服务的成本和质量负责。

此外，美国历届政府都在进行着以降低医疗保险费用支出、提高医疗保险覆盖面、减少医疗卫生负担不公平性等为导向的持续改革。以近些年为例，美国政府关于医疗保险改革集中体现为："控制医疗保健成本，扩大医疗福利受益面"，"通过实行税收优惠和建立私营企业健康保险体系来降低美国人的医疗保险费用的负担"，"把医疗保障作为整个社会福利制度一个有机组成部分加以关注"。而2008年11月份刚获总统大选成功的奥巴马在医疗保险改革的计划中强调要"为所有美国人提供高质量的、更低保险费的医疗保险"，"在预防保健和公共医疗上投入更多资金"，"打破医药市场和医疗保险市场上的垄断局面，引入更多竞争，控制医药产品和医疗保险产品价格的上涨"。

4. 储蓄医疗保险型——新加坡

储蓄医疗保险制度是强制储蓄保险的一种形式。它是一种通过立法，强制劳方或劳资双方缴费，以雇员的名义建立保健储蓄账户，用于支付个人及家庭成员医疗费用的医疗保险制度。这种模式以新加坡为典型代表，属于公积金制度的一部分。这项保障制度的原型是18世纪英国产业革命时期的"职业保障基金"，它是用立法方式，强制建立以个人储蓄为主的"公积金制度"，即规定由雇员和雇主共同缴纳的保险费，以职工个人名义存入公积金局，以备将来退休、医疗和其他之用。这种制度后来陆续传到英属殖民地。现在除了新加坡，还有斯里兰卡、印尼等十几个发展中国家实行这种制度。

（1）基本模式

储蓄型医疗保险是指依据法律规定，强制性地以家庭为单位储蓄医疗基金，通过纵向逐步积累，以解决患病就医所需要的医疗保险基金。新加坡从20世纪90年代开始逐步建立起储蓄医疗保险制度。医疗保险储蓄是建立在公积金制度基础上的，每个有工作的劳动者都被强制参加医疗保健储蓄，医疗储蓄根据不同年龄组按工资6%～8%的比例缴纳，雇主和雇员平均分摊，存入个人公积金账户中的医疗储蓄分户。缴纳的医疗储蓄金免交个人所得税。政府主要确定社会基本医疗服务水平，并重视对医生和医院的管理，以满足人们合理的医疗需求及医疗服务的选择。

（2）特点

三大类医疗保险。它的具体运作分为三大类：第一类是全民保健储蓄计划，它是一项全国性的、强制性的储蓄计划，主要针对人们未来，尤其是年老时的医疗需求；第二类是非强制性的健保双全计划，主要针对大病或慢性病的医疗费用，是作为保健储蓄计划的补充；第三类是救济性质的保健基金计划，主要为无力支付医疗费用的穷人提供医疗保障。政府补贴、保健储蓄、健保双全、保健基金共同构筑了新加坡的医疗保险网，保证每一个国民都能获得基本医疗服务。从医疗保险的属性来看，新加坡的医疗保险包含了个人储蓄（个人账户）、社会医疗保险和社会医疗救助三个并列的制度。

全民投保且强调个人责任。新加坡的医疗保险制度强调对所有国民实行统一的医疗保障。新加坡的医疗保险制度以个人责任为基础，政府分担部分费用。国家设立中央公积金，这部分的缴纳率为职工工资总额的40%，且这一比例可由政府调整，这其中6%左右（企业和职工各负担一半）计入职工的保健储蓄账户。

（3）制度优势

新加坡以个人依法自我积累为筹集的主渠道，国家适当干预的政策，大大增强了个人对自身健康的责任，有效地增强了个人的自我保障及费用意识，激励人们合理地利用医疗服务，尽可能地减少浪费。另外，新加坡的医疗储蓄模式，让每一个公民从年轻时起就为自己积累老年医疗基金，再加上医疗账户的长期储存增值，正好符合退休老人医疗费猛增这一发展规律，能较好地解决老年人的医疗问题，减轻或避免代际转嫁医疗费用带来的社会问题。

（4）制度缺陷

新加坡的储蓄医疗保险模式具有资金纵向积累的特点，对于合理高效地使用医疗保险资金和合理配置卫生资源有很强的推动作用。因为医疗保险基金全部存在个人账户上，个人对资金的使用就会特别关心，这有利于对医疗保险基金的控制和监督。这种模式的缺点是过分强调效率，而忽视了公平性。对于收入低的人或没有收入的人来说，其个人账户资金储蓄不足，患病时就可能出现没钱治病的情况，当然，这个问题可以通过政府设立的储蓄基金得到部分解决。

（5）改革

将公有医院进行改组，交由市场经营。为了提高医院的服务质量和效率，1985年新加坡开始对卫生部所属的公立医院进行重组，组建了东、西部两大医院集团，将医院交由按照公司法设立的私人公司进行管理，但资产仍然归国家所有，政府向医院提供年度财政拨款和向病人提供医疗补贴。

放宽参保年龄限制，提高待遇水平。从2001年起，新加坡的健保双全计划对参保者年龄上限从75岁放宽到80岁。同时每日住院最高支付额也增加了25%左右，以提高保障水平。

推出新的医疗保险计划，鼓励私人保险公司参与医疗保险管理。根据人口和社会的变化，新加坡政府适时推出了"乐龄健保"计划，为严重残疾或年长且需要长期护理的居民提供医疗保险。政府鼓励私人保险公司参与竞争。

（三）医疗保险系统

1. 医疗保险系统的概念

（1）医疗保险系统的定义

系统是指由若干相互联系、相互作用的要素组成，在一定环境中具有特定功能的有机整体。医疗保险系统是指围绕医疗服务的需求与供给，以及医疗费用的筹集、管理与支付过程，而产生的各方面、各种因素相互作用、相互依存形成的一个有机整体。医疗保险系统维持着医疗保险活动过程的进行和开展。

（2）医疗保险系统的结构形式

① 两方系统结构。这种形式主要由医疗服务提供者发起，最早产生于20世纪初美国经济大萧条时，一些医疗机构为了维护自己的经济利益，事先向部分消费者收取一定资金作为预付医疗费，当这部分人群患病时，可以完全或部分减免医疗费用。在此系统中，医疗机构既是医疗服务提供者又是保险提供者，只不过向被保险人提供的是医疗服务而不是经济补偿（见图4-1）。

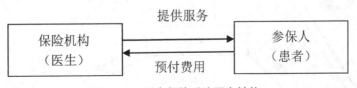

图4-1 医疗保险系统两方结构

② 三方直线系统结构。这种形式主要由医疗服务消费者发起，为抵御疾病风险，同一个行业的劳动者组成了一种具有合作性质的组织，由参加该组织的成员出资建立基金，为患病的成员在接受医疗服务时提供经济帮助。在该系统中，医疗保险机构与医疗机构之间没有直接联系，而是通过参保人员发生间接联系，参保人员向医疗保险机构缴纳保险费，在患病后从医疗机构获得所需医疗服务，并向医疗机构支付相应的费用，之后从保险机构获得一定补偿（见图4-2）。这一形式与一般的报销型商业医疗保险业务极为相似。

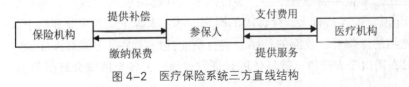

图4-2 医疗保险系统三方直线结构

③ 三方三角系统结构。由于早期的医疗保险系统中，医疗保险机构之间没有直接的联系，因此无法有效地约束医疗保险机构行为和控制医疗费用快速增长。为了解决这一问题，出现了第三方付费，即参保人接受医疗服务后，由医疗保险机构向医疗机构进行支付，而不是由参保人向医疗机构支付（见图4-3）。

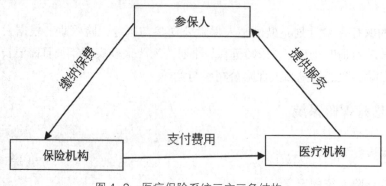

图4-3　医疗保险系统三方三角结构

2. 现代医疗保险系统结构

随着医疗保险事业的不断发展和完善，医疗保险系统结构也在不断变化。现代医疗保险系统一般由参保人（包括参保单位和个人）、医疗保险机构、医疗服务机构（包括定点医院和药店）和政府有关部门共同构成，形成了较为复杂的三角四方关系（见图4-4）。

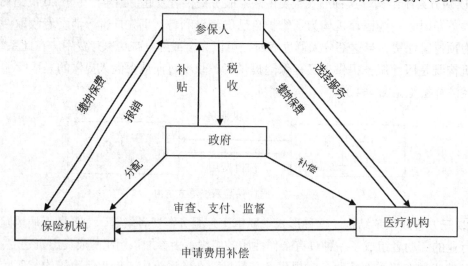

图4-4　现代医疗保险系统三角四方结构

（四）医疗保险的筹资方式

医疗保险基金主要来自国家、单位和被保险人三方。但是各国医疗保险制度类型不同，基金来源也有差异。实行国家医疗保险模式的国家，其基金主要来自于国家；而实行社会医疗保险的国家，基金来源主要为企业和雇主及被保险人缴纳的保险费、政府的补贴。实行商业性医疗保险和储蓄医疗保险的国家，其费用由个人支付。就具体的计征方式而言，各个国家会有所差别，

基本医疗保险
基金的筹集

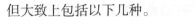

但大致上包括以下几种。

（1）固定保险费金额制

凡法律规定范围内的被保险人都必须缴纳金额相等的保险费，而不管其收入水平的高低。这一计征方法的好处就是操作简便、易行，但由于社会上存在着许多低收入群体，他们难以承担这笔费用，因而无法体现社会保险的福利性原则。而且，这种计征方法存在着严重的累退性，对高收入人群来说，保险费占其收入的比重较低，而对低收入人群来说，保险费占其收入的比重较高，这违反了公平原则。

（2）工资比例制

个人按工资的一定百分比缴纳医疗保险费，这是各国普遍采用的一种筹资方式。保险费既可以对所有的人以相同比例征收，也可以按照工资水平的不同而采用不同的比例。这一方式的优点是有较强的可操作性，而且考虑到不同工资水平的被保险人的承受能力，较好地体现了公平原则。但这一方式也存在着一个明显的缺点，那就是不同工资水平的人在缴费上也存在着较大的差异，无法体现权利和义务对应的原则。为此，一些国家通过立法规定了缴费工资的最高限额，超过部分不予计征。

（3）收入比例制

按照个人全部收入的一定百分比缴纳保险费。这一方式与工资比例制基本类似，从而其优缺点也类似。实行这一方式，要求全社会的货币化程度比较高，而且要求能够较好地控制各种非货币化收入和各种灰色收入、黑色收入。

（4）区域差别制

按区域内医疗卫生基本设施的条件，确定不同的缴费标准。但在各区域内，原则上采取上述三种缴费方式的任何一种。这种方式的优点是可以避免医疗保险费从贫困地区向富裕地区转移。其缺点是不利于统一管理，无法确定不同收入水平地区的保险费率及其对整体医疗服务成本的影响。

（五）医疗保险的待遇项目

在医疗保险的待遇项目上，有两种类型：一些国家只对劳动者即被保险人本人，提供保险待遇；一些国家同时对被保险人的直系亲属也提供这种待遇。各国医疗保险提供的具体待遇项目主要有以下几种。

第一，患者医疗服务。包括门诊、检查、医治、给药、整容、住院等在内的各种医疗服务是医疗保险的主要内容。国家用于医疗保险的费用，绝大部分包含在医疗服务里面，不仅包括病患者的诊断、医治、护理服务的现金和实物支出，而且包括建立公立医院、购置医疗器械的投资，以及医生的工资和医院日常办公开支。通常所说的医疗保险主要指的是这一项目，其特点是依病情出发进行诊断，直至治愈，而不论医疗服务费用的多少。这项十分重要的待遇，常常是免费提供，或只收很低的费用。医疗保险的福利性即体现在这里，这也是医疗保险经常被直接纳入社会福利体系的原因。

第二，疾病津贴。指劳动者患病之后的生活费用，一般用现金形式给付，并与劳动者患病之前的工资水平相联系。

第三，病假。指劳动者领取疾病津贴期间享受病假待遇。

第四，被抚养家属补助。指向患病劳动者抚养的亲属给付必要数额的现金补助。其总的原则是低于疾病津贴，给付形式有的是固定金额制，有的是按患者本人疾病津贴的一定比例给付。

第五，对被抚养者的医疗服务。许多实施医疗保险的国家，除了向劳动者提供减免费用的医疗服务外，一般都还向其抚养的家属提供医疗服务。

（六）医疗保险费用偿付

1. 医疗保险费用偿付的定义

医疗保险费用偿付是指医疗保险机构依照保险合同的规定给付被保险人因患病而发生的医疗费用，或者补偿医疗服务提供者为参保人提供适宜服务所产生的卫生资源耗费。医疗保险费用偿付是医疗保险分担疾病风险、发挥保障作用的重要手段和形式，也是医疗保险制度最重要和最基本的职能之一。

2. 医疗保险费用偿付方式分类

（1）按偿付时间分类

预付制一般是指在医疗服务发生之前，医疗保险机构根据事先确定的偿付标准，向医疗服务供方或参保人支付医疗保险费用。由于医疗服务供方需要承担超过预付额度时的经济风险，相比后付制，预付制对医疗服务供方的约束作用较大，医疗费用控制效果较好，而且偿付时操作简单，但确定合理的预付费用标准的难度较大，如果选择预付的方式和标准不合理，容易影响到医疗服务供方的积极性和医疗服务质量。

后付制是指在医疗服务发生以后，按照一定的收费标准，根据医疗服务的数量和质量确定医疗费用偿付额度的方法。后付制下，患者对医疗服务有较多的选择，同时能够调动医疗服务供方的积极性，但容易产生供方诱导需求，医疗费用控制效果较差等问题。

（2）按偿付水平分类

全部偿付是指医疗保险机构偿付全部的医疗费用，参保人享受免费医疗。全额偿付的保障水平高、公平性好，但是由于参保人几乎不需要支付任何费用，所以缺乏费用意识，容易导致医疗费用失控，医疗卫生资源浪费。

部分偿付是指医疗保险机构只承担部分医疗费用偿付责任，参保人需要按照一定的标准自己承担一部分医疗费用。部分偿付有利于形成有效的需方费用约束机制，但保障水平比全部偿付要低，且确定合理的费用分担标准和比例难度较大。

（3）按偿付对象分类

供方费用偿付又称直接偿付，是指由医疗保险机构向为参保人提供医疗服务的供方直接偿付医疗费用，即参保人就诊结束后，只需按照规定支付自付部分医疗费用，剩余费用由医疗保险机构与医疗服务供方结算。供方费用偿付方式对参保人而言操作简单，管理成本相对较低，同时对供方医疗服务行为约束作用明显。

需方费用偿付又称间接偿付，是指参保人接受医疗服务供方的服务之后，先行支付所有医疗费用，事后持就诊材料和费用凭证向医疗保险机构申请费用补偿。这种方式操作复杂、结算工作量大、管理成本高，虽然对需方有较好的约束作用，但是对供方约束作用有限，费用控制效果较差。

3. 需方医疗费用偿付方式

（1）起付线

起付线又称扣除保险，是指医疗保险机构全部或部分承担一定额度即起付线标准以上部分的医疗费用，起付线以下的部分由参保人自付或通过其他途径获得补偿。起付线的优点包括：第一，有利于增强参保人费用意识，减少浪费和控制医疗费用过度上涨；第二，减少小额补偿工作，使医疗保险机构工作量大大减少，降低管理成本；第三，减少小额费用补偿，有利于提高保障更大医疗费用风险的能力，提高基金使用效率。

基本医疗保险
费用分担方式

（2）比例共担

比例共担又称按比例补偿，是指医疗保险机构和参保人按照事先约定的比例共同承担医疗费用。比例共担既可以采取固定比例，也可以采取变动比例的方式。比例共担的优点有：第一，简单直观，容易操作；第二，对医疗服务需方有一定约束作用，有利于调节医疗服务消费，控制医疗费用。

（3）封顶线

封顶线又称最高限额，是指医疗保险机构只偿付低于封顶线以下的医疗费用，超出封顶线的医疗费用由参保人自付或通过其他途径获得补偿。封顶线的优点包括：第一，体现基本医疗保障水平，扩大参保人受益范围；第二，有利于限制高额医疗需求以及过度的医疗服务资源耗费；第三，有利于参保人重视自我身体保健，提高参保人身体素质。

（4）混合制

在医疗保险实际操作中，往往是将以上三种方式结合，形成优势互补，更加有效地控制需方就诊行为，限制医疗费用过度增长。

4. 供方医疗费用偿付方式

（1）按项目偿付

按项目付费是指对医疗服务过程中的每一个服务项目都制定价格，参保人在接受医疗服务后逐一对服务项目付费或计费，然后由医疗保险机构向患者或医疗机构偿付费用。按项目付费是产生最早、使用最广泛的费用偿付方式。其优点包括：第一，操作简单，容易理解，适用范围广；第二，对医疗服务供方补偿较完全，有利于调动供方积极性；第三，参保人选择自由度较高，一般较满意。其缺点包括：容易刺激供方诱导需求，医疗保险机构管理成本较高。

社会医疗保险
的支付方式

（2）按病种偿付

按病种付费的全称为按疾病诊断分类偿付制，是根据疾病分类法，将罹患不同疾病的病人分为若干组，再根据病人的年龄、性别、临床诊断、严重程度、有无合并症与并发症及转归等因素把病人分为若干诊断相关组，然后对每一组分别制定相应的偿付标准。按病种偿付是目前公认的比较先进的医疗费用偿付方式之一。优点在于：一是促使医疗服务供方降低医疗服务成本，提高资源利用率；二是属于预付制，费用控制效果好；三是偿付标准一旦制定，偿付计算就非常简单。缺点在于：一是制定分组的费用偿付标准要求高、难度大，管理成本高；二是容易导致供方夸大患者病情以提高获得补偿的标准；三是可能会导致供方推诿高费用的病人，或降低医疗服务质量。

（3）按服务人次偿付

按服务人次偿付又称为按平均定额偿付制，是指医疗保险机构事先制定每一门诊人次或每一住院人次的费用偿付标准，再根据医疗服务供方实际提供的门诊人次数或住院人次数向供方偿付医疗费用。按服务人次偿付的优点：一是促使医疗服务供方降低每一服务人次成本，费用控制效果较好；二是有利于缩短住院时间，提高病床利用率；三是偿付计算简单，审核与监管简单。缺点：一是费用偿付标准离散程度较高，对供方补偿不完全；二是容易导致供方分解服务人次；三是供方在控制成本过程中，可能出现降低医疗服务质量的现象，恶化医患关系，影响医院长远发展。

（4）按人头偿付

按人头偿付又称为"小包干"，是指医疗保险机构按合同规定的时间，根据供方服务的人口数和每一服务对象的偿付定额标准，定期支付一笔固定的费用，在此期间，供方所提供合同规定的服务均不再另行收费。按人头偿付的优点：一是操作简单，监督审核较容易，管理费用较低；二是有利于减少供方诱导需求，费用控制效果较好；三是促使供方开展预防保健。缺点：一是按人头偿付实行定点医疗，降低了医疗服务需方的就诊自由度，也不利于供方的竞争；二是可能导致出现就医等待、服务效率低下等情况。

（5）按住院床日数偿付

按住院床日数偿付，是指医疗保险机构预先确定每一住院床日偿付标准，然后根据供方提供的实际住院总床日数，计算出总偿付金额。这种方式一般较适合于床日费用相对稳定的病种和医疗机构。按住院床日数偿付的优点：一是易于操作，管理成本相对较低；二是属于预付制，每床日费用控制效果较好。缺点：一是可能导致供方故意延长住院床日数，病床利用率低；二是偿付标准离散程度大，可能导致供方倾向于接受病情较轻的患者。

（6）总额预付制

总额预付制又称"大包干"，是指由医疗保险机构与医疗机构共同协商，事先确定每一年度对医疗机构偿付总额。总额预算制的关键在于确定合理的总偿付额，一般考虑医疗机构的等级、规模、医疗设施与设备、服务能力、覆盖人口数、上年度收支情况及医疗价格变化等因素。总额预付制的优点：一是，能够较好地控制医疗费用总量，是所有费用偿付方式中效果较好的方法之一；二是，有利于降低医疗服务成本，提高资源利用效率。缺点：一是，一般全民医保的国家或地区偿付总额确定才更准确，所以适用范围窄；二是，可能会影响到医疗机构提高医疗技术、更新医疗设备的积极性和主动性，影响医疗机构和医疗事业的发展。

（7）以资源为基础的相对价值标准偿付制

以资源为基础的相对价值标准偿付制是指根据医疗机构在医疗服务中所投入的各类资源消耗成本，计算医生的医疗服务或技术的相对价值来确定医生偿付标准的方法。以资源为基础的相对价值标准偿付制的优点：一是使各项服务得到合理的补偿；二是刺激医生提供诊断和管理性服务；三是改变各专业服务补偿水平不公的现象。以资源为基础的相对价值标准偿付制的缺点也很明显，主要是未考虑医生能力、病情的严重程度和治疗效果。

第三节　中国医疗保险制度

一、学习目标

本节要求学生了解中国传统医疗保险制度、中国现代医疗保险制度，比较新旧农村合作医疗、公费医疗与劳保医疗的异同。

二、学习任务

任务 1：要求学生了解公费医疗和劳保医疗的异同，比较"劳保"和如今人们眼中的"社保"有哪些区别。

任务 2：要求学生比较新旧农村合作医疗，找出它们的最大不同。

三、学习内容

（一）中国传统的医疗保险模式

中国传统的医疗保障制度始建于 20 世纪 50 年代，它基于中国城乡长期二元分割状态，由面向城镇居民的公费医疗、劳保医疗和面向农村居民的合作医疗三种制度共同构成。其中，公费医疗和劳保医疗是新中国成立后为了适应高度集中的指令性计划为特征的产品经济模式，以工资收入者为主要对象并惠及其家属的制度安排；农村合作医疗则是建立在农村集体经济基础之上的农村居民互助保障制度。

由于我国目前的医疗保险制度仍然是二元结构，因此本模块将主要介绍城镇医疗保障制度的改革发展情况。

1. 劳保医疗

我国的劳保医疗制度是根据政务院 1951 年 2 月公布试行、1953 年 1 月修正公布的《劳动保险条例》（简称《劳保条例》）建立的。实施范围包括全民所有制企业和城镇集体所有制企业的职工及离退休人员。改革开放后，还包括中外合资企业职工在内。《劳保条例》对职工劳保医疗作了明确规定，其基本内容是：

（1）职工因工负伤，应在企业医疗所、医院或特约医院医治。企业医院无法治疗时，应转送其他医院治疗。全部诊疗费、药费、住院费、住院时的膳费、就医路费由企业负担。医疗期间的工资照发。

（2）职工因病或非因工负伤在企业医疗所、医院、特约医院医治时，诊疗费、住院费、手术费及普通药费由企业负担；贵重药费、住院的膳费及就医路费由本人负担；是否应住院或转院治疗，由医院决定。

（3）劳保医疗的保险项目和待遇标准与公费医疗基本相同，但在管理体制、经费来源和开支范围上与公费医疗有所不同。劳保医疗由企业行政自行管理。经费是按企业工资总额的一定比例（11%，其中福利费和医疗费各占5.5%）提取，列入成本；超支的部分在企业税后留利中列支，不计入成本。

（4）劳保医疗经费开支范围，除了职工医药费外，还包括职工供养的直系亲属的医疗补助费（即家属半费医疗）、企业医务人员工资、医务经费和因工负伤就医的路费等。

劳保医疗经费在1953年以前全部由企业行政负担，1953年改为根据行业性质分别按工资总额的5%～7%提取。在劳动保险的管理体制上，1954年5月起将最初劳动部和全国总工会两部门共管的格局，改为由全国总工会一家统管。但"文化大革命"将其全部打乱。在劳动保险金统一征集管理调剂使用制度已经难以为继的情况下，财政部于1969年2月发文提出改革意见，为了便于企业统筹运用基金，要求国营企业停止提取劳动保险金，改由企业营业外列支；后又决定中央国营企业将奖励基金、职工医疗卫生补助费与福利费捆在一起，计提比例为工资总额的11%，由企业自行管理，并计入成本。超支的部分在企业税后留利中列支，不计入成本。1992年底和1993年初，财政部对企业财务制度进行了全面改革，规定企业按工资总额的14%提取职工福利费，并且规定企业职工福利费主要用于企业的医疗卫生支出和职工的其他福利支出，企业职工福利设施费从税后利润提取的公益金中开支，提取的职工福利费计入企业的成本，使职工的医疗费用得到了保障。

2. 公费医疗

1952年政务院颁布《关于全国各级人民政府、党派、团体及所属事业单位的国家工作人员实行公费医疗预防措施的指示》，确立了公费医疗制度。享受范围和对象是各级政府、党派、人民团体及文化、教育、科研、卫生等事业单位的工作人员，二等以上革命残废军人，高等院校在校学生。关于公费医疗的待遇，除挂号费、营养滋补药品以及整容、矫形等少数项目由个人自付费用外，其他医药费全部或大部分由公费医疗经费开支。费用支付方式是按服务项目支付门诊费、住院的检查费、药品费、治疗费、手术费、床位费、计划生育手术的医药费，及因公负伤、致残的医药费用等。公费医疗经费全部由国家预算拨款，由各级政府卫生行政部门设立公费医疗管理机构统管，或享受单位自管，个人实报实销，因此，属于国家医疗保险的形式。1964年国务院批转卫生部、财政部文件，明确了享受公费医疗的国家工作人员经批准到外地就医的路费可参照差旅费的规定报销，但未经批准，不准报销。

公费医疗制度是在国家工作人员实行"供给制"和"包干制"的条件下制定的，这在当时的情况下是必要的。后来由于公费医疗享受范围的扩大，享受人数的不断增加，以及工资制度的改革等情况的变化，职工医药费再由国家全部包下来，就必然产生某些消极的结果。"文化大革命"期间，公费医疗制度的宏观管理工作受到挫折，经费管理陷于一片混乱。到20世纪70年代末期，公费医疗制度存在的问题逐渐突出，引起了各方面的关注。为此，国家采取了一些措施，例如把公费医疗经费从卫生事业费中单列出来等。1979 年 6 月 23 日和 11 月 28 日，卫生部和财政部先后下发了《关于公费医疗两个问题的复函》及《关于公费医疗几个问题的答复》，规定原来不享受公费医疗的行政事业单位的职工，凡是符合国务院退休办法，退休后由民政部门发退休金的，可以享受公费医疗待遇，其医疗费用由当地公费医疗管理部门报销。凡是退休后由原单位发退休金的，仍享受原单位的医疗待遇，其医疗费用由原单位报销。享受公费医疗人员施行计划生育手术的费用和手术后遗症的治疗费用，在公费医疗经费中开支。为了保障干部和职工的身体健康，防止浪费，提高经济效益，切实改革和加强公费医疗管理，1984 年卫生部和财政部联合发出《关于进一步加强公费医疗管理的通知》（卫计字〔1984〕第 85 号）提出：要加强领导，建立健全公费医疗管理机构；建立健全各项规章制度；严格执行国家规定的公费医疗享受范围、医药费报销范围的有关规定；坚持分级分工医疗的原则。并且提出要积极慎重地改革公费医疗制度。

3. 农村合作医疗

农村合作医疗制度，与城镇的公费医疗制度、劳保医疗制度共同组成了覆盖中国城乡多数居民的医疗保障制度。合作医疗制度是中国农民群体的大创举，被世界银行和世界卫生组织誉为"发展中国家解决卫生问题的唯一典范"。农村合作医疗的基本做法是：由个人和农村集体在一定范围内共同筹集合作医疗基金，参加合作医疗的农民患病时所需的医疗费用由合作医疗基金组织和个人按一定比例共担。根据各地农村的不同经济水平，医疗待遇由各乡、各村自行规定，标准不一。

4. 中国传统医疗保险制度存在的问题

（1）医疗保险社会化程度较低。当时的公费医疗、劳保医疗仅能覆盖全国 20%～25% 的人口，余下的广大人口，尤其是农民的医疗服务没有保障。同时，管理和服务的社会化程度低，医疗社会保险管理体系不健全、不合理。

（2）医疗社会保险资金筹集机制不健全。一方面，国家和单位对职工医疗费用包揽过多，职工个人不缴纳任何保险费，没有体现权利和义务对等的原则，导致职工没有费用意识，过度需求和浪费现象严重；另一方面，没有科学的经费提取标准、提取办法和调整机制。

（3）医疗社会保险费用支付方式不合理，缺乏有效的费用控制机制。一方面，医疗费用由国家和企业包揽太多，超出了我国的生产力发展水平；另一方面，医疗费用增长过快，超出了国家财政和企业的负担能力。

（4）医疗保险与医疗服务不配套。公费医疗、劳保医疗的医疗服务机构分属卫生部门和企业（主管部门为劳动部门）两个系统，两者各自为政，不利于实行区域卫生规划和行业管理，也难以避免医疗资源的重复配置和浪费。

（5）医疗制度的"代际转移"问题日益严重。公费劳保医疗制度均为现收现付制，没有积累可用。随着人口老龄化进程加快，医疗费用负担上的"代际转移"矛盾日渐显露。

上述弊端严重制约了我国社会主义市场经济体系的建立和发展，已经危害到广大职工的利益，因此进行医疗保险制度改革是"大势所趋，势在必行"。

（二）中国传统医疗保险制度的改革

1. 探索阶段

企业模式发生转变，城镇就业格局多样化，财政体制"从统到分"，医疗机构面临挑战。1981年2月由国务院批转卫生部文件，允许其试验按成本收费，并特许其对公费与自费实行双轨；1985年4月由国务院批转卫生部文件，同意鼓励开展社会办医。医疗机构顺应形势而显示出了自己的市场化、商品化取向，医疗保险体制在这个时期也发生了转变，经历了由企业和单位自发变革到地方政府介入，再到中央政府出面直接领导推动这样三个由不同层次的责任主体主导变革的不同阶段。

中国医疗保险
历史沿革

第一阶段，1981年至1985年8月。部分企业和单位开始自发进行控制医疗费用的变革。一些单位采取了医疗费与职工利益挂钩的办法，诸如超支全不报销或按不同比例报销，以及把医药经费拨付企业医院承包使用等。这些办法在控制医疗费用上取得了一定的成效。1983年9月，劳动人事部召开部分省市医疗保险制度改革座谈会，进一步推动了各地医疗制度的改革。与此同时，公费医疗也在基层进行着一些改革尝试，如将费用与享受单位、医疗单位或个人的利益适当挂钩。上述改革实践的持续发展也为职工个人负担医疗费用打下了一定的心理基础。但城镇劳动者在享有医疗保障权益上还是呈现出相当明显的阶梯性、层次性，并显现出一种由医疗公费制向适度自费制的过渡。

第二阶段，1985年9月至1989年3月。地方政府开始直接介入，在增强费用控制的基础上，通过试验费用社会统筹，使制度变革开始转向追求效率。在企业对分散风险责任的需求日趋强烈之时，先期推进企业退休费用社会统筹的试点地区已经纷纷组建起了社会保险经办机构。对于企业尤其是中小企业来说，按规定提取的医疗经费只能应付一般疾病的开支，若是遇到大病重病，在巨额医疗费用面前，不但无法保证职工进行正常医疗，而且还会危及企业的生存与发展。"大病医疗统筹"对这一难题提供了一种比较容易操作的解决思路。

第三阶段，1989年至1994年。1989年3月4日，国务院发文批转了《国家体改委1989年经济体制改革要点》，正式确定在丹东、四平、黄石、株洲四市进行医疗保险制度改革试点。卫生部和财政部于1989年8月联合颁发了《公费医疗管理办法》，这是自新中国成立初期的法规发布以来，又一个内容较为完整全面的管理办法。虽然这仍是一种大包大揽的传统模式，但其中对公费开支和自费范围分别作了较为详尽的规定，对享受范围所作出的规定更为详细。1992年9月7日，劳动部颁布了《关于试行职工大病医疗费用社会统筹的意见》，其后，实施的范围逐步从县市扩展到地级市乃至大城市。劳动部也于1993年10月8日印发了《关于职工医疗保险制度改革试点的意见》。该《意见》在原试行大病统筹意见的基础上对统筹基金做了修正，提出变单一的大病统筹基金为由个人专户金、单位调剂金和大病统筹金三金组成的医疗保险基金。

改革传统制度、建立新型医疗保险制度已逐渐成为共识。

2. 城镇职工医疗保险制度改革试点

从1994年底开始，国务院选择江西省九江市和江苏省镇江市作为综合改革试点城市，它以 1994 年 4 月 14 日国家体改委、财政部、劳动部、卫生部四部联合发布的《关于职工医疗制度改革的试点意见》和同年 11 月 18 日国务院发布的《关于江苏省镇江市、江西省九江市职工医疗保障制度改革试点方案批复的通知》为标志，从 1995 年开始在镇江、九江两个中等城市开始了对公费医疗、劳保医疗制度的根本改革。与此同时，海南省、深圳市等地也在继续着自己的医疗保险制度改革试验。上述改革试点的中心均是确立社会统筹与个人账户相结合的基本医疗保障模式。1996 年 4 月，国务院在江苏省镇江市召开全国职工医疗保障制度改革扩大试点工作会议上，决定在九江、镇江医疗改革取得经验的条件下在全国范围内扩大改革试点，1996 年底即有各地上报的 57 个城市参加医疗保险社会统筹与个人账户相结合的改革试点。

各地的改革试点取得了初步成效，建立了由国家、单位、个人三方负担的筹资制度；建立了个人账户和社会统筹相结合的新的保险运行机制；保障了职工的基本医疗，解决了部分困难单位职工看病"报销难"的问题，抑制了医疗费用的过快增长，促进了医疗机构的改革。与此同时，北京等地在探索和完善职工大病医疗费用统筹，上海等地在试行住院医疗保险等方面也取得了积极的进展，积累了许多经验。

3. 城镇职工基本医疗保险制度的建立和发展

在广泛试点的基础上，国务院于 1998 年颁布了《国务院关于建立城镇职工基本医疗保险制度的决定》（国发〔1998〕44 号，下文简称《决定》），标志着我国医疗保险制度的改革进入了一个崭新的阶段。在我国，实行了将近半个世纪的公费医疗和劳保医疗制度，被新的职工基本医疗保险所取代。

（1）坚持"低水平、广覆盖"，保障职工基本医疗需求

"低水平"是指从我国国情和国家财政、企业的承受能力出发，确定合理的基本医疗保障水平。体现在筹资水平上，就是单位缴费率为职工工资总额的 6% 左右，个人缴纳额为其工资收入的 2% 左右。对于一些非基本医疗服务，则应通过补充医疗保险、商业医疗保险等途径解决。"广覆盖"是指所有城镇用人单位及其职工都要参加基本医疗保险，全国实行统一的医疗保险制度。乡镇企业及其职工、城镇个体经济组织的业主及其从业人员，也纳入基本医疗保险体系之中。

（2）基本医疗保险费由单位和个人共同负担，形成新的筹资机制

实行基本医疗保险费用由用人单位和职工个人按工资收入的一定比例共同缴纳。个人缴费机制的引进，增强了职工的节约意识和保险意识，有利于减轻政府和企业的负担，有利于体现公平和效率的原则。

（3）完善社会统筹和个人账户相结合的制度

《决定》进一步明确，统筹基金和个人账户的支付范围要分别核算，不能相互挤占。个人账户主要支付门诊或小病医疗费，统筹基金支付住院或大病医疗费。统筹基金起付标准原则上控制在当地职工年平均工资的 10% 左右，最高支付限额原则上控制在当地职工年平均工资的 4 倍左右。

（4）合理确定基本医疗保险统筹范围，加强基金管理

基本医疗保险的统筹层次原则上为地市级，确有困难的可以以县为统筹单位。京、津、沪、渝实行全市统筹。为了保证职工基本医疗保险基金的安全、完整，将其纳入单

独的社会保障基金财政专户，实行收支两条线管理。

（5）加快医疗机构改革，提高医疗服务的质量和水平

① 确定基本医疗服务的范围和标准。

② 对提供基本医疗服务的医疗机构和药店实行定点管理，引进竞争机制。

③ 对医疗机构进行调整、改革，合理提高医疗技术收费价格，体现医生的劳务技术价值。

④ 实行医药分开核算、分别管理。

⑤ 积极发展社区卫生服务。

⑥ 特殊人员的医疗待遇与基本医疗保险制度的衔接：离休人员、老红军、二等乙级以上革命伤残军人的医疗待遇不变，医疗费用按原渠道解决；退休人员个人不缴纳基本医疗保险费，对退休人员个人账户的计入金额和个人负担医疗费的比例给予适当照顾；国家公务员享受医疗补助政策；允许特定行业的企业建立职工补充医疗保险；国有企业下岗职工的基本医疗保险费，由再就业服务中心以当地上年度职工平均工资的60%为基数缴纳。

职工基本医疗保险原则上以地级以上行政区（包括地、市、州、盟）为统筹单位，也可以县（市）为统筹单位，京、津、沪、渝原则上在全市范围内实行统筹。所有单位及其职工都要按属地管理原则参加所在统筹地区的基本医疗保险。执行统一政策，实行基本医疗保险基金统一筹集、使用和管理。

从各地的改革实践中可以发现，各地在坚持《决定》基本原则的基础上，纷纷结合本地特点，在制度的具体实施中选择了不同的形式和方法。可以说，目前我国的医疗保险制度在基本原则和框架上是统一的，而在实际操作方法上是多种多样的。

自《决定》颁布后，经过近10年的改革实践，截至2007年底，全国参加城镇职工基本医疗保险的人数为18020万人，其中参保职工13420万人，参保退休人员4600万人。城镇职工基本医疗保险制度的改革已经取得了明显成果，其标志是：多层次医疗保险体系框架初步形成，满足了职工的基本医疗需求；医疗保障功能逐渐显现并产生较好的社会效应；医疗服务监管和费用结算体系形成（目录管理、协议管理、结算管理），有效地遏制了医疗费用的不合理增长；医保经办管理人力资源体系开始建立，管理服务能力逐步提高。

4. 各种类型的补充医疗保险制度形成

基本医疗保险的保障水平是有限的，因此，国家鼓励用人单位为职工建立补充医疗保险制度。我国《劳动法》第75条指出："国家鼓励用人单位根据本单位实际情况为劳动者建立补充保险。"

在实践中，除了国家公务员补充医疗保险外，各地还摸索出多种形式的企业补充医疗保险模式。按经营方式分类，补充医疗保险运作模式有三种形式：一是社会保险模式。社会保险管理机构除了管理基本医疗保险外，还将基本医疗保险之外的医疗保障也纳入自己的管理范围，以社会保险的方式运作补充医疗保险。二是社会保险与商业保险合作模式。社会保险管理部门利用商业保险的资源和经验为社会保险提供服务，同时商业保险组织利用社会保险所拥有的社会信用发展自己的保险业务。三是互助保险模式。由工会组织经营的职工互助保险主要利用原有的工会组织系统开展互助保险业务。

另外，一些城市纷纷出台了对于弱势群体的医疗救助制度。

（三）我国现代医疗保险制度

1. 城镇职工医疗保险

（1）城镇职工医疗保险的产生

从 20 世纪 80 年代初开始，由于医疗费用急剧上涨，政府和企业不堪重负，我国部分地区就开始进行一些医疗保险制度改革的探索，但直到 20 世纪 90 年代我国城镇医疗保险制度改革才进入建立社会保险制度的探索阶段。1993 年党的十四届三中全会通过了《关于建立社会主义市场经济体制若干问题的决定》，明确提出要在我国建立社会统筹和个人账户相结合的社会医疗保险制度。1994 年，原国家经济体制改革委员会等四部门印发了《关于职工医疗保险制度改革试点的意见》，决定在江苏省镇江市和江西省九江市进行试点，即为著名的"两江试点"。1998 年在总结各地试点经验的基础上，国务院颁布实施了《关于建立城镇职工基本医疗保险制度的决定》，标志着我国社会医疗保险制度正式建立。

（2）城镇职工医疗保险的特征

①低水平。低水平是指城镇职工医疗保险的保障水平与我国现阶段的经济发展水平和生产力相适应，充分考虑政府财政和企业的实际承受能力，提供基本的医疗保障。

②广覆盖。广覆盖是指城镇职工医疗保险覆盖我国城镇所有用人单位，包括各种形式的企业、机关、事业单位、社会团体、民办非企业单位及其职工，以保证医疗保险互助共济、统筹调剂、风险分担功能的实现。

③双方负担。双方负担是指城镇职工医疗保险的保险费筹集采取雇主和雇员共同缴纳的方式。双方负担消除了公费和劳保制度中医疗费用由政府和单位包揽的弊端，既有利于扩大医疗保险基金来源，又有利于增强个人自我保障意识和医疗费用节约意识。

④统账结合。统账结合是指城镇职工医疗保险实行社会统筹和个人账户相结合的模式。个人账户主要支付门诊小额费用，自储自用；统筹基金主要补偿住院产生的大额费用支出，实行互助共济。

（3）城镇职工医疗保险的主要内容

城镇职工医疗保险覆盖所有城镇中各类各级单位的员工，包括企业、机关、事业单位、社会团体、民办非企业单位及其职工，灵活就业人员、农民工、非公有制经济组织员工也要按照相关规定参保。所以，城镇职工医疗保险实际上覆盖城镇全体从业人员。

城镇职工医疗保险费由参保职工和用人单位共同缴纳，职工缴纳上年度个人平均工资的 2%，单位缴纳职工工资总额的 6% 左右，单位缴纳的保险费的 70% 左右纳入统筹基金，剩余 30% 划入职工个人账户。另外，具体缴费比例由各统筹地区根据实际情况确定。随着经济发展和职工工资收入的提高，经省人力资源与社会保障厅、财政厅批准后，可适当调整单位和个人缴费率。

城镇职工医疗保险原则上以地级以上行政区为统筹单位，也允许以县（市）为统筹单位。现阶段，大多数地区为县级统筹，但统筹层次过低不利于风险的分担。中央、省属单位都要按照属地管理原则参加统筹地区的基本医疗保险，执行当地的统一制度和政策。城镇职工医疗保险基金由统筹基金和个人账户构成，并划定了各自的支付范围，分别核算，不得相互挤占。个人账户主要支付门诊费用、住院费用中个人自付部分以及在定点药店购药费用。统筹基金用于支付符合规定（属于药品目录、诊疗项目目录和医疗服务设施目录这"三大目录"范围内的项目费用）的住院医疗费用和部分门诊大病医疗费用，起付标准为当地职工年平均工资的10%左右（不同地区、不同级别医疗机构，起付线标准不同），最高支付封顶线为当地职工年平均工资的6～8倍。

城镇职工医疗保险采取属地化管理，将传统医疗保险制度由行业统筹管理的模式，改为由所在统筹地区的社会保险经办机构实施管理。医疗保险机构对提供医疗保险服务的医疗机构和药店实行定点管理，负责制定职工医疗保险用药、诊疗和服务设施范围和给付标准，制定科学的医疗保险费用结算办法，负责医疗保险基金的筹集、管理、运营和支付。

2. 城镇居民医疗保险

（1）制度的产生

2007年国务院颁布《国务院关于开展城镇居民基本医疗保险试点的指导意见》，同时原劳动和社会保障部下发《关于城镇居民基本医疗保险服务管理的意见》文件，我国开始在全国范围内实施覆盖全体城镇居民的基本医疗保险制度。

（2）实施原则

低水平起步的原则。低水平起步是指城镇居民医疗保险制度的建立要与我国社会经济发展水平和各方承受能力相适应，合理确定筹资标准和保障水平；以保障城镇非从业居民的住院和门诊大病医疗需求为主，同时鼓励有条件的地区逐步实行门诊医疗费用统筹；随着社会经济发展水平和各方承受能力的提高，逐步提高筹资标准和保障水平。

自愿原则。自愿原则是指居民按照自己的意愿及经济承受能力，自行决定是否参保，充分尊重群众的意愿和选择，同时通过财政补助激励和引导居民参加城镇居民医疗保险。

属地管理原则。属地管理原则的主要作用是明确中央和地方的责任。总体上，中央确定城镇居民医疗保险制度的基本原则和主要政策，并给予必要的财政补助，地方因地制宜制定具体办法，组织实施工作。

统筹协调原则。城镇居民医疗保险起步晚，统筹协调原则是指城镇居民医疗保险制度的建立，必须坚持以人为本，统筹考虑各种保障制度和政策的衔接，统筹考虑地区之间的平衡，统筹考虑新制度的出台可能产生的影响，统筹考虑医疗保障体制和医药卫生体制的配套改革。

（3）主要内容

城镇居民医疗保险制度覆盖人群主要包括：第一，尚未参加城镇职工基本医疗保险或尚未参加公费医疗的达到退休年龄的老年人；第二，尚未参加城镇职工基本医疗保险或公费医疗的学龄前儿童、中小学生、大学生及研究生等；第三，尚未参加城镇职工基本医疗保险或公费医疗的其他城镇居民。

城镇居民医疗保险缴费采取年度定额缴费的方式，由各地按照低水平起步、逐步提高，群众自愿的原则，根据本地经济发展水平、居民家庭和财政负担的能力合理确定缴费率。现阶段，全国各地基本上都采取参保居民缴纳一部分、财政补助一部分的做法。从许多地区实践和测算的平均数值看，现阶段的筹资水平大体在城镇居民家庭人均可支配收入的2%左右。城镇居民医疗保险制度基金主要用于偿付参保居民住院产生的合理医疗费用和门诊大病医疗费用支出，有条件的地区可以逐步实行门诊医疗费用统筹。城镇居民医疗保险基金偿付范围，一般参照当地城镇职工医疗保险药品目录、诊疗项目目录和医疗服务设施目录，费用偿付也设有起付线和年度支付最高金额限制，起付线一般设为当地居民人均年收入的 10% 左右（不同地区、不同级别医疗机构的起付线标准不同），年度最高支付限额设为当地居民人均年收入的 6 ～ 8 倍。

城镇居民医疗保险制度原则上与城镇职工医疗保险的规定一致，由社会保障部门所属的医疗保险经办机构统一管理和监督。

3. 新型农村合作医疗

（1）基本概念

新型农村合作医疗，简称"新农合"，是指由政府组织、引导、支持，农村居民自愿参加，个人、集体和政府多方筹资，以大病统筹为主的农民医疗互助共济制度。

新农村合作医疗制度的进程与特点

20 世纪 80 年代，随着农村家庭联产承包责任制的推广、集体经济结构的变化，农村合作医疗制度失去了可靠的物质基础，制度在大部分地区解体，导致农村居民失去基本的医疗服务保障，农村医疗卫生状况日益恶化，因病致贫、因病返贫现象严重。为解决广大农村居民医疗卫生问题，在总结和吸取 20 世纪 50 年代兴起的传统合作医疗制度的经验和教训的基础上，经过 20 世纪 80 年代以来调整和重建的探索，2002 年 10 月，中共中央、国务院发布《关于进一步加强农村卫生工作的决定》，重点提出逐步建立以大病统筹为主的新型农村合作医疗制度。2003 年 1 月，国务院办公厅转发原卫生部、财政部、农业部《关于建立新型农村合作医疗制度的意见》，开始在全国范围内开展新型农村合作医疗的试点工作。

（2）实施原则

政府引导，自愿参加。新农合的主体是广大农民群众，农民群众自愿参加是新农合建立的基础。农民以家庭为单位自愿参加新型农村合作医疗，遵守有关规章制度，履行缴费义务。按时足额缴纳合作医疗经费，是新农合"风险分担，互助共济"的主要体现。政府对农民进行正面引导，提高广大群众健康风险意识和参加合作医疗的积极性。

多方筹资。新型农村合作医疗资金筹集遵循多方筹资的原则。除了由参加合作医疗的农民按时足额缴纳合作医疗费用以外，乡（镇）、村集体给予资金扶持，中央和地方各级财政每年安排一定专项资金予以支持，确保新型农村合作医疗系统能够正常、平稳地运转。

以收定支，保障适度。新型合作医疗制度的实施坚持与农村社会经济发展水平、农民经济承受能力和医疗卫生服务需求相适应，同时考虑以收定支、收支平衡、略有结余，保证制度持续有效运行，保障农村居民享有基本医疗服务。

（3）主要内容

覆盖对象为全国范围内所有农村居民。采取个人缴费、地方财政和中央财政补助的筹资方式，鼓励农民积极参保。对于不同地区，参合费用不同，财政补助力度也不同。作为以大病统筹兼顾小病理赔为主的农民医疗互助共济制度，新农合一般采取以县（市）为单位进行统筹，主要补助参合农民的住院医疗费用。各统筹地区根据当地实际情况，确定支付范围、支付标准和额度，其中新农合补偿范围由各省（自治区、直辖市）结合实际制定，原则上不能简单套用城镇职工医疗保险相关目录。为解决参合农民常见病、多发病的门诊医疗费用负担问题，部分地区开展门诊统筹试点，将普通门诊医疗费用纳入医疗保险支付范围。

现阶段，国家卫生和计划生育委员会负责全国新农合的综合管理，各地方卫生行政部门负责所辖区域内的新农合工作。由于新农合主要以县（市）级统筹为主，因此主要在各县（市）设立新农合管理机构，即农村合作医疗管理委员会，管理机构还包括县（市）卫生行政部门和财政部门。县（市）新农合管理机构应设立经办机构，负责具体业务工作，如定点医疗机构管理、基金预决算、补偿方案拟订和组织实施、补偿费用审核与支付、信息调查统计、档案管理及业务咨询等。

4. 城乡居民大病保险

城乡居民大病保险是指对城乡居民因患大病时所产生的高额医疗费用给予补偿，避免广大群众因为高额医疗费用负担陷入经济困难的一项补充性制度安排。2015年8月2日，国务院办公厅印发《关于全面实施城乡居民大病保险的意见》，部署全面推进城乡居民大病保险制度建设。城乡居民大病保险是基本医疗保险保障制度的拓展和延伸，是对大病患者发生的高额医疗费用给予进一步保障的一项新的制度性安排。城乡居民大病保险的覆盖范围为已参加城镇居民基本医保和新农合的所有城乡居民。城乡居民大病保险资金主要是从城镇居民基本医保基金、新农合基金中按照一定比例或额度进行划拨。具体到不同的地区，提取的比例或额度以及资金筹集渠道不尽相同，城镇居民医保和新农合基金有结余的地区，一般利用结余筹集大病保险资金；对于结余不足或没有结余的地区，一般通过在城镇居民医保、新农合年度提高筹资时统筹解决资金来源问题。城乡居民大病保险的保障范围主要为参保对象在获得城镇居民医保、新农合补偿后需个人负担的合理的医疗费用。

第四节　补充医疗保险

一、学习目标

本节要求学生了解中国补充医疗保险制度及其主要形式，重点了解职工医疗互助和商业医疗保险。

二、学习任务

任务 1 : 要求学生了解补充医疗保险制度及其主要形式。

任务 2 : 要求学生了解职工医疗互助的对象范围、资金来源和商业医疗保险的保障对象。

三、学习内容

（一）补充医疗保险概述

1. 补充医疗保险的概念

补充医疗保险是相对于基本医疗保险的一个概念。广义的补充医疗保险是指除基本医疗保险以外的所有医疗保险形式，即为了满足更高层次的医疗消费需求，由用人单位或个人根据自己的经济收入水平和疾病的严重程度，自愿参加的并起补充作用的各种医疗保险措施。主要形式包括：国家公务员医疗补助、企业补充医疗保险、职工医疗互助、商业医疗保险等。

2. 补充医疗保险的特征

（1）实施形式多样化

为了满足不同保障对象、不同层次的医疗消费需求，补充医疗保险采取多种不同的实施形式。例如，从保障对象来看，有针对公务员的国家公务员医疗补助；有针对企业职工的企业补充医疗保险和针对职工及其家属的大病医疗互助保险；还有针对更广泛群体的商业健康保险等。从开办主体来看，有政府主办的补充医疗保险，有在政府引导下企业自办的补充医疗保险，有企业主办、职工自愿参加的补充医疗保险，还有工会等社会团体开办的医疗互助保险等。

（2）保障层次更高

补充医疗保险是在基本医疗保险基础上建立起来的，主要补偿保障对象是基本医疗保险封顶线之上以及保障范围之外的医疗费用，以弥补基本医疗保险保障能力的不足。现阶段，基本医疗保险保障水平受到国家政策目标、资金筹集渠道、保障对象范围、费用支付方式等方面的影响和限制，总体保障能力和水平有限。所以，从补偿水平来看，补充医疗保险保障层次只有高于基本医疗保险，才能真正起到有效的补充保障作用。

（3）自筹自办

在不同补充医疗保险形式中，除国家公务员医疗补助由政府出资主办外，其他补充医疗保险制度基本采取自筹自办的形式，即资金筹集、管理、运营和支付等都由主办补充医疗保险的非政府部门负责，相对而言较为独立。采取自筹自办，一方面，有利于多渠道筹集医疗保障资金，减轻政府财政负担；另一方面，有利于根据不同的保障对象，有针对性地制定不同的筹资标准和保障水平。

（4）一定程度上的福利性

为了鼓励企业或其他主体建立补充医疗保险，政府一般会给予一定的政策优惠或是直接给予财政补助。例如，国家规定有条件的企业可以建立企业补充医疗保险，对于建立企业补充医疗保险所需资金在工资总额 4% 以内的部分，允许税前列支，即企业可直接从成本中列支，不再经同级财政部门审批，这在一定程度上体现了补充医疗保险的福利性特征。

（二）补充医疗保险主要形式

1. 公务员医疗补助

公务员医疗补助是指国家为了保障公务员的医疗待遇水平不降低而建立的一种补充医疗保险形式。公务员医疗补助对象主要为：符合《国家公务员暂行条例》和《国家公务员制度实施方案》规定的国家行政机关工作人员和退休人员；经人事部或省（自治区、直辖市）人民政府批准列入依照国家公务员制度管理的事业单位的工作人员和退休人员；经中共中央组织部或省（自治区、直辖市）党委批准列入参照国家公务员制度管理的党群机关，人大、政协机关，各民主党派和工商联机关以及列入参照国家公务员管理的其他机关单位工作人员和退休人员；审判机关、检察机关的工作人员和退休人员。公务员医疗补助水平要与当地经济发展水平和财政负担能力相适应，保证公务员原有医疗待遇水平不降低，并随经济发展有所提高。按现行财政管理体制，公务员医疗补助经费由同级财政列入当年财政预算，具体筹资标准一般是参照享受医疗补助人员实际消费水平、同期基本医疗保障水平和工资收入水平，以及财政承受能力等情况合理确定，由当地劳动、财政部门逐年核定。公务员医疗补助经费主要用于基本医疗保险统筹基金最高支付限额以上，符合基本医疗保险用药、诊疗范围和医疗服务设施标准的医疗费用补助；在基本医疗保险支付范围内，个人自付超过一定数额的医疗费用补助；中央和省级人民政府规定享受医疗照顾的人员，在就诊、住院时按规定补助的医疗费用。

公务员医疗补助工作由社会保险经办机构负责，严格执行有关规章制度并建立健全各项内部管理制度和审计制度。劳动保障部门负责对社会保险经办机构进行考核与监督管理；财政部门负责制定医疗补助经费的财务和会计管理制度，并加强财政专户管理，监督检查补助经费的分配和使用；审计部门负责医疗补助经费的审计。

2. 企业补充医疗保险

企业补充医疗保险，是指企业在参加城镇职工基本医疗保险的基础上，国家给予政策鼓励由企业自主举办或参加的一种补充性医疗保险形式。企业补充医疗保险主要补偿基本医疗保险制度支付范围以外、由职工个人负担的医疗费用，其目的在于提高参保职工的医疗保障水平，减轻其医疗费用负担。企业补充医疗保险是根据 1998 年 12 月《国务院关于建立城镇职工基本医疗保险制度的决定》建立起来的。

企业补充医疗保险建立和实施应遵照以下几项基本原则。

企业或单位根据自身实际情况，决定是否实行补充医疗保险计划，国家给予政策上的鼓励和扶持，一般不要求强制建立或参加。一般情况下，只有参加了基本医疗保险的企业才能办理企业补充医疗保险。一方面保障更多参保职工的基本医疗需求，另一方面控制某些企业的逆选择行为。企业补充医疗保险是对基本医疗保险的补充，不能替代基本医疗保险。企业补充医疗保险要与城镇职工基本医疗保险有机地对接，互为补充，为广大劳动者建立较全面的医疗保障体系。

企业补充医疗保险资金，经国家社会保障部门批准后由企业和职工按规定共同缴纳。企业或行业集中使用和管理，单独建账，单独管理，用于本企业个人负担较重的职工和退休人员的医疗费补助，不得划入基本医疗保险个人账户，也不得另行建立个人账户或变相用于职工其他方面的开支。财政部门和劳动保障部门要加强对企业补充医疗保险资金管理的监督和财务监管，防止挪用资金等违规行为的发生。

一般规模比较大、有一定管理能力的企业，相对而言人数也比较多，从而抗风险能力相对比较强，可以采取自办补充保险的形式。企业可以通过购买商业保险公司的产品与商业保险机构合作，也可以以保险公司的某一相关产品为基础，根据实际情况设计补充医疗保险方案，由商业保险机构根据订制的方案确定费用。

由企业主办、社会医疗保险机构经办的企业补充医疗保险，实质上就是社会医疗保险机构在举办基本医疗保险的基础上，根据企业或其他单位的实际需要，经办该企业或单位基本医疗保险业务之外的补充医疗保险业务。

（三）职工医疗互助

1. 概念

职工医疗互助保险，是指由工会组织等独立机构承办，职工群众自愿参加，以职工个人缴费为主、行政资助为辅，职工群众内部互助共济的一种补充医疗保险。我国在城镇职工基本医疗保险改革之初，就开始探索和发展职工医疗互助保险。由中华全国总工会主办的"中国职工保险（保障）互助会"就是以职工互助的形式从事保险业务的组织。该组织主办和经营管理的职工互助保险由工会组织主办，职工个人自愿参加，资金以个人筹集为主，具有群众性、民主性、互助性与补充性等特点。

2. 对象范围

职工互助医疗保险的保障对象主要为中小企业职工及新的基本医疗保险制度取消的

原享受半费医疗待遇的职工家属。在保障对象上，一般要求以单位团体的形式参加保险，部分地区还要求参加者的数量要占到单位职工总数的80%。参加互助医疗保险的职工及家属在患大病、重病、享受国家基本医疗保险待遇后，个人负担医疗费较高的情况下，可按规定享受相应的互助医疗保险待遇。

3. 资金来源

职工互助医疗保险的资金主要来源于职工自愿为本人和家属缴纳的互助医疗保险费，各级行政部门给予的补助、工会的资助，以及资金的利息等。企业为职工所缴纳的费用按国家有关规定渠道列支，例如，企业未参加企业补充医疗保险，其为职工缴纳互助医疗保险的费用可经主管财政部门审核同意，将工资总额4%以内部分列入成本。

4. 基金管理和使用

职工互助医疗保险经办机构应加强互助医疗保险基金管理，并建立健全各项规章制度，接受管理部门和金融保险行政管理部门审核，报经国家金融保险行政管理部门审批，并严格规定投资不以盈利为目的。经批准并运行一定时期后，确有基金投资营运能力的，才能进行基金的投资营运。

（四）商业医疗保险

商业医疗保险，一般是指由商业保险公司开办的，以人的身体为保险标的，保证被保险人在合同约定期限内，因疾病或意外伤害导致医疗费用增加或收入减少造成损失时承担保险金给付责任的人身保险。随着社会经济的快速发展、人们保险意识的提高，商业医疗保险已经成为基本医疗保险的重要补充形式之一。

商业医疗保险经营主体主要是以盈利为目的、自负盈亏的商业保险公司。另外，商业医疗保险一般不存在强制性特征，所以商业医疗保险中逆选择现象相对比较严重，即身体健康状况越差的个体越倾向于投保。为了防止逆选择，商业医疗保险一般要求体检，保险公司根据体检结果和被保险人健康情况，作出拒保、加费承保或按标准体承保等不同的核保决定。因此，商业医疗保险保障对象主要为自愿投保并符合承保条件的所有个体。

商业医疗保险资金主要来自自愿参保的单位或个人缴纳的保险费，其缴费金额根据参保对象的年龄、身体健康状况、当地经济发展水平、医疗服务消费水平，以及购买险种的保障内容和保险金额等不同而有所不同。因为商业医疗保险是负债经营，绝大部分资金来自投保人所缴纳的保险费，而其中纯保险费部分是要返还给遭受风险的被保险人的，所以商业医疗保险资金运营管理受到《保险法》和《保险资金运用管理暂行办法》（保监会令2010年第9号）等相关法律法规的严格限制和约束，以确保资金投资运营安全，切实保护被保险人的根本利益。

商业医疗保险在进行保险金给付时，要经过非常严格的理赔核查。例如，除保险单、缴费凭证、身份证明外，还要求保险金申领人提供就诊证明、诊断报告、医疗费用明细、消费凭证等，必要时，还需要进行现场查勘和对被保险人进行体检等，以减少和防止道德风险的发生，确保商业医疗保险稳定运行。

第五节　中国城镇职工基本医疗保险实务操作

一、学习目标

本节要求学生掌握中国城镇职工基本医疗保险费征缴规定、个人账户实务操作、待遇支付实务操作。

城镇职工基本
医疗保险操作
示例

二、学习任务

任务 1：要求学生完成城镇职工基本医疗保险个人账户实务操作。

任务 2：要求学生完成城镇职工基本医疗保险待遇支付实务操作。

三、学习内容

（一）中国城镇职工基本医疗保险费征缴规定

根据《国务院关于建立城镇职工基本医疗保险制度的决定》（国发〔1998〕44 号，1998 年 12 月 14 日施行），医疗保险费征缴的有关规定如下：

1. 基本医疗保险费的征缴范围

国务院规定，城镇所有用人单位，包括企业（国有企业、集体企业、外商投资企业、私营企业等）、机关、事业单位、社会团体、民办非企业单位及其职工，都要参加基本医疗保险。乡镇企业及其职工、城镇个体经济组织业主及其从业人员是否参加基本医疗保险，由各省、自治区、直辖市人民政府决定。

2. 医疗保险费的统筹

国务院规定，基本医疗保险原则上以地级以上行政区（包括地、市、州、盟）为统筹单位，也可以县（市）为统筹单位，北京、天津、上海三个直辖市原则上在全市范围内实行统筹（以下简称统筹地区）。所有用人单位及其职工都要按照属地管理原则参加所在统筹地区的基本医疗保险，各地执行统一政策，实行基本医疗保险基金的统一筹集、使用和管理。铁路、电力、远洋运输等跨地区、生产流动性较大的企业及其职工，可以相对集中的方式异地参加统筹地区的基本医疗保险。

3. 医疗保险费的征缴标准

国务院规定，基本医疗保险费由用人单位和职工共同缴纳。用人单位缴费率应控制在职工工资总额的6%左右，职工缴费率一般为本人工资收入的2%。随着经济的发展，用人单位和职工缴费率可作相应调整。

我国城镇职工基本医疗保险改革所筹集到的基金中，个人缴纳本人工资总额的2%以及用人单位缴纳本人工资总额的6%中的30%划归个人账户，即个人医疗账户中的资金达到本人工资的3.8%。退休人员本人不再缴纳，个人账户资金完全由单位统筹中划拨，划拨比例各地根据经济情况而定。在具体的实施过程中，各个统筹地区可以根据实际情况进行调整。

由于社会保险"碎片化"的特点，全国各地缴费基数和比例在国家基本规定的前提下有所不同，下面以南京市为例。

城镇职工基本医疗保险费由用人单位和在职职工共同按月缴纳。用人单位以本单位全部职工工资总额为单位缴费基数，在职职工以本人上年度月平均工资收入为缴费基数。职工个人月平均工资低于省、市政府规定标准60%的，以60%为基数缴纳；超过300%的部分，不作为缴费基数。用人单位按在职职工工资总额的9%缴纳；在职职工按本人工资收入的2%缴纳，由用人单位按月从职工工资中代扣代缴。退休人员个人不缴纳。医保中心从用人单位参保之日起，为每位职工建立基本医疗保险个人账户，个人账户的来源既包括职工本人缴费，也包括用人单位缴纳的基本医疗保险费（即统筹基金）中划入的部分。南京市对于统筹基金划入个人账户的比例做了如下规定，见表4-1。

表4-1 统筹基金划入个人账户比例表

年龄段	统筹基金划入个人账户比例
35周岁及以下	本人缴费基数的1%
35周岁以上至45周岁（不含）	本人缴费基数的1.4%
45周岁以上至退休	本人缴费基数的1.7%
退休（职）人员	本人上月基本养老保险实发养老金的5.4% 不满70周岁的退休人员个人账户划入最低标准为70元／月（含应由个人缴纳的大病医疗救助费，下同），满70周岁不满80周岁的退休人员最低标准为100元／月，80周岁及以上退休人员最低标准为150元／月，新中国成立前参加革命工作的老工人最低标准为200元／月。

► **例1**

小李今年30岁，目前的年工资总额为10000元，他想知道自己的基本医疗保险个人账户资金是如何计算的。另外，与他同单位的老陈，现年54岁，年工资总额同样为10000元，他也想知道自己和小李在医疗保险个人账户处理上有无区别对待。

要点分析：

职工基本医疗保险个人账户资金的主要来源包括两部分：一是由职工个人缴纳的医疗保险费；二是用人单位为职工缴纳的医疗保险费用总额中按一定比例划入的资金。

需要说明的是，根据《国务院关于建立城镇职工基本医疗保险制度的决定》（国发〔1998〕44号）的规定，不同对象划入个人账户资金的具体比例由统筹地区根据个人账户的支付范围和职工年龄等因素确定，一般是个人账户支付范围广（即个人账户里的资金可以用来支付较多项目的医疗费用）或职工年龄较大时，划入的比例会大些，而具体的比例应由各地根据当地的实际情况决定。所以，一般来说，每年老陈个人账户里划入的资金要高于小李。

以南京市为例，用人单位划入小李（30岁）个人医疗账户的资金为本人缴费工资基数的1%，用人单位划入老陈个人医疗账户的资金为本人缴费工资的1.7%。按照这样的比例，小李个人医疗账户当年应当划入100元，老陈当年个人医疗账户应当划入170元。

（二）社会医疗保险基金的构成

一般来讲，社会医疗保险基金的构成分为个人账户资金、社会统筹资金、储备金、预防保健费和管理费，但主要由个人账户资金和社会统筹资金组成。

1. 个人医疗账户基金

基本医疗保险个人账户是为参保人员设立的、用于记录参保人员个人缴纳基本医疗保险费金额、按规定从单位缴费中划转记入的医疗保险金额以及上述两部分的利息金额的记名账户，该账户中的资金数额可按规定用来支付日常门诊等医疗费用。我国目前实行的城镇职工基本医疗保险中的个人账户，主要是用于参保职工的门诊费用和住院费用中的个人支付部分。

个人医疗账户基金的主要来源是：个人缴纳的医疗保险费；用人单位缴纳的社会医疗保险费的一定比例；用人单位为个人缴纳的个人账户启动资金；随着保险年限的增加而产生的个人账户资金运用的利息收入。

参加基本医疗保险的人员在参保的区、县内流动时，只转移基本医疗保险关系，不转移个人账户存储额。跨区、县或者跨统筹地区流动时，转移基本医疗保险关系，同时转移个人账户存储额。职工和退休人员死亡时，其个人账户存储额划入其继承人的个人账户；继承人未参加基本医疗保险的，个人账户存储额可一次性支付给继承人；没有继承人的，个人账户存储额纳入基本医疗保险统筹基金。

2. 社会统筹基金

社会统筹基金也叫社会共济基金，是指由社会医疗保险管理机构统一支配，用于偿付被保险人生病就医费用的基金。社会统筹资金的额度是由用人单位按照上年度当地职工平均工资总额的6%缴纳，其中工资总额6%的30%划拨到个人账户后的余额。社会统筹基金主要用于住院费用，也可以用于门诊费用，以及门诊和住院共用，具体范围与所采取的保险模式有关。

国务院规定，基本医疗保险原则上以地级以上行政区（包括地、市、州、盟）为统筹单位，也可以县（市）为统筹单位，北京、天津、上海三个直辖市原则上在全市范围内实行统筹（以下简称统筹地区）。所有用人单位及其职工都要按照属地管理原则参加所在统筹地区的基本医疗保险。各地执行统一政策，实行基本医疗保险基金的统一筹集、使用和管理。铁路、电力、远洋运输等跨地区、生产流动性较大的企业及其职工，可以相对集中的方式异地参加统筹地区的基本医疗保险。

（三）待遇支付方式及标准

社会医疗保险需方的费用支付方式，主要是指需方在社会医疗保险过程中分担一部分医疗费用的方法。这是为了促使被保险人树立费用意识，有利于增强参保人自我保健意识，进而控制自己的医疗需求行为，达到合理使用医疗服务和控制医疗费用的目的。具体包括：

（1）起付线方式

起付线法又称为扣除法，是指被保险人发生医疗费用后，首先自付一定额度的医疗费用，超过此额度标准的医疗费用由保险方支付。这个自付额度标准称为起付线（俗称"门槛"）。

（2）按比例分担方式

按比例分担法又称共付法，即社会医疗保险机构和被保险人按一定比例共同偿付医疗费用，这一比例又称共同负担率或共同付费率。共同付费可以是固定比例，如无论费用多少，被保险人都自负30%，医疗保险机构偿付70%；也可以是变动比例，把医疗费用分成几段，费用越高，自付比例越低或越高。

（3）最高限额保险方式

最高限额法也称为封顶线，是与起付线方式相反的费用分担方法。该方法先规定一个医疗费用封顶线，社会医疗保险机构只支付低于封顶线的医疗费用，超出封顶线的医疗费用由被保险人或由被保险人与其单位共同负担。

（4）混合支付方式

由于上述三种医疗保险需方的费用支付方式各有其优缺点，因此，在社会医疗保险费用支付方式的实际操作中，往往将两种以上的支付方式结合起来应用，形成优势互补，更有效地促进医疗保险需方合理的医疗服务需求，控制医疗费用过度增长。例如，对低额医疗费用实行起付线方式，对高额医疗费用实行最高限额保险方式，并对中间段的医疗费用实行共同付费方式，共同付费的比例可以固定，也可以根据被保险人不同的年龄段以及不同的费用段等进行调整。

基本医疗保险费起付线规定：基本医疗保险统筹基金支付的起付标准按上一年本市职工年平均工资的10%左右确定。个人在一个年度内第二次以及以后住院发生的医疗费用，基本医疗保险统筹的起付标准按上一年本市职工年平均工资的5%左右确定。

基本医疗保险费最高限额规定：

基本医疗保险统筹基金在一个年度内支付职工和退休人员的医疗费用累计最高支付限额按上一年本市职工平均工资的6倍左右确定。

➤ **例2**

如果某市上一年的职工年平均工资为 2000 元，如果按照上年本市职工平均工资的 10% 确定本年度基本医疗保险统筹基金支付的起付标准（起付线），按照上年本市职工年平均工资的 4 倍确定本年度基本医疗保险统筹基金支付的最高限额，那么起付线和封顶线各是多少？ 如果一个年度内第二次住院的起付线为 5%，那么第二次住院起付线是多少？

要点分析：

起付线 =20000 × 10%=2000（元）

封顶线 =20000 × 6=120000（元）

一个年度内第二次住院的起付线：20000 × 5% =1000（元）

➤ **例3**

职工小张因生病在三级医院住院 30 天，共花费医疗费用 4.2 万元。该地区的基本医疗保险统筹基金支付的起付线为 2000 元，封顶线为 5 万元，请问：小张自己需要负担多少医疗费用，能够报销多少医疗费用？（以浙江统筹基金支付比例为例，见表 4-2）

表 4-2 浙江省统筹基金支付比例

	一级医院		二级医院		三级医院	
	统筹支付	个人支付	统筹支付	个人支付	统筹支付	个人支付
起付标准 / 元		1000		1500		2000
起付标准至 2 万元	90%	10%	85%	15%	80%	20%
2 万至 3 万元	95%	5%	90%	10%	85%	15%
3 万至 4 万元	95%	5%	92%	8%	90%	10%
4 万元以上	97%	3%	97%	3%	95%	5%

小张需要负担的医疗费用由以下几部分组成：

起付线以下的部分 =2000（元）

起付标准至 2 万元的部分 =（20000-2000）× 20% =3600（元）

2 万元至 3 万元的部分 =（30000-20000）× 15% =1500（元）

3 万元至 4 万元的部分 =（40000-30000）× 10% =1000（元）

超过 4 万元的部分 =（42000-40000）× 5%=100（元）

小张应当负担的医疗费用 =2000+3600+1500+1000+100=8200（元）

可以报销的医疗费用 =42000-8200=33800（元）

➤ **复习思考题**

1. 医疗保险有哪些特征？

2. 医疗保险主要模式有哪些？请比较不同模式的异同。

3. 医疗保险制度的主要内容由哪几部分构成?

4. 简述我国医疗保险体系的构成及该体系形成的主要原因。

5. 目前我国补充医疗保险制度有哪些主要形式?

6. 在某统筹地区,参保职工刘某今年 50 岁,2013 年 7 月因病在本地住院 14 天,该医院为二级医院。医疗费共计 11000 元,其中床位费 580 元,检查费 620 元,化验费 170 元,甲类药品 4700 元,乙类药品 3200 元,自费药品 1730 元。请根据表 4-3 所列的该统筹地区相关医保政策,计算医保基金和个人分别承担的该次住院医疗费用。

表 4-3 该统筹地区相关医保政策

相关政策 医院等级	起付标准		在职报销 比例	药品报销比例	
	首次住院	二次住院		甲类	乙类
三级医院	600 元	480 元	80%	全额	70%
二级医院	480 元	240 元	85%	全额	70%
一级医院	240 元	120 元	90%	全额	70%

➤ **学习拓展**

1. 案例探究:医保报销"起付线"你了解吗?

日前,65 周岁的退休职工童大伯在当地一家医院(二级医院)门诊就诊,碰到了一件让他不解的事儿。童大伯当年账户已经用完,此次就诊共花费 1000 元。他按照退休人员的 80% 报销比例,自己计算出报销金额是 800 元,但他的实际报销金额却少了很多。

童大伯不解:"不是按 80% 报的吗?你们报错了吧?"医保窗口工作人员解释:"是指医疗费用有效费用的 80%,需先扣除自费、自付、自负(起付线)。"童大伯纳闷了:"什么是起付线?"那么,让我们一起来看看吧。

(1)职工门诊报销政策和比例

当地人社局医保中心有关负责人介绍,基本医疗保险参保人员医保年度内门诊就医每次发生的医疗费按医保年度累计计算,分为 3 段:个人账户段、个人自负段、统筹基金与个人共负段。参保人员先使用当年账户,当年账户用完后进入自负段,即起付线,这一段医疗费完全由个人自负。年度内自负累计超过规定额度后,进入共负段,医疗费根据医院类别,由医保统筹基金和个人按不同比例分担。

"自负段",即起付线,是医疗保险的起付标准,当年个人账户用完后进入自负段,累计达到一定金额后,进入共付段予以报销,此时的一定金额即"起付线"。

如,王大伯今年 65 周岁,退休人员的起付线为 300 元,当他的当年账户用完后,需先自负 300 元后再行报销,若他在社区医院就诊,个人承担 8%,由医保报销 92%;杨先生是在职职工,今年 50 周岁,起付线为 600 元,当年账户用完后,需先自负 600 元再行报销,若在三级医院就诊，个人承担25%，由医保报销75%。

那么是不是在门诊花费超过起付线，就可以报销了呢？医保中心有关负责人表示，这可不一定，医保年度累计的是门诊花费的有效费用，需剔除自费、个人自付的一些费用。

（2）城镇职工门诊可报销费用超过起付线时如何报销

年度内自负累计超过规定额度后，进入共负段，医疗费根据医院类别，由医保统筹基金和个人按不同比例分担。

医保中心有关负责人表示，想要明白超过起付线时如何报销，首先要搞清楚以下几个专业术语。

个人自费：指医保基金支付范围外的药品、医疗服务项目费用及《浙江省基本医疗保险、工伤保险和生育保险药品目录》《浙江省基本医疗保险服务项目目录》内的限定支付费用和超标准以上部分费用。如非医保范围药品、陪护费等。

个人自付：指属于医保基金支付范围但先由个人支付一定比例的费用及转外地就医个人支付一定比例的费用。如乙类药个人自付3%，转往上海、杭州等地指定医保定点医疗机构个人自付5%等。

个人自负：指标注为"全自付"的药品、检查费用总额，需患者自己支付。

个人承担：指超过门诊自负段或住院起付标准以上部分由个人按比例支付的费用，及特殊病种治疗由个人按比例支付的费用，院外检查（治疗）个人按比例支付的费用。

还是以童大伯的支付费用为例（具体报销还需按照实际情况计算确定，仅供参考），他当年账户刚用完，此次门诊花费了1000元，其中自费药品100元、乙类药品300元、甲类药品300元、CT检查300元。

他的账单是这样的。

个人自费：100元

个人自付：① 乙类药 300×3%=9（元）；② CT 300×3%=9（元）

个人自负：即起付线300元

最终：

医保报销=（总花费−个人自费−个人自付−个人自负）×80%

（1000−100−9−9−300）×80%=582×80%=465.6（元）

个人花费=1000−465.6=534.4（元）

特别提醒：起付线一个医保年度内只累计扣除一次。且若童大伯历年账户有余额，则自费、自付、自负承担费用均可用个人历年账户抵扣。

（资料来源：www.nhnews.com.cn 宁海新闻网 2018 年 11 月 19 日 09：45：17）

2. 基本医疗保险与公费、劳保医疗的区别（见表4-4）

（1）基本医疗保险

基本医疗保险是指由国家立法，通过强制性社会保险原则和方法筹集医疗资金，保证人们平等地获得适当的医疗服务的一种社会保障制度。

（2）劳保医疗

社会基本医疗
保险与公费、
劳保的区别

劳保医疗制度是我国于20世纪50年代初建立起来的一种福利型医疗社会保险，它是我国劳动保险制度的有机组成部分，是一种对企业职工实行免费、对职工家属实行半费的企业医疗保险制度。

（3）公费医疗

公费医疗制度是我国对党政机关和事业单位工作人员以及大专院校学生实行的一种免费卫生保健制度。其经费全部由国家预算拨款，由各级政府卫生行政部门设立公费医疗管理机构统管，或享受单位自管，个人实报实销。

表4-4 公费、劳保医疗与基本医疗保险的区别

	公费、劳保医疗	基本医疗保险
保险形式	单位保险	社会保险，通过建立社会统筹医疗基金和个人医疗账户，体现了社会公平原则
筹资机制	职工医疗费用全部由国家财政、企业包揽，对医患双方都没有制约机制	建立了单位和个人共同缴费的医疗保险统筹机制，强化了对医患双方的制约机制，控制医疗费用的过快增长，杜绝了浪费
保险水平	个人不缴纳或支付微不足道的费用（挂号费等），就可以享受全部医疗待遇	保险费由用人单位和职工双方共同负担，立足于保险职工的基本医疗需求，确定了较低的基本保险水平，规定了起付标准和最高支付限额；超过基本医疗需求的，要通过企业补充医疗保险、商业医疗保险等办法解决
覆盖面	仅限于机关事业单位的职工和全民、集体企业的职工	城镇所有单位，包括企业（国有企业、集体企业、外商投资企业、私营企业）、机关、事业单位、社会团体、民办非企业单位及职工；有些省、自治区、直辖市还包括乡镇企业及其职工、城镇个体经济组织业主及其从业人员、失业人员等
管理体制	公费医疗保险由卫生部门管理，劳保医疗由劳动部门管理	实行社会化管理和属地化管理，打破了公费、劳保医疗的界限，打破了不同所有制单位的界限、不同身份职工之间的界限

当前，劳保医疗和公费医疗都已经发展成为现在的社会基本医疗保险，社会基本医疗保险也是目前我们国家三大医疗支柱之一。

第五章
失业保险

➤ **内容概述**

本章介绍失业保险相关的基本理论和主要内容，包括：失业的概念与类型、失业保险；失业保险制度的主要内容；中国失业保险制度、中国失业保险实务操作。

➤ **教学目标**

通过本章学习，使学生了解失业与失业保险，了解失业保险制度的类型、覆盖范围、资格条件、失业保险基金的筹集、待遇给付，掌握中国失业保险制度的基本内容，能进行中国失业保险的相关实务操作。

➤ **重点难点**

重点掌握失业保险的概念和特点、中国失业保险的制度体系，难点是中国失业保险制度的实务操作。

第一节　失业与失业保险

一、学习目标

本节要求学生了解失业的概念、失业类型的划分、失业保险的概念与作用、失业保险与其他社会保险的区别。

二、学习任务

任务 1：认知失业的概念与失业的分类。
任务 2：认知失业保险与其他社会保险的区别。

三、学习内容

失业是当今世界最大的经济问题和社会问题之一，也是各国政府特别关注的问题之一。失业保险是国家通过立法强制实施的、对失业劳动者给予物质帮助和服务，以保障其失业期间基本物质生活并促进其重新就业的一种制度。失业保险是整个社会保险体系的一个重要组成部分。

（一）失业概述

1. 失业的概念

失业是与就业相对应而存在的概念。就业是指在某一特定年龄上的、有劳动能力的社会成员与生产资料相结合进行有报酬的劳动。相应地，具有劳动能力并有劳动愿望的人未能在劳动力市场上找到工作，这一现象即为失业。

失业保险的
概念和特点

从失业的这一概念出发，失业人员包括两种类型：一种是新成长起来的社会劳动力中正在等待就业机会的人；另一种是原来参加了工作，但由于某种原因而失去了工作，中断了收入的人。

失业保险中的"失业"是指上述第二种人的失业，这是一种狭义的"失业"。换言之，狭义的失业是指：在劳动年龄内、具有劳动能力和劳动意愿的劳动者由于某种原因而离开了工作岗位，中断了有收入的工作。

狭义上的失业是一种"事故"，其特征为"收入中断"，该类失业者不包含一般的"主动性"的失业者和正在等待进入市场的劳动力。这些失业者由于非本人所能控制的原因导致失业后，收入受到损失，并因此影响到他们及其家庭的生活状况。可见，因失业致使收入中断与工伤事故及其他灾害或意外事故具有相似的后果，正因为如此，这种失业成为社会保险正常处理的事故之一。

对失业的界定，在不同的国家有所不同。我国通行的对失业的定义是，在法定劳动年龄范围内，有劳动能力，且有就业要求的人口没有能够就业的社会经济现象。虽然从事一定的社会劳动，但劳动报酬低于当地居民最低生活保障标准的，也视同失业。

2. 失业的类型

按照不同的划分标准，失业类型一般有如下划分。

（1）按照失业的性质划分

按照就业意愿的不同，失业可分为自愿性失业和非自愿性失业。自愿性失业是指劳动者所要求的实际工资超过其边际生产率，或者说不愿意接受现行的工作条件和收入水平而未被雇用所造成的失业。由于这种失业是劳动人口主观不愿意就业而造成的，所以被称为自愿性失业。非自愿性失业是指有劳动能力、愿意接受现行工资水平但仍然找不到工作的情况。这种失业是由客观原因造成的。

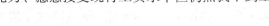

失业的类型

（2）按照失业的程度划分

按照失业程度，失业可分为完全性失业和部分性失业。完全性失业是指失业者有劳动能力但找不到合适的工作岗位。部分性失业或不充分就业是指有劳动能力的人虽然有工作，但工作报酬达不到法定的工资标准，工作时间达不到正常工作时间的三分之一。

（3）按照失业的形式划分

按照失业的形式，可分为显性失业和隐性失业。显性失业或公开失业是指劳动力人口有劳动能力和就业愿望但却得不到满足的情形，一般表现为劳动者没有工作，以失业人员到职业介绍机构进行求职登记为准，用失业率来反映。隐性失业或潜在失业、在职失业是从形式上看的，一方面，隐性失业者一般都有自己的工作单位或劳动岗位，被政府或企业视为就业者；另一方面，他们的劳动能力并没有得到充分发挥，劳动愿望没有得到最大的满足，从而经常处于失业或半失业的闲置状态，造成实际生产率低于潜在的生产率，是一种劳动力资源未被充分利用的情况。

（4）按照失业的原因划分

按照造成失业的原因，可分为摩擦性失业、季节性失业、技术性失业、结构性失业、周期性失业、等待性失业和制度性失业。

摩擦性失业是指人们在转换工作过程中的失业，指在生产过程中由于劳动力市场的动态属性、不完善的信息流动、失业者与潜在的雇主之间相互寻找的时间滞差等造成的短期、局部的失业。这种失业在性质上是过渡性的或短期性的。

季节性失业是指由于季节变化或由于消费者季节购买的习惯等原因引起的失业。这种失业具有规律性、行业性以及失业持续期的可预知性等特点。

技术性失业是指在生产过程中引进先进技术代替人力，以及改善生产方法和管理而造成的失业。可以从两个角度进行观察，从长远角度看，劳动力的供求总水平不因技术进步而受到影响；从短期看，先进的技术、生产力和完善的经营管理以及生产率的提高，必然会取代一部分劳动力，从而使一部分人失业。

结构性失业是指由于经济结构如产业结构、产品结构、地区结构的变动，引起了劳动力需求结构的变动，从而产生的部分劳动者成为失业者的情况。其特点是既有失业，又有空缺职位，失业者或者没有合适的技能，或者居住地不当，因此无法填补现有的职位空缺。结构性失业在性质上是长期的，一般来说，技术性失业是结构性失业的先导，结构性失业是技术性失业的最大表现。

周期性失业是指由于周期性的经济波动而引发的失业现象。经济危机周期性地发生时，失业率也会周期性地达到高潮。

等待性失业是指求职者因有更高的工作期望而产生的一种失业类型。失业者只有"等待"到期望的工资水平时，才愿意就业。

制度性失业是指由于某种特殊的经济制度安排或制度变革所导致的失业。

3. 失业率

失业率（the unemployment rate）是符合法定失业条件者在总劳动人口中所占的比例。国际标准的失业率是以失业人数同就业人数与失业人数之和的比例来反映失业率的，即失业率＝失业人数÷（就业人数＋失业人数）×100%。失业率是反映一个国家或地区在一定时段内失业状况的主要指标，传统上以5%作为失业率国际警戒线。

多数国家的失业率采用社会调查失业率，一般是月度失业率。我国的失业率称为城镇登记失业率，属于年度失业率，即城镇登记失业率＝城镇登记失业人数÷（城镇就业人数＋城镇登记失业人数）×100%。也就是有户籍限制，不包括所有劳动人口。失业需要去相关部门登记，以年度为统计范围。因此，我国的失业率普遍较现实失业率要低，尚未突破5%的国际警戒线。

（二）失业保险

1. 失业保险的概念与作用

失业保险是指国家通过立法强制实行的，由社会集中建立基金，对劳动年龄人口中有劳动能力并有就业意愿的成员，当其因非自身原因暂时失去劳动机会、无法获得维持生活所必需的工资收入时，由国家或社会为其提供基本生活保障并促进其重新就业的制度。

失业保险的
积极意义

失业保险制度是由国家法律确定的一种社会保险制度，其目的是通过建立社会保险基金的方法，使劳动者在失业期间获得必要的经济帮助，保证其基本生活，并通过转业训练、职业介绍等手段为其重新就业创造条件。因此，一个国家的失业保险是与其就业制度直接相关并为其服务的，有什么样的就业制度，就需要什么样的失业保险制度，两者相辅相成，缺一不可。

由于就业的目标是多方面的，故失业保险制度追求的目标也是多方面的。总体上讲，失业保险制度的目标包括社会目标和经济目标两类，社会目标就是缩小劳动者之间的收入差距，维持失业人员及其家庭的基本生活，从而维持社会安定；经济目标是保护劳动力资源，保证劳动力的合理流动，促进经济发展。

从经济学意义上看，失业是由社会经济发展的矛盾所决定的、客观存在的劳动风险。

劳动者的就业或失业状况，是由社会对劳动力的需求及劳动力的供给状况的平衡关系所决定的。出于多种原因，劳动力供求会不断地、暂时地发生矛盾，失去平衡，从而导致一部分劳动者被排除在劳动队伍之外，使劳动者及其家庭面临经济困难。失业保险的根本任务就是解决这一困难。不但如此，失业保险还应促进失业人员再就业。这就需要对失业人员开展转业训练，提高他们的再就业能力；通过职业介绍推荐失业人员重新就业，为他们的进一步安置创造条件。

2. 失业保险与其他社会保险的区别

失业保险作为整个社会保险制度的重要组成部分，与其他社会保险项目一道，起着保障劳动者基本生活需求、维护经济秩序和社会安定的作用。但是，由于其特定的实施目标，决定了其自身的特征。这种特征体现在失业保险与其他社会保险项目的区别上。

（1）劳动风险事故不同。其他社会保险项目的劳动风险事故都是暂时或永久丧失劳动能力，如年老、生病、负伤或死亡等；而失业保险是对有劳动能力但没有劳动机会的人提供的经济保障。

（2）实施的对象范围不同。其他社会保险项目的保障对象可能包括未进入劳动年龄的人和已经超过劳动年龄而退出社会劳动领域的人（例如，对供养直系亲属的保险和退休保险等）；而失业保险是以劳动年龄之内的社会劳动者为主要对象，不包括已经超过劳动年龄的老年人。当然，也有部分国家规定对失业劳动者的无业妻子和未成年子女提供定额的附加救济金。

（3）劳动风险事故形成的原因不同。其他社会保险项目劳动风险事故的形成均属自然原因，主要是身体健康的损害和工作中疏忽大意或无法预料的外界自然力的打击所致；而失业保险中的失业现象却是一种由于社会经济方面的原因所致的劳动风险事故。人口、劳动力资源与经济增长的比例失调，产业结构的调整以及就业政策的变化等都可能成为失业的原因。这和其他社会保险项目中的劳动风险事故的成因有着明显的区别。失业对以劳动获取工资收入并作为生活来源的劳动者来说，意味着失去了保障。毫无疑问，这是一种劳动风险事故，它所造成的经济收入损失，正是失业保险补偿和保障的对象。

（4）具体职能不同。其他社会保险的具体职能在于，对因遭受某种风险事故而丧失劳动能力的劳动者提供基本生活保障，以维持劳动力的一般再生产。其保险金和生活服务的提供，主要是使被保险人恢复健康或继续生存有一定的经济保障。但是这种经济保障对劳动能力的恢复并不起到直接的、决定性的作用，因而可以称之为"被动式"的保险制度。而失业保险除了为失业劳动者提供基本生活保障外，还负有积极促进其尽快再就业的责任，如转业训练、生产自救和重新就业介绍等。失业保险制度与就业制度相配套，共同担负着对劳动力资源进行合理配置、促进社会化大生产和经济协调发展的重大职责。因此，失业保险可以说是一种"主动式"的保险制度。

（三）失业保险制度的建立与发展

1911 年英国颁布实施《失业保险法》，第一个强制性失业保险制度产生。此后，先后有意大利、奥地利、德国、西班牙等国陆续建立了强制性的、规范性的失业保险制度。20 世纪 30 年代世界性经济大危机爆发，在大规模失业危机中实施失业保险的国家显示出鲜明的制度效应，失业保险制度的保障与稳定功能得到肯定。危机后，失业保险制度在工业化国家得到普遍发展。第二次世界大战后，发展中国家也开始陆续建立失业保险制度。据统计，目前有 70 多个国家建立失业保险制度，相对于其他社会保险项目，失业保险建制起步较晚，发展也较为缓慢。享有失业保险待遇的失业者多集中在中高收入的国家，这反映出失业保险制度的建立发展与经济发展水平密切相关。

20 世纪 70 年代末开始的经济滞胀，提高了世界范围内的失业率，单一的失业保险难以应对失业困境，发达国家开始对失业保险制度进行修订改革，失业保险开始兼具促进就业的功能。尤其是 90 年代后，失业保险制度的改革定位更为清晰明朗，失业预防与促进就业让制度具有了就业导向的发展趋势。

在失业保险制度的建设与完善过程中，国际劳工组织功不可没。国际劳工大会先后通过的国际公约和建议书有：1919 年的《失业公约》，1934 年的《失业津贴公约》和《失业津贴建议书》，1952 年的《社会保障最低公约》，1988 年的《促进就业与失业保护公约》和《促进就业与失业保护建议书》，2001 年的《全球就业议程》。这些公约与建议书不仅明确保护失业劳动者的生存权益，而且开始要求缔约国注重失业保护和就业政策相协调，开始关注失业者的就业保障问题。除国际劳工组织外，联合国制定的许多国际公约中，也涉及失业保险问题，如第三届联大通过的《世界人权宣言》就提出：人人有权工作，自由选择职业，享受公平优裕的工作条件及失业保障。

（四）失业保险的特征

1. 实施前提是受保者丧失劳动机会

失业保险与其他社会保障项目不同，它的实施前提是劳动者失去工作机会，而不是失去劳动能力。而且，具备正常劳动能力是受保人享受失业保险的一个必要条件，即失业保险的对象只能是那些具有劳动能力的劳动者，丧失劳动能力的人只能享受其他社会保障而不能享受失业保险。

2. 非自然因素是失业形成的主要原因

通常来说，其他社会保障项目涉及的风险往往与人的生理变异等自然因素有关，失业保险的对象所涉及的风险却不是由人的生理因素等自然因素所引起的，而是由一定时期的社会和经济因素等引起的，在一定程度上，它也与国家在一定时期的宏观经济政策相关。

3. 失业保险的双重性

失业保险不同于其他社会保险，它具有双重性，既有保障失业者生理再生产的功能和目标，又有保障劳动力再生产的功能和目标，这两种功能和目标是同等重要的。因此，失业保险在保障形式和内容上具有自身的特殊性，它除了需要向受保者发放保险金、提供物质帮助，以保障其基本生活需要之外，还需要通过就业培训等形式帮助失业者提高其文化素质和业务素质，以便重新就业。保障基本生活和促进就业是失业保险制度的两大基本目标。

（五）失业保险的功能

1. 收入保障功能

劳动力资源是经济资源的重要组成部分，就业岗位的竞争是劳动力资源实现优化配置的必要前提。在竞争过程中，必然会有一部分劳动力因各种原因暂时不能实现就业。在没有任何保护措施的情况下，失业对劳动者个人而言，意味着生活来源的中断，使其本人或家庭基本生活难以维持，而且减少了其参与社会生活、实现个人价值的机会，在心理上造成伤害。对于整个社会而言，失业率的提高必将成为影响社会稳定的消极因素。失业保险的基本功能是使失业者的基本生活得到保障，不但有利于劳动者的身心健康，而且对劳动力素质的提高和劳动力再生产的顺利进行提供了基本的保障，对社会也起到稳定作用，成为社会的"安全网"和"稳压器"。失业保障有两种逻辑：从保险的逻辑出发，宏观经济运行具有很大的不确定性，当某一经济处于宏观经济的繁荣或高涨时期，这时就业率较高，失业率较低。每一个就业者应该缴纳一部分失业保险金，一旦宏观经济处于萧条时期，失业率大幅度上升，失业人员增加时，这笔在经济繁荣时期积累起来的失业保险金，就应该支付给失业者，使他们能维持基本的生计。从社会公平正义的逻辑出发，失业救济是伸张社会公平，即在保证市场经济配置资源效率的同时，兼顾公平，使失业者能够容忍这种不公平现象。

2. 就业促进功能

自 20 世纪 90 年代以来，在全球化浪潮冲击之下，世界各国改变了以往消极被动地向失业者提供收入补偿的传统保障方式，而代之以实施积极的促进就业政策。马歇尔提出现代社会公民权包括三个部分，即公民的契约权利、政治权利和社会权利。从社会政策的视角看，劳动者非因本人意愿中断就业后，享受物质帮助和再就业服务，是实现其社会权利的具体形式。劳动者的社会权利，主要体现在两个方面：一个是劳动者中断就业时，享有获得经济补偿的权利；另一个是劳动者中断就业后，重新回到就业岗位上，参与社会活动，承担社会责任，防止"社会排斥"的权利。对失业者而言，行使自己的社会权利，不仅仅指单纯地从社会保障体系中获得经济补偿和救济，更强调的是要融入社会，不能与社会脱节，不能由于失业而被排除于主要的社会生活和工作环境外，离群索居，必须要积极地参与社会活动，承担自己的社会角色和责任。社会政策关于公民社会权利行使的这一界定，为各国失业保障制度改革、加强促进就业的功能提供了充分的依据。

第二节　失业保险制度

一、学习目标

本节要求学生了解失业保险制度的类型、失业保险覆盖范围、失业保险资格条件、失业保险基金、失业保险待遇给付。

二、学习任务

任务 1 : 认知失业保险的类型、失业保险的覆盖范围、失业保险基金的筹集。
任务 2 : 掌握失业保险资格条件与失业保险的待遇给付。

三、学习内容

（一）失业保险制度的类型

世界各国的失业保险制度可以分为两大基本类型 : 保险模式和救助模式。

1. 保险模式

保险模式又分为强制性失业保险制度和非强制性失业保险制度（也称为自愿保险补贴制度）。强制性失业保险制度由国家立法强制规范实施，也是目前采用最多的失业保险模式。强制性失业保险制度一般由政府直接管理或者委托相关机构负责管理，制度覆盖范围内的全体劳动者及其单位必须依法参加，雇主与雇员没有自由选择权。非强制性失业保险制度允许劳动者自由选择参保，失业保险一般由工会组织建立，政府给予资金支持，失业保险业务由基金会负责。

2. 救助模式

失业救助一般作为失业保险制度的替代或补充而存在。失业救助的具体方式主要有两种 : 一是由企业或雇主提供一次性失业救助金或者解雇费 ; 二是对不能享受失业保险待遇的失业者提供标准较低的失业救助。领取失业救助金一般要接受家庭经济状况调查，符合相关条件才能享受失业救助。

不同的国家和地区，根据特定的社会背景和条件，选择不同的保障安排，形成了多样化的失业保险模式。而且，多数国家都不是实行单一的保险制度或救助模式。

（二）失业保险的覆盖范围

失业保险是为遭遇失业风险、收入暂时中断的失业者设置的一道安全网。显然，它的覆盖范围应包括社会经济活动中的所有劳动者。但纵观世界各国，失业保险最初都仅覆盖职业比较稳定的群体，把职业不稳定的季节工、临时工、家庭雇工、农业工人，以及职业相对稳定的公务员和自我雇用的个体劳动者排除在外。随着社会经济的发展以及国际社会对失业理解的变化，其覆盖范围逐步扩大。国际劳工组织建议，失业保险制度应为有能力工作、可以工作并且确实在寻找工作的完全失业者提供保护，还应努力将保护范围扩大到因工作时间不充分而导致收入减少的半失业者。有条件的国家应使参加失业保险的人数达到工资劳动者的85%，其他国家不应低于50%。目前，一些国家已经将工作负荷和收入达不到一定标准的人员纳入失业保险保障范围，给予不同程度的帮助。如德国，规定每周工作不到18小时的可以按失业保险的有关规定享受保险待遇。

（三）失业保险的资格条件

失业者要取得失业保险待遇的权利，必须具备一定的资格和条件。各个国家的失业保险制度对此都有具体而严格的规定，其目的在于避免逆向选择行为，并促进失业者重新就业。

失业保险的
资格条件

1. 年龄条件

失业保险的享受对象必须是处于法定劳动年龄阶段的人口。换言之，只有在规定年龄范围内，即处于法定最低劳动年龄与退休年龄之间的劳动者，才能享受失业保险待遇。因此，各国的失业保险保障对象均不包括未成年人和超过法定退休年龄的人。未成年人和老年人均不负有法定的社会劳动义务，不属于国家安置就业的责任范围，自然也就不是失业保险的对象。

至于劳动年龄的界限，各国的规定略有差异，而世界银行将这个界限统一规定为15～60岁。我国规定的劳动年龄界限为男16～60岁，女16～55岁，我国有关条例还规定，距离法定退休年龄不足5年的职工，在失业期间符合离退休条件的，应按离退休办法处理，不再领取失业保险待遇。

2. 身份条件

失业保险的享受对象必须具有曾经就业及缴纳失业保险费的身份条件，即必须是原来已经从事有酬劳动并按规定缴足失业保险费的失业人员。

这种身份条件的规定，主要是根据社会保险权利与义务基本对等的原则，以及对工资收入损失进行补偿的特点来设立的。原来已经参加社会劳动的人，可以被认为是对社会经济发展以及社会保险所需的资金做出了一定的贡献，理应取得享受保险待遇的资格。而且，由于他们从事的是有酬劳动，以工资收入为主要生活来源，失业后才构成工资损失的事故并产生保障性补偿的需要。

我国的劳动力资源严重过剩，且生产力水平低，失业保险无力承担新增劳动力的经济保障责任，因此，新增劳动力被列入就业保障的范畴，由各级就业部门负责尽快安置或介绍就业，而不列入失业保险的范畴，其生活需要则由家庭负担。

3. 原因条件

只有由于非自愿原因而失业的劳动者才有享受失业保险待遇的资格。自愿失业是指失业责任全在失业者本人的失业，失业者或是出于获取更体面工作岗位和更优厚工资的考虑，或是出自其他个人考虑自愿离开原有的工作岗位。这种离开原工作岗位而造成的失业理应由个人负责，企业和国家没有义务给他们以失业保险的待遇。这样规定的目的是为了防止在失业保险上的逆向选择行为，避免因失业保险的存在而使劳动者感到可以随意擅自离职或利用失业保险待遇达到不劳而获的不正当目的。因此，绝大多数国家都将"自愿性失业"排除出失业保险的范畴。

非自愿失业是指失业的发生责任不在失业者本人，而在于与失业者本人无关的一些因素的失业，故国家和社会"理应"为其提供失业保险待遇。非自愿失业主要包括摩擦性失业、结构性失业、技术性失业、季节性失业和周期性失业五种类型。由于这些失业是劳动者主观上不愿意遇到，但客观上却经常存在的社会现象，故其收入中断的损失应由国家和社会给予必要的补偿，即提供失业保险待遇。

此外，还有一种失业，其虽属非自愿失业，但失业系失业者个人造成，责任全在本人，对这类失业者也应与对待自愿失业一样，不提供失业保险待遇。例如，由于失业者个人品行不端、严重过失而被工作单位或雇主除名、革职和开除，在介入劳动争端时采取主动停产、罢工行为而造成本人失业者。这样规定，可以避免劳动者因不满现职而故意寻衅，避免劳动者因个人品行不端而给工作单位或雇主带来不利影响。

4. 主观条件

失业保险的享受对象除应具备上述条件外，还必须具备劳动能力，并在主观上具备就业意愿。因此，非自愿失业者必须到就业机构或失业保险机构进行失业登记，并表示愿意服从就业机构提供的职业选择和工作场所选择；失业者本人不但有继续就业的意愿，还必须有再就业的劳动能力和本领。首先，失业者必须在指定期限内到职业介绍所或社会保险主管机构进行登记，要求重新就业，或有明确表示重新工作要求的行为。同时，在失业期间还必须保持与失业保险机构的联系，以便让有关机构及时了解其就业意愿的变化并向失业者传递就业信息。其次，失业人员必须接受职业训练和合理的再就业安置，不接受职业训练（包括转业训练）和合理的再就业安置者，说明其并无重新就业要求，则失去享受失业保险待遇的资格。所谓"合理的"再就业安置，并无法定的判定标准，各国均有自己的解释，如：原职业与新职业特点、能力等的相关性，二者收入水准的差异大小等。

按照我国的有关规定，凡是符合法定失业人员资格条件并要求重新就业者，均应在一定期限内到户口所在地的劳动服务公司进行登记，经审查后发给相应的证件，才能领取失业保险待遇。

（四）失业保险基金

1. 失业保险基金的来源

失业保险制度能否发挥其应有的功能，即帮助失业者在失业状态中维持基本生活、维持劳动力市场的稳定，关键在于失业保险基金的来源渠道、分担方式、给付项目、给付标准、给付期限等规定是否合理、可行，是否能够有效地防止失业者的逆向选择。

失业保险基金是在国家法律保证下，以集中起来的失业保险费建立起来的、对因非自愿失业而造成的劳动风险损失给予补偿的资金。参加失业保险的有关各方都必须按照法律和政策规定，及时、足额地缴纳失业保险费，以保证失业保险基金有足够的、可靠的、稳定的来源。

失业保险基金来源主要有三个渠道：企业或雇主、个人和政府。

对企业和雇主来说，他们要能够正常地使用雇员，本来就应该使工资等于维持劳动者本人及其家属生活所需的费用即劳动力价值或价格，这种生活费用中自然应当包括劳动者生、老、病、死以及失业时保障基本生活所需的费用。因此，企业和雇主负担的那一部分社会保险（包括失业保险）费用其实是劳动力价值的一部分，是为了保证劳动力再生产所必需负担的费用，有了这种保险，雇主才能源源不断地得到劳动力的正常供给。

劳动者本人是失业保险的直接受益人，因此其在职期间亦应定期缴纳失业保险费。

对政府来说，负担部分失业保险费用，或在失业保险基金入不敷出时给予补贴，可以保证失业保险政策的实施，有助于维持社会安定和经济的正常发展。

2. 失业保险基金的分担方式

失业保险基金的征集由于来源或来源的组合不同而形成不同的分担方式。世界各国由于社会保险制度的指导思想和税收制度的不同，在失业保险基金的分担方式上有很大的区别，主要有以下几种情况。

（1）全部由企业（或雇主）和被保险人双方负担。双方分担的比例根据本国的具体政策而定。希腊、法国、日本等国实行这种分担方式。

（2）由企业（或雇主）和被保险人双方负担，政府进行适当的"资助"。实行这种办法的有德国、瑞典、荷兰、丹麦等国家，至于双方分担和资助的比例，也是根据本国的具体政策而定。

（3）全部由企业（或雇主）承担。如美国的大多数州均采取征收失业保险税的办法，全部由企业（或雇主）承担。

（4）全部由政府一方负担。实行这种制度的国家有匈牙利、智利、澳大利亚、新西兰等少数几个国家。

各方负担失业保险费用的具体办法一般为：政府弥补资金收缴额与支出额之间的差额，或负担一部分失业保险金的开支；雇主或企业按其工资总额、劳动者按其收入的一定百分比缴纳失业保险费。许多国家对劳动者缴纳失业保险费的收入有最高限额的规定，超出这一限额的那部分收入不构成缴纳失业保险费的基数。有些国家的这一最高限额还随物价等因素的变动而进行调整。

3. 失业保险基金的筹集

失业保险基金具有补偿失业者的收入损失、维持失业者及其家属的基本生活的作用，还有"熨平"经济周期的功能。但是，与其他社会保险基金不同的是，不必要过多地征集失业保险基金，以避免丰裕的失业保险基金带来过高标准的失业保障待遇。失业保障标准过高往往带来不利的社会和经济后果，即造成劳动者对失业保险的依赖心理，不愿接受工资偏低或"不体面"的工作。同时，失业风险本身的特点也决定了失业保险基金不宜过大。疾病风险涉及众多对象，老年风险更是涉及每一个劳动者，相对而言，失业风险只涉及少数劳动者，因此失业保险基金规模相对较小。

（1）失业保险基金的征收标准

确定失业保险基金的征收标准是筹集失业保险基金的第一步。需要考虑的因素主要有以下几个方面。

① 根据就业状况以及失业水平，对未来失业保险给付所需费用作出尽可能精确的预测，筹集的失业保险基金必须达到保障失业人员失业期间基本生活的特定目标；②考虑国家的失业保险政策，即国家给失业人员提供何种程度的失业保障，这包括保险范围、待遇水平、领取期限、提高失业人员劳动素质、促进失业人员再就业等多方面因素；③考虑企业（或雇主）和劳动者对保险费的经济承受能力，形成合理负担；④考虑政府对失业保险的补助能力，若财政补助能力较强，则征收标准可以低些。

上述几项因素中，第一、二项属于"需求"方面的考虑，第三、四项属于"可能"方面的考虑，"需求"和"可能"相结合，决定了失业保险基金筹集标准的高低。

（2）失业保险基金的筹集方法

① 征收失业保险税的方法。如美国的失业保险税实行经验费率的计算办法，即根据某一行业失业率的高低，以一定期间内失业保险给付总额除以薪资总额所得结果即为经验费率，失业人数多者保险税率高，失业人数少者保险税率低。采取经验费率的目的在于促使企业（或雇主）尽量少解雇工人，这样更有利于促进就业和社会安定。美国失业保险税率全国平均为 2.7%，各州税率由各州自行确定，失业保险税由企业（或雇主）缴纳。

② 采取比例保险费率制征收，即规定以被保险人（劳动者）收入的一定百分比或企业（雇主）工资总额的一定百分比作为费率计征基数，计征应缴的失业保险费。由于被保险人工资收入差距和企业工资总额差异的存在，就有必要设立收费最低起算标准和最高计征标准。也有一些国家不论企业（或雇主）工资总额多少，一律按统一固定的失业保险费率计征。

③ 按固定金额征收。即不论被保险人收入高低，为便于计算，一律按某一固定金额征缴失业保险费。

（五）失业保险的待遇给付

1. 失业保险待遇的给付项目

世界各国失业保险待遇给付项目的规定比较一致，主要包括：①失业保险金，即按期发给失业者的基本生活保障费用；②供养家属补助；③附加补助金，例如向失业者提供培训费用以创造重新就业的条件。

失业保险待遇的给付项目及确定

失业保险金是失业保险待遇中最主要的项目，是失业人员在失业期间维持基本生活费用的主要来源。

失业者失业期间除了维持本人基本生活条件外，其社会义务并没有因为失业而免除，失业者仍然需要赡养老人，抚养未成年子女。供养家属补助就是为了保证失业者所赡养的家庭成员的基本生活而给予的补助费用。奥地利、希腊、爱尔兰、意大利、瑞士、美国等国对失业者供养家属补助有明确规定。实际上，其他国家尽管没有规定"供养家属补助"项目，但在确定失业保险待遇项目标准时，也大都考虑了失业者供养家属所需最低生活费用的因素。

失业保险补偿家庭负担仅仅是失业者社会权益的一个方面，此外，享受失业保险待遇的失业人员还有权享受医疗补助，以对失业期间患病及发生意外事故给予补偿。澳大利亚即对失业者实行医疗证制度，对失业者医疗费开支给予一定补助。

2. 失业保险待遇给付的确定

失业保险待遇给付的高低取决于保障失业者及其家庭基本生活的需要，促进失业者重新就业，体现权利与义务基本对等这三种主要因素。因此，在确定失业保险待遇时，应注意以下几个方面的问题。

（1）失业保险待遇应能保证基本生活需要。失业保险金的给付数额应能确保失业者及供养直系亲属（按平均赡养系数计算）的基本生活需要，使其能够维持正常生存。这样才能起到保护劳动力的作用，使之维持再就业的基本身体条件。

（2）失业保险待遇必须低于失业者在职时的收入。享受失业保险的失业者虽然是由于各种客观原因所造成的非自愿性失业，但是，由于失业，不能参加劳动，不能为社会创造财富，其享受的失业保险待遇属于救济性质，因此，待遇给付必须低于在职劳动时的收入，以体现不劳动和劳动的差别。此外，从有利于促进失业者尽快重新就业和避免出现失业保险中的逆向选择行为的目的出发，失业保险待遇的水平除了必须低于在职时收入（包括个人收入和平均收入）水平外，还必须只在一定期限内给予维持，超出一定期限者，则进一步降低到按社会救济的水平给付待遇。这样可使失业者的生活水平低于在职者的生活水平，既体现了按劳分配的要求，又可促使失业职工抛弃消极依赖的思想，积极寻找新的工作。如果失业保险待遇标准定得过高，就会使一部分失业者消极地依赖失业保险，而不会积极地创造条件、主动寻找机会就业，从而产生公平与效率的尖锐矛盾，不利于调动劳动者的积极性。

（3）失业保险待遇给付要与工龄、原工资挂钩。失业保险基金一般是由企业（或雇主）按在职劳动者工资额的一定比例向社会保险机构缴纳，或者直接由被保险人缴纳。这也就是说，失业保险基金是在职劳动者创造的价值的一部分。劳动者的工龄长、工资高，向社会缴纳的失业保险基金也就多，领取的失业保险待遇相应地应高一些，领取时间也应长一些；反之，工龄短、工资低，缴纳的失业保险基金就少，因而失业保险待遇应低一些，领取时间也应短一些。因此，从体现社会保险权利与义务基本对等的原则出发，失业保险待遇应与被保险人的工龄、缴费年限和原工资收入相联系，在确定待遇水平时，应该使工龄长、缴费年限长、原工资收入较高的人获得相对较高水平的待遇给付（一般是提高计算的百分比或是延长给付时限）。

3. 失业保险待遇的给付期限

失业保险给付项目确定之后，进一步要确定给付期限，即失业者何时开始享受失业保险待遇，以及领取期限应该延续多久。

失业保险待遇
的给付期限

（1）失业保险待遇给付的等待期限

从开始失业到开始享受失业保险待遇，应当有一个等待期，少则几天，多则几十天，这一规定有四方面的作用：一是给失业保险机构一定的时间，以对"失业者"进行待遇资格调查和甄别，保证申请失业保险待遇的人确实具有相应的资格；二是可以取消失业期限很短时的待遇给付，减少给付人数和人次，这也就减少了失业保险金的支出，避免社会保险机构陷入大量小额保险金给付事件；三是可以取消失业期限较长时起始期的保险待遇给付，也就是说，不论最终失业时间有多长，失业者有能力承担失业最初几天的后果；四是促进失业者更积极地寻找工作机会，重新就业。

在实行失业保险制度的国家中，有美国和日本等近20个国家对领取失业保险待遇规定了等待期限，各国规定的等待期限长短不同，最长60天，最短2～3天（如英国），一般为7天（如美国、日本等）。在建立失业保险制度的发展中国家中，一般都较慎重地把等待期限定得较长。而在大多数发达国家，等待期有逐步缩短的趋势。

（2）失业保险待遇给付的最长期限

由于失业保险的目标是在保障劳动者基本生活、维护社会稳定的基础上促使劳动力资源实现合理配置，推动社会经济的均衡正常发展，因此它不能像其他项目那样可以让被保险人无限期地享受，而必须规定一个适当的待遇给付期限，超过此限，即使仍然符合失业的条件，也不能继续给付保险待遇。目前，世界上实行失业保险制度的国家中，除个别国家一次性支付失业保险待遇外，都有这种规定的限制。确定失业保险待遇给付期限的方法通常有以下几种。

第一，按照失业者的年龄确定享受失业保险待遇的时间。年龄大的失业者，其再就业的机会较少，失业保险待遇领取期限可适当长些。

第二，根据失业者的工龄长短确定享受待遇的时间。一般说来，工龄长者，表示该劳动者对社会所做贡献相对大些，并且工龄长、年龄相对较大，家庭负担也相对较重，享受失业保险待遇水平应相对高些。

第三，根据失业者投保时间长短来确定享受失业保险待遇的时间。投保时间长，则享受保险待遇时间长。德国规定，在失业前3年内缴纳了6个月以上保险费的失业者，失业后才有权取得失业保险待遇；若在失业前3年内缴纳了24个月的失业保险费，失业补助最长可给付一年。

第四，根据失业者的年龄与投保时间两个因素确定享受失业保险待遇的时间。改革后的日本，雇佣保险制度把支付失业保险待遇天数从按年龄而定改为按年龄和缴纳失业保险费的时间而定。

（3）失业保险待遇期限的计算方法

第一，连续计算法，即享受失业保险待遇最长期限连续计算，中间不间断。

世界上实行失业保险制度的国家中有一半国家是按照这种办法计算的，但各国的期限相差很大，如比利时和西班牙为2年，法国为45个月，而芬兰为56个月。

第二，累计计算法，即享受待遇最长期限在一定时间内累计计算，超过一定时间即使又处于失业状态，也不能再享受失业保险待遇。目前，有10多个国家按照这种办法计算享受待遇的时间。如瑞典、日本等国是在一年内累计计算，失业者可享受300天失业保险待遇；卢森堡则是在2年内累计计算；在巴西，上述时间是在1年半内累计计算。

4. 失业保险待遇给付标准与计算方法

给付标准是失业保险制度成功的关键。既要使受益人的收入损失得到部分补偿，又应避免造成对就业的妨碍。各国失业保险的待遇标准因各国具体情况而有所差异，有的国家按近期平均周工资的一定比例计发；有的国家按固定额计发，支付等额津贴；有的国家同时采取上述两种方式计发。

目前世界各国失业保险金给付标准和计算方法，主要有以下几种情况。

（1）大多数国家的失业保险金都是按失业者失业之前一定时期平均工资的一定百分比计发。其中"失业前的一定时期"可以是一个月、半年或一年不等；平均工资可以日、周或月为单位，根据标准工资（或日基本工资）、实际工资或净工资（即扣除各种税收和社会保险费后的纯工资）收入求得。计算的百分比有累进和累退两种，依工龄、工资水平或缴纳保险费年限而定，最高百分比可达失业前收入的80%～90%，一般是40%～75%。

（2）一些国家的失业保险金按"均一制"方式确定，即对失业者一律支付等额的保险金，与失业前工资收入无直接关系。其中有些国家在等额保险金的基础上，还视失业者对家庭的经济责任、供养人口多少和年龄的高低而有所区别。

（3）失业保险金的标准和计算采取工资比例制和均一制的混合方式，即失业保险金的给付额由以上两种办法计算的结果组成。例如，法国1984年颁行的基本失业补贴规定，最近12个月内曾工作过3～6个月的失业者发给原工资的30%，另加每天30法郎；曾工作过6个月以上的失业者发给原工资的42%，另加每天40法郎。

（4）在失业时一次性支付一定数额的失业保险救济金或解雇费。

在上述标准和计算办法的基础上，一些国家还规定失业保险金随物价或生活费指数的变化自动或定期进行调整，以确保失业者的实际收入水平不会因客观情况的变化而大幅下降。

第三节 中国失业保险制度

一、学习目标

本节要求学生了解中国失业保险制度的产生与发展、中国失业保险制度的基本内容。

二、学习任务

任务 1：认知失业保险覆盖的范围与对象。

任务 2：掌握失业保险基金筹集、领取失业保险资格条件及待遇给付标准。

三、学习内容

（一）中国失业保险制度的产生与发展

我国失业保险工作可以追溯到新中国成立初期。为了解决失业人口生存问题，政务院于 1950 年下发了《关于救济失业工人的指示》，成立了失业工人救济委员会，并于同年由劳动部发布了《救济失业工人暂行办法》，建立了失业救济基金，规定了失业工人的登记办法，并向失业人口发放失业救济金等，但当时的失业保险工作实质上只是一种临时救急的过渡性措施。在计划经济年代，我国在城镇实行统一分配的劳动就业政策，基本上消除了失业现象。

改革开放后，企业"长生不死"的格局逐渐被市场竞争条件下的优胜劣汰所取代，同时，统包统配的劳动用工制度开始被打破，为配合劳动用工制度改革，国务院于 1986 年出台了《国营企业职工待业保险暂行规定》，由此，我国拥有了第一部专门针对失业保险方面的行政法规，它不仅标志着劳动合同制的诞生，结束了一次就业分配定终身的劳动就业历史，而且催生了失业保险制度。虽然当时没有明确失业与失业保险的概念，但事实上已经承认了失业现象的存在，并在制度层面上确立了失业救助政策。

1999 年国务院颁布《失业保险条例》，它以完整的行政法规的形式，宣告了中国失业保险制度的正式确立：第一，为失业保险正名。首次在法规中以"失业保险"取代"待业保险"。第二，扩大了失业保险的参保范围。失业保险的覆盖范围不再仅仅局限于国有企业职工，而是扩大到了所有类型企业及事业单位职工。第三，确立了劳资双方分担缴费义务的规则。新条例规定劳资双方共同缴纳失业保险费，职工承担缴费义务是一个重要变化，它体现了一个劳动者参与失业保险的权利和义务相结合的原则。第四，明确失业保险实行市级统筹，并建立调剂金。市级统筹和省级调剂金的建立，有利于更大范围内分散劳动者的失业风险，使失业保险资金在更大范围内发挥失业保险的作用。第五，确定了失业保险金的给付标准并为失业者提供医疗补助金。第六，失业保险基金监管更加完善。明确失业保险工作在行政上由劳动保障部门主管，财政、审计部门依法对失业保险基金的收支、管理情况进行监督。1999年国务院又颁布《社会保险费征缴暂行条例》，规定了失业保险费的征缴范围。

2010年第十一届全国人民代表大会通过《中华人民共和国社会保险法》，自2011年7月1日起施行，这是目前我国通过的第一部关于社会保障的律法。《中华人民共和国社会保险法》对失业保险的覆盖范围、资金来源、享受待遇条件、失业保险金标准、领取期限和申领程序、失业人员医疗保险和遗属待遇、失业保险关系转移接续等作了规定。

（二）中国失业保险制度的基本内容

1. 失业保险的覆盖范围

按照1999年《失业保险条例》的规定，城镇企业事业单位及其职工都要参加失业保险，缴纳失业保险费，享受失业保险待遇。也就是说，国有企业、城镇集体企业、外商投资企业、城镇私营企业以及其他城镇企业和各类事业单位都在参加失业保险的范围之内。同时，省（自治区、直辖市）人民政府可以根据当地实际情况，决定本省（自治区、直辖市）范围内的社会团体及其专职人员、民办非企业单位及其职工、有雇工的城镇个体工商户及其雇工是否要参加失业保险。

2. 失业保险的对象

按照《失业保险条例》的规定，只要是城镇企事业单位的职工，并符合下列条件的，都可以享受失业保险待遇。

（1）按照规定参加失业保险，所在单位和本人已按照规定履行缴费义务满1年的。

（2）非因本人意愿中断就业的。按照《失业保险金申领发放办法》的规定，非因本人意愿中断就业指的是下列情况：①终止劳动合同的；②被用人单位解除劳动合同的；③被用人单位开除、除名和辞退的；④根据《中华人民共和国劳动法》第三十二条第二、三项与用人单位解除劳动合同的；⑤法律、行政法规另有规定的。

（3）已办理失业登记，并有求职要求的。

必须同时满足上述条件，才可以领取失业保险金。这实际上对失业保险对象作出了严格的限制，其目的主要是为了防止被保险人的逆向选择行为。同时还规定，有下列情形之一的，停发失业保险金及其他费用：重新就业的；应征服兵役的；移居境外的；享受基本养老保险待遇的；被判刑收监执行或者被劳动教养的；无正当理由，拒不接受当地人民政府指定的部门或者机构介绍的工作的；有法律、行政法规规定的其他情形的。

3. 失业保险基金的筹集

我国《失业保险条例》规定，失业保险基金由下列各项构成：①城镇企业事业单位、城镇企业事业单位职工缴纳的失业保险费；②失业保险基金的利息；③财政补贴；④依法纳入失业保险基金的其他资金。条例规定：用人单位按照本单位工资总额的2%、职工按本人工资的 1% 缴纳失业保险费。2015 年 3 月 1 日起，人力资源和社会保障部将上述 3% 的总费率下调了 1 个百分点，总费率由 3% 降至 2%，单位和个人缴费的具体比例由各省（自治区、直辖市）人民政府确定。并规定在省（自治区、直辖市）行政区域内，单位及职工的费率应当统一。目前，我国各地的失业保险费率在 2% 的整体水平下，结构有所不同。

4. 领取失业保险金的资格条件

（1）缴费义务满 1 年。按照规定参加失业保险，所在单位和本人已按照规定履行缴费义务满 1 年。

（2）非因本人意愿中断就业，即失业人员不愿意中断就业，但因本人无法控制的原因而被迫中断就业。《失业保险金申领发放办法》对哪些情形属于非因本人意愿中断就业作了规定。主要包括：终止劳动合同，职工被用人单位解除劳动合同，职工被用人单位开除、除名和辞退，用人单位违法或违反劳动合同导致职工辞职。由上述情形造成职工失业的，职工有权申领失业保险金。

（3）已办理失业登记并有求职要求。首先，办理失业。办理失业登记是为了掌握失业人员的基本情况。其次，确认其资格。最后有求职要求。失业保险的一个重要功能是促进失业人员再就业，这是享受失业保险待遇的一个前提，也是失业人员应尽的义务。

5. 失业保险金给付待遇及标准

失业保险待遇是由失业保险金、基本医疗保险待遇、丧葬补助金和抚恤金、职业培训和职业介绍补贴等部分构成。

（1）失业保险金

按月领取的失业保险金是指失业保险经办机构按照规定支付给符合条件的失业人员的基本生活费用。失业保险金的标准由省（自治区、直辖市）人民政府确定，不得低于城市居民最低生活保障标准。各地失业保险金的标准，往往根据失业人员累计缴费年限和年龄确定，缴费年限较长、年龄较大者，一般给付标准相对较高。确定失业保险金发放标准时应考虑以下因素：①我国的社会经济发展水平和现阶段社会承受能力；②失业保险金的给付数额能够保障失业人员基本生活；③有利于促进失业人员重新就业；④失业保险金发放标准的确定应当体现社会保险权利与义务对等的原则，与失业人员的工龄、缴费年限、工资相联系；⑤正确处理失业保险金与最低工资保障制度、最低生活保障线之间的关系。

（2）基本医疗保险待遇

失业人员在领取失业保险金期间，参加职工基本医疗保险，享受基本医疗保险待遇。失业人员应当缴纳的基本医疗保险费从失业保险基金中支付，个人不缴纳基本医疗保险费。

（3）丧葬补助金和抚恤金

失业人员在领取失业保险金期间死亡的，参照当地对在职职工死亡的规定，向其遗属发给一次性丧葬补助金和抚恤金。所需资金从失业保险基金中支付。个人死亡同时符合领取基本养老保险丧葬补助金、工伤保险丧葬补助金和失业保险丧葬补助金条件的，其遗属只能选择领取其中的一项。

（4）生育补助金

女性失业人员在领取失业保险金期间生育，符合国家计划生育规定的，可以申领 3 个月的生育补助金，标准与其领取的失业保险金计发标准相同。

（5）基本生活保障补助

国有企业下岗职工基本生活保障补助，指从失业保险基金中调剂用于进入企业再就业服务中心的国有企业下岗职工基本生活保障的支出。

（6）职业培训和职业介绍补贴

为失业人员在领取失业保险金期间开展职业培训、介绍的机构或接受职业培训、介绍的本人给予补偿，帮助其再就业。

（7）其他费用

包括农民合同制工人一次性生活补助金及国家规定的其他费用。农民合同制工人生活补助金、一次性支付给合同期满不再续订或者提前解除劳动合同的农民合同制工人的生活补助费。

6.失业保险金给付期限

（1）给付等待期

我国失业保险政策没有给付等待期。按照规定，用人单位应当及时为失业人员出具终止或解除劳动关系的证明，并将失业人员的名单自终止或者解除劳动关系之日起 15 日内告知社会保险经办机构。失业人员应当持本单位为其出具的终止或者解除劳动关系的证明，及时到指定的公共就业服务机构办理失业登记。失业人员凭失业登记证明和个人身份证明，到社会保险经办机构办理领取失业保险金的手续。失业保险金领取期限自办理失业登记之日起计算。

（2）给付期限

我国政策规定，失业人员失业前所在单位或本人按照规定累计缴费时间满 1 年且不足 5 年者，领取失业保险金的期限最长为 12 个月；累计缴费时间满 5 年且不足 10 年者，领取失业保险金的期限最长为 18 个月；累计缴费时间 10 年以上者，领取失业保险金的期限最长为 24 个月。职工重新就业后再次失业的，缴费时间重新计算。再次失业，领取失业保险金的期限可以与前次失业应领取而尚未领取失业保险金的期限合并计算，但是领取失业保险金的最长期限不得超过 24 个月。

第四节　中国失业保险实务操作

一、学习目标

通过学习本节，要求学生了解杭州市失业保险相关的政策规定及实务操作，能够掌握中国失业保险一般性的实务操作，为从事相关工作储备理论知识及工作技能。

中国失业保险
一般实务操作

二、学习任务

任务1：了解杭州市失业保险相关的政策规定及实务操作。本次任务中，学生应了解杭州市失业保险在保障对象、失业登记、失业保险待遇及各项补助等方面是如何规定的。

任务2：掌握杭州市失业保险制度中个人进行失业登记、申请失业保险各项待遇的实务操作。本次任务中，学生可以掌握杭州市关于人事托管人员的各项失业保险实务操作。

三、学习内容

（一）杭州市失业保险制度的主要政策规定

1. 参保范围

杭州市区内的所有企业、事业单位、社会团体、民办非企业单位、有雇工的城镇个体工商户及与其形成劳动关系的职工、雇工，国家机关及与其形成劳动关系的合同制职工。

2. 缴费基数和比例

对于不同性质的用人单位，其缴费基数和缴费比例是不同的（见表5-1）。

表5-1　缴费基数和缴费比例

用人单位性质	缴费基数		缴费比例	
企业、事业单位、民办非企业、城镇个体工商户	用人单位	全部职工工资总额	2%	
	职工	本人工资	城镇户籍	1%
			农村户籍	不缴费

用人单位性质	缴费基数		缴费比例	
国家机关	用人单位	劳动合同制职工工资总额	2%	
	职工	本人工资	城镇户籍	1%
			农村户籍	不缴费

3. 失业登记

（1）登记对象

① 年满 16 周岁，未继续升学的各类学校毕（肄）业生；

② 因各种原因与用人单位解除或终止劳动关系（聘用关系）的；

③ 由农业户口转为非农业户口的；

④ 军人退出现役、且未纳入国家统一安置的；

⑤ 刑满释放、解除劳动教养的（以下称归正人员）；

⑥ 假释、缓刑、监外执行的；

⑦ 个体工商户业主或私营企业业主停止经营的；

⑧ 法律、法规规定的其他人员。

此外，已享受按月领取基本养老保险金（退休金）的人员，不进行失业登记。

（2）登记期限

失业人员应当在终止或解除劳动合同之日起 60 日内，办理失业登记。未及时办理失业登记的失业人员，按下列规定处理：

① 无正当理由的，视同已重新就业。

② 失业人员与用人单位因终止或者解除劳动关系、参加社会保险等产生劳动争议，在申请劳动争议仲裁或者提起诉讼期间，暂缓办理失业登记或者领取失业保险金。待劳动仲裁裁决或者法院审理终结后 60 日内，按规定办理失业登记或者申请领取失业保险金。对超出期限登记的人员，视同已重新就业。

③ 因被判刑收监执行或者被劳动教养，而被用人单位解除劳动合同的失业人员，可以在其刑满、假释、劳动教养期满或者解除劳动教养之日起 60 日内，申请领取失业保险金。因被判刑收监执行或者被劳动教养而停止领取失业保险金的，可以在其刑满、假释、劳动教养期满或者解除劳动教养之日起 60 日内申请恢复领取失业保险金。对超出期限登记的人员，视同已重新就业。

④ 一次失业登记的有效期限为 6 个月，在有效期满后仍然符合失业登记条件的失业人员，应当重新办理失业登记。

（3）登记失业人员的权利与义务

登记失业人员可以享受以下权利：

① 接受公共职业介绍机构提供的免费职业介绍、职业指导服务；

② 接受适应市场需求的职业培训，并按规定减免培训费用；

③ 按规定享受国家和地方政府制定的针对失业人员的相关就业扶持政策；

④ 符合失业保险金申领条件的，按规定申领失业保险金和其他的失业保险待遇；

⑤ 免费享受就业服务机构提供的档案保管服务；

⑥ 享受失业登记服务。

登记失业人员需履行的义务：

① 应当每月主动与失业登记机构联系，如实向失业登记机构反映积极求职情况；

② 积极应聘公共就业服务机构推荐的就业岗位，并接受职业指导；

③ 积极参加劳动保障部门组织的免费职业培训和各类就业促进项目；

④ 接受和配合劳动保障工作人员关于求职活动、求职意愿、参加培训等情况的调查；

⑤ 通过各种途径实现再就业后，应在 15 日内告知社区劳动保障服务室。

（4）注销失业登记

出现下列情形之一的，由失业登记机构注销失业登记。

① 被用人单位录用的；

② 从事个体经营或创办企业，并领取工商营业执照或其他从业证照的；

③ 用人单位已为其缴纳社会保险费的；

④ 失业登记期满，未重新办理失业登记的；

⑤ 享受基本养老保险待遇的；

⑥ 经有关部门鉴定为完全丧失劳动能力的；

⑦ 入学、应征服兵役的；

⑧ 移居境外的、户口迁出本市的；

⑨ 被判刑收监执行或被劳动教养的；

⑩ 到达法定退休年龄的；

⑪ 死亡和依法宣告失踪的；

⑫ 连续 3 个月未与失业登记机构联系的；

⑬ 从事一定的经济活动，并取得合法劳动报酬或经营收入，且月收入不低于当地企业最低工资标准的；

⑭ 其他已不再处于失业状态的人员。

被注销失业登记的，其持有的失业证件同时作废。

4.失业保险待遇

失业保险待遇包括失业保险金及各项补助。对于不同的人员，失业保险待遇是有区别的，所以首先要对享受失业保险待遇的人员进行分类。

（1）享有失业保险待遇人员分类

以对杭州市享有失业保险待遇的人员进行分类为例，如图 5-1 所示，从总体上来看，

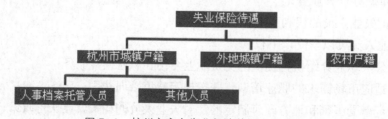

图 5-1　杭州市享有失业保险待遇人员分类

人员可分为：杭州市城镇户籍、外地城镇户籍、农村户籍。其中，杭州市城镇户籍分为人事档案托管人员、其他人员。人事档案托管人员是指人事档案在公益性职业介绍机构、人才交流服务机构托管的杭州市区（不包括萧山区、余杭区）城镇户口失业人员。

（2）失业保险金及其申领条件

失业保险金标准根据统筹地区企业最低工资标准的80%确定，失业保险金的申领条件包括：

① 用人单位和本人已按照规定履行缴费义务满一年的；

② 非因本人意愿中断就业的；

③ 已依法定程序办理失业登记的；

④ 有求职要求，愿意接受职业培训、职业介绍的。

其中，劳动者非本人意愿中断就业包括以下情形：

① 终止劳动合同的；

② 被用人单位解除劳动合同的；

③ 因用人单位不按规定提供劳动条件，提出解除劳动合同的；

④ 因用人单位以暴力、胁迫或者限制人身自由等手段强迫劳动，提出解除劳动合同的；

⑤ 因用人单位克扣、拖欠工资，或者不按规定支付延长工作时间劳动报酬，提出解除劳动合同的；

⑥ 因用人单位低于当地最低工资标准或者集体合同约定的工资标准支付工资，提出解除劳动合同的；

⑦ 因用人单位扣押身份、资质、资历等证件，提出解除劳动合同的；

⑧ 因用人单位未依法缴纳社会保险费，提出解除劳动合同的；

⑨ 法律、法规另有规定的。

（3）各项补助及条件

补助项目	补助对象	补助标准		备注
医疗补助金	领取失业保险金期间的失业人员	个体参加职工基本医疗保险	每月失业金×10%	新参加或退出基本医疗保险的7日内告之
		个体未参加职工基本医疗保险	每月失业金×5%	
生育补助金	领取失业保险金期间或期满后的失业期间生育子女的失业人员	夫妻一方失业	3个月失业金	在孩子出生之日起3个月内提出申请
		夫妻双方失业	6个月失业金	
重病补助	未参加基本医疗保险，在领取失业保险金期间患病到统筹地区基本医疗保险定点医疗机构住院，负担医疗费确有困难的失业人员	按其住院医疗费总额的50%给予一次性医疗费补助，累计补助限额为8000元		出院之日起3个月内提出申请

续 表

补助项目	补助对象	补助标准	备注
丧葬补助金和抚恤金	领取失业保险金期间死亡的失业人员家属	参照当地在职职工丧葬补助抚恤标准	死亡之日起30日内提出申请
	领取失业保险金期满后到达退休年龄前，因病或非因工死亡，且缴费年限满15年的失业人员家属		

（二）杭州市人事托管人员失业保险实务操作

1. 失业登记

在终止或解除劳动合同之日起60日内办理失业登记。托管人员档案在省、市档案托管机构托管的，由市级失业保险经办机构（即市就业局）受理；托管人员档案在区级档案托管机构托管的，由区级失业保险经办机构（即区就业处）受理。

一次失业登记的有效期限为6个月，在有效期满后仍然符合失业登记条件的失业人员，应当重新办理失业登记。

2. 失业金申领

（1）申领条件

① 用人单位和本人已按照规定履行缴费义务满一年的；

② 非因本人意愿中断就业的；

③ 已依法定程序办理失业登记的；

④ 有求职要求，愿意接受职业培训、职业介绍的。

（2）享受标准

每月享受的失业保险金标准 = 杭州市区最低月工资标准 × 80%

（3）享受期限

根据本人及其失业前所在单位累计缴纳失业保险费的时间（以下称缴费时间）确定。

① 缴费时间不满一年的，不领取失业保险金；

② 缴费时间满一年的，领取2个月失业保险金；

③ 缴费时间一年以上的，一年以上的部分，每满8个月增发一个月失业保险金，余数超过4个月不满8个月的，按照8个月计算，但享受待遇期限最长不超过24个月。

（4）办理时限

档案托管机构自收到用人单位出具的终止或者解除劳动关系的文件（原件）之日起7日内将相关资料报送相应的失业保险经办机构；失业保险经办机构应在收到申请资料之日起7日内核定托管人员应享受的失业保险待遇期限。

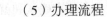

（5）办理流程

1）申请

托管人员失业后，符合领取失业保险金条件的，应及时向档案托管机构提出申请。档案托管机构自收到用人单位出具的终止或者解除劳动关系的文件（原件）之日起7日内将下列资料报送相应的失业保险经办机构：

①终止或解除劳动（人事）关系的文件（原件）；

②劳动合同（聘用合同）复印件；

③档案托管证明；

④档案托管机构行政介绍信；

⑤档案托管机构经办工作人员的身份证明；

⑥托管人员的户口簿复印件。

对涉及失业保险视作缴费年限的，除上述资料外，还需携带《失业保险视作缴费年限认定表》、人事档案。

2）受理

托管人员档案在省、市档案托管机构托管的，由市就业服务局受理；托管人员档案在区级档案托管机构托管的，由区就业管理服务处受理。

失业保险经办机构对提交的资料进行核查，资料齐全的，予以受理。

3）申领登记

托管人员应当自终止或解除劳动关系之日起60日内携带下列资料到失业保险经办机构办理失业保险金申领登记，同时填写《失业保险金申领登记表》：

①用人单位出具的终止或者解除劳动关系的文件（原件）；

②失业登记（失业保险缴费）证明书；

③本人身份证；

④1寸证件照片两张。

4）审核待遇

失业保险经办机构应在收到上述资料之日起7日内核定托管人员应享受的失业保险待遇期限。

涉及失业保险视作缴费年限的，由失业保险经办机构报同级劳动和社会保障局审核认定视作缴费年限。

托管人员在失业保险经办机构审核完毕后，及时到失业保险经办机构领取《杭州市失业保险金领取卡》。

5）申领

托管人员应自核准失业保险待遇的次月起每月10日、11日（节假日顺延）到其户口所在街道（乡镇）劳动保障管理站办理申领失业保险金手续。申领时，需携带档案托管机构出具的失业身份证明、《杭州市失业保险金领取卡》、本人私章。每月申领失业保险金时还需提供档案托管机构出具的当月失业身份证明。每月22日，失业保险经办机构委托经办银行发放失业保险金。

托管人员应遵守《浙江省失业保险条例》相关规定。超过60天不办理申领登记的，视同已重新就业；无正当理由、连续 2 个月不到失业保险经办机构接受失业状态确认和就业指导的，视同已重新就业，停止享受失业保险待遇，其未领完的失业保险金按规定给予保留。

3. 失业人员申领医疗补助金

（1）办理依据

①《浙江省失业保险条例》；

② 关于《浙江省失业保险条例》实施中若干具体操作问题的通知（浙劳社就〔2003〕243 号）；

③ 关于贯彻执行《浙江省失业保险条例》的意见（杭政函〔2004〕43 号）。

（2）申领对象

领取失业保险金期间的失业人员。

（3）工作时限

当月申请、次月享受。

（4）工作流程

失业人员在办理失业登记时，已经以自由职业者名义参加基本医疗保险的，应提供参保凭证，经办机构核实后，按照其每个月失业保险金的 10% 享受医疗补助金；未参加基本医疗保险的，按照其每个月失业保险金的 5% 享受医疗补助金。

①申请。在领取失业保险金期间，新参加或退出基本医疗保险的，应当在 7 日内告知失业保险经办机构。

②审核。失业保险经办机构根据市医保经办机构提供的参加及退出基本医疗保险名单，经核实后从次月起增发或减发其 5% 的医疗补助金。

③发放。医疗补助金随失业保险金发放。

4. 失业人员申领生育补助金

（1）办理依据

①《浙江省失业保险条例》；

② 关于《浙江省失业保险条例》实施中若干具体操作问题的通知（浙劳社就〔2003〕243 号）。

（2）申领对象

符合计划生育规定，在领取失业保险金期间或期满后的失业期间生育子女的，夫妻双方有一方失业的，失业的一方可以一次性领取相当于本人 3 个月失业保险金的生育补助；夫妻双方均失业的，可以同时领取相当于本人 3 个月失业保险金的生育补助。

（3）工作时限

经审核符合条件的，失业保险经办机构于批准的次月委托经办银行发放。失业人员应当在孩子出生之日起 3 个月内提出申请。

（4）工作流程

① 申请。失业人员应当在孩子出生之日起 3 个月内，持本人身份证、失业证及计划生育证明、子女出生证明等材料，到户口所在街道（乡镇）劳动保障管理站办理申领手续。

②审核。街道（乡镇）劳动保障管理站受理后，符合条件的，报区、市失业保险经办机构审核。

③发放。审核同意的，失业保险经办机构于批准的次月委托经办银行发放。

5. 失业人员申领重病补助

（1）办理依据

①《浙江省失业保险条例》；

②关于贯彻执行《浙江省失业保险条例》的意见（杭政函〔2004〕43号）。

（2）申领对象

未参加基本医疗保险，在领取失业保险金期间患病到统筹地区基本医疗保险定点医疗机构住院，负担医疗费确有困难的失业人员。

（3）工作时限

本人或其亲属自出院之日起3个月内向街道（乡镇）劳动保障管理站提出书面申请。经审核符合条件的，于批准的次月委托经办银行发放。

（4）工作流程

①申请。失业人员本人或其亲属自其出院之日起3个月内向户口所在街道（乡镇）劳动保障管理站提出书面申请。申请时，需提供失业人员本人的住院医疗费收据（原件）及收费清单、出院证明、身份证、失业证等资料。

②审核。街道（乡镇）劳动保障管理站受理后，符合条件的报区、市失业保险经办机构审核。

③发放。审核同意的，按其住院医疗费总额的50%给予一次性医疗费补助，累计补助限额为8000元。医疗费补助范围参照基本医疗保险有关规定执行。失业保险经办机构于批准的次月委托经办银行发放。

6. 失业人员家属申领丧葬补助金和抚恤金

（1）办理依据

①《浙江省失业保险条例》；

②关于贯彻执行《浙江省失业保险条例》的意见（杭政函〔2004〕43号）。

（2）申领对象

领取失业保险金期间死亡的失业人员家属。

（3）工作时限

失业人员家属应当在失业人员死亡之日起30日内向街道（乡镇）劳动保障管理站提出书面申请。经审核符合条件的，失业保险经办机构于批准的次月委托经办银行发放。

（4）工作流程

①申请。失业人员家属应当在失业人员死亡之日起30日内，持本人身份证、与失业人员的关系证明、失业人员的死亡证明及失业证等资料向街道（乡镇）劳动保障管理站提出申请。

②审核。街道（乡镇）劳动保障管理站受理后，符合条件的，报区、市失业保险经办机构审核。

③发放。审核同意的，参照当地在职职工丧葬补助抚恤标准予以一次性补助，其当月未领取的失业保险金由其家属领取。失业保险经办机构于批准的次月委托经办银行发放。

（三）失业保险征缴业务示例

➤ 例1

某单位有职工100人，其中城镇职工90人，农民工10人。2002年该单位城镇职工的月平均工资1200元，农民工的月平均工资600元。要求计算该单位2003年1月份失业保险费缴费总额（不包括职工个人缴费，只计算单位缴费）。

分析要点：

该单位2002年全部职工月平均工资

=[(1200 × 90)+(600 × 10)] ÷ 100

=[108000+6000] ÷ 100=114000 ÷ 100=1140（元）

单位应当为城镇职工缴纳的失业保险费

=1200 × 90 × 2%=2160（元）

单位应当为农民工缴纳的失业保险费

=1140 × 10 × 2%=228（元）

单位2003年1月份需要缴纳的失业保险费总额

=2160+228=2388（元）

➤ 例2

某单位有12名员工，其中甲2001年月平均工资7000元，乙2001年月平均工资400元，丙（农民工）和丁（农民工）2001年月平均工资分别为500元和550元，另外8名员工2001年的月平均工资分别是：A为800元、B为850元、C为700元、D为680元、E为900元、F为780元、G为690元、H为860元。已知杭州市2001年的月平均工资为1508元，月最低工资标准为435元，要求计算该单位2002年1月应当缴纳的失业保险费金额和职工个人应当缴纳的失业保险费金额。

分析要点：

（1）计算单位应当为城镇缴费职工缴纳的失业保险费金额。

该单位2001年城镇缴费职工月平均工资总额

=（7000+400+800+850+700+680+900+780+690+860）÷ 10=13660（元）

单位应当为城镇缴费职工缴纳的失业保险费金额 =13660 × 2%=273.2（元）

（2）计算单位应当为农民工缴纳的失业保险费金额。

该单位2001年全部职工月平均工资

=（7000+400+800+850+700+680+900+780+690+860+500+550）÷12

=14710÷12=1225.83（元）

单位应当为农民工缴纳的失业保险费金额

=1225.83×2×2%=49.03（元）

（3）计算单位2002年1月应当缴纳的失业保险费金额。

该单位2002年1月应当缴纳的失业保险费金额 = 273.2+ 49.03=322.23（元）

（4）计算每位员工应当缴纳的失业保险费。

甲：由于甲的2001年月平均工资超出杭州市2001年职工月平均工资的300%，因此，甲的缴费工资基数为杭州市2001年职工月平均工资的300%，即4524元。2002年1月份甲应当缴纳的失业保险费=4524×1% =45.24（元）

乙：由于乙2001年月平均工资低于杭州市2001年职工最低月工资标准，因此，应当按杭州市2001年职工最低月工资标准即435元缴纳失业保险费。2002年1月乙应当缴纳的失业保险费 =435×1%=4.35（元）

丙：为农民工，个人不缴纳失业保险费

丁：为农民工，个人不缴纳失业保险费

A：2002年1月应当缴纳的失业保险费=800×1% =8（元）

B：2002年1月应当缴纳的失业保险费=850×1%=8.5（元）

C：2002年1月应当缴纳的失业保险费=700×1% =7（元）

D：2002年1月应当缴纳的失业保险费=680×1% =6.8（元）

E：2002年1月应当缴纳的失业保险费=900×1% =9（元）

F：2002年1月应当缴纳的失业保险 =780×1%=7.8（元）

G：2002年1月应当缴纳的失业保险 =690×1%=6.9（元）

H：2002年1月应当缴纳的失业保险 =860×1%=8.6（元）

（四）失业保险待遇给付业务示例

➤ **例1**

某职工缴纳25年的失业保险费后失业，能够领取多少个月的失业保险金？

分析要点：

满5年领取13个月的保险金。5年以上每满1年增发1个月的保险金，按照此比例计算，该职工可以领取33个月的保险金。但按照规定，领取失业保险金的期限最长不得超过24个月，因此该职工只能领取24个月的保险金。

➤ **例2**

某失业人员缴纳6年失业保险费后失业，在领取失业保险金期间，因重病住院，共花费医疗费用6000元。由于该失业人员的生活极其困难，当地的劳动和社会保障部门决定对其进行一次性医疗补助。已知该地区当年的月最低工资标准为400元，要求计算该失业人员最多能够得到多少医疗补助。

分析要点：

第一，计算该失业人员能够领取的失业保险金总额。根据失业保险金发放期限规定，缴费满6年可以领取14个月的失业保险金；根据失业保险金发放标准规定，缴费年限6年的失业保险金按最低工资标准的75%发放。这样，该失业人员能够领取的失业保险金总额为14×400×75%=4200（元）。

第二，计算该失业人员在正常情况下能够得到的医疗补助金。根据失业人员的医疗补助金标准，缴纳失业保险费6年能够领取失业保险金总额的65%的医疗补助金，该失业人员可以得到的医疗补助金为4200×65%=2730（元）。

第三，计算该失业人员在特重病情况下能够得到的一次性医疗补助。根据规定，对于特重病人而言，累计医疗费支出超过本人应享受的医疗补助金总额2000元以上部分可给予一次性医疗补助。一次性医疗补助按照医疗费的80%予以补助，但补助金总额不得超过本人应领取失业保险金总额的200%。

由于该失业人员的医疗费支出为6000元，能够得到的正常医疗补助金为2730元，可以享受一次性医疗补助的医疗费数额为6000-2730-2000=1270（元）。按照规定，一次性医疗补助按照医疗费的80%予以补助，所以该失业人员能够得到的一次性医疗补助为1270×80%=1016（元）。

第四，计算该失业人员能够得到的医疗补助金总额。该失业人员能够得到的医疗补助金总额为2730+1016=3746（元）。

➤ **学习拓展**

"我是一名农民合同制工人，进城打工已经3年时间了，最近所在打工单位经营状况不怎么好，准备与一部分农民工解除劳动合同，我很可能名列其中。像我这样的农民工一般无一技之长，一旦下岗再找工作很难。请问，我一旦下岗失业，能否享受失业保险待遇？"

所谓农民合同制工人，是指企业、事业单位招用的具有农业户口，并且与用人单位签订劳动合同的劳动者，简称农民工。失业保险待遇主要包括：失业保险金；领取失业保险金期间的医疗补助金；领取失业保险金期间死亡的失业者的丧葬补助金和其供养的配偶、直系亲属的抚恤金；领取失业保险金期间接受职业培训、职业介绍的补贴。领取失业保险金应具备的条件包括：（1）按照规定参加失业保险，所在单位和本人已按照规定履行缴费义务满1年的；（2）非因本人意愿中断就业的；（3）已办理失业登记，并有求职要求的。根据国务院1999年1月发布的《失业保险条例》规定，能够享受失业保险待遇的人员只限于城镇企业事业单位失业人员，而不包括农民工。如今看来，这种规定已不切合实际，不利于保护农民工的合法权益，所以，目前全国很多城市如南京、南宁出台相关政策明确规定农民工有权享受失业保险待遇，并就应当具备的条件、办理和申领的程序等方面作出了具体规定。当然，有些城市尚未出台这方面的政策，因此在这些城市打工的农民工无法享受失业保险待遇，但如果符合条件的话，则可以在失业后享受类似待遇，即领到一笔生活补助金。《失业保险条例》第 21 条规定："单位招用的农民合同制工人连续工作满 1 年，本单位并已缴纳失业保险费，劳动合同期满未续订或者提前解除劳动合同的，由社会保险经办机构根据其工作时间长短，对其支付一次性生活补助。补助的办法和标准由省、自治区、直辖市人民政府规定。"

► **复习思考题**

1. 失业主要包括哪几种类型？造成失业的各种原因是什么？

2. 失业保险有哪些类型？

3. 简述失业保险的资格条件。

4. 简述失业保险的待遇给付内容。

5. 简述中国失业保险制度内容。

6. 老宋今年 52 岁。2000 年老宋因连续旷工 15 天被除名，他失业后开始领取失业保险金。本来他可以领取 24 个月，可刚领了 6 个月，正赶上一家企业招用车工，他于当年 10 月被录用，停止领取失业保险金。2011 年 7 月，老宋所在企业因污染环境被当地政府关闭，他再次失业。老宋认为，这次社会保险经办机构应为其核发 42 个月的失业保险金。你认为他的算法正确吗？

7. 某市高新区一家科技企业，从大专院校聘请了 6 名退休的对口专家任技术员。请问，社会保险经办机构在受理该单位的失业保险参保人数和缴费基数时，应如何核定？

第六章

工伤保险

▶ **内容概述**

本章介绍工伤保险相关的基本理论和主要内容，包括：工伤概念与类型、工伤保险；工伤保险制度的主要内容；中国工伤保险制度、中国工伤保险实务操作。

▶ **教学目标**

通过本章学习，使学生认知工伤与工伤保险，掌握工伤保险的基本内容，了解五个发达国家的工伤保险制度，掌握中国工伤保险制度基本内容，能进行中国工伤保险的相关实务操作。

▶ **重点难点**

重点掌握工伤和工伤保险的概念、中国工伤保险的制度内容，难点是中国工伤保险制度的实务操作。

第一节　工伤与工伤保险

一、学习目标

　　本节完成两个任务，要求学生认识工伤及理解工伤保险。通过本节的学习，学生应理解工伤的含义，以及工伤保险的定义、特征、功能及实施原则。

工伤与工伤保险

二、学习任务

　　任务1：认知工伤。课前通过小组分组，要求学生能够以工作案例为任务，通过资料收集、教师要点讲解等学习步骤，了解工伤事故认定的几个要点，初步学会针对具体案例，分析不同情形下工伤事故的认定方式以及职业病的确定方式。教师通过课堂点评的方式对学生的案例分析进行评价。

　　任务2：认知工伤保险。通过该任务，学生应能从缴费模式、给付方式、基金的征集方式等方面理解工伤保险，完成此项任务后，每个小组派代表在课堂上进行阐述，最后由教师进行点评。

三、学习内容

（一）工伤

　　工伤是职业性伤害的简称，包括工作中的意外事故或职业病所致的伤残及死亡。这里所谓的"伤"，是指劳动者在生产和工作中发生意外事故，致使身体器官或生理功能受到损害，包括器官损伤和职业病损伤两类情况，一般表现为暂时性的、部分的劳动能力的丧失。所谓"残"，是指劳动者在因工负伤或患职业病后，虽经治疗和休养，仍难痊愈，以致身体功能或智力不全，包括肢体缺损和智力丧失两类情况，一般表现为永久性的部分劳动能力或全部劳动能力丧失。

　　自18世纪工业革命揭开现代社会化大生产的序幕以来，社会生产力迅速发展。科学技术突飞猛进，机械系统广泛应用，为数众多的新行业与生产岗位相继问世，在消除了一些生产上的不安全、不卫生因素的同时，又导致新的、更为严重的威胁产生，工伤事故频繁发生，其影响范围、伤害程度、损失程度都远较过去手工业时代严重。对于劳动者个人而言，因工负伤意味着劳动能力永久或暂时地全部丧失或部分丧失，甚至付出生命代价。工伤事故的直接后果就是劳动者离开工作岗位并使收入来源丧失或中断，劳动者及家庭成员的生活陷入无保障之中。因此，工伤事故作为劳动者面临的普遍风险，是工业化社会的又一重大社会问题。

"工伤"是当前国际通用的社会保险术语，其定义随着社会经济的发展而逐步变化，如1921年的《国际劳工公约》将其定义为"由于工作直接或间接引起的事故为工伤事故"。1964年的《工伤补偿公约》则将职业病和上下班交通事故包括在"工伤"内。

综上所述，工伤是指工作中的意外事故或职业病所致的伤残或死亡。工伤包括两个方面的内容，即由工作引起并在工作过程中发生的事故伤害和职业病伤害。

1. 工伤事故伤害

工伤事故伤害是指在执业活动所涉及的区域内，由于工作中环境恶劣、条件不良、任务过重或突发性事故所导致的对劳动者身体的伤害。

2. 职业病

职业病（occupational disease）是指劳动者在劳动过程中，因接触职业性有害因素，如工业毒害、生物因素、恶劣气象、卫生、环境条件等，造成人体功能性或器质性病变而引发的疾病。世界各国都把职业病作为职业伤害事故。1980年的国际劳工会议公布的职业病名录，列有各种职业病29组。伴随着经济社会发展、科学技术进步以及劳动保护工作的加强，职业病的认定范围也在逐步拓展，大致都经历由少到多、实行标准由低到高的发展变化过程。

职业病通常是由国家以法律形式规定，并经指定医疗机构确诊的疾病。国情不同，法定职业病的范围与种类也不同。综观各国法定职业病的界定，通常需同时具备四个条件：在从事职业活动过程中产生；接触职业性危害因素；列入国家规定的职业病目录范围；与该国劳动用工行为相联系。各国法律和国际公约对职业病的范围都有一个明确的规定，有广泛认定法，即凡是因为职业性因素导致的疾病都是职业病。多数国家会有职业病名录列表，但不同国家的职业病名录有封闭性和开放性之分。我国目前对职业病的界定是封闭性列表法。

我国工伤认定范围和国际公约中的规定大致相同。《中国职业安全卫生百科全书》将工伤定为："职工在生产岗位上，从事与生产活动有关的工作中，发生的人身伤害事故、急性中毒事故，但是职工即使不是在生产劳动岗位上，而是由于企业设施不安全或劳动条件、作业环境不良而引起的人身伤害事故，也属工伤。"从这一定义可以看到，工伤既包括工作引致的身体伤害，又包括因工作环境等引致的身体伤害，即职业病。

（二）工伤保险及其意义

工伤保险（industrial injury insurance）又称职业伤害保险或职业伤害保障，是指劳动者在工作中或在规定的某些特殊情况下，因遭受意外伤害或患职业病，暂时或永久丧失劳动能力以及死亡时，劳动者或其遗属能够从国家和社会得到必要的物质帮助的一种社会保险制度。

同其他社会保险相比，工伤保险具有两个显著的特点：具有显著的赔偿性质，保险金一般由企业（或雇主）负担，劳动者个人不缴费；待遇比较优厚，服务项目较多。

工伤保险是世界上历史悠久、范围广泛的一项社会保险项目。自 1884 年德国颁布《工伤事故保险法》迄今，全世界有 160 多个国家建立了工伤保险制度。伴随全球社会保险乃至整个社会保障制度的发展与完善，在全世界实行社会保险的国家和地区中，几乎都把工伤保险作为其社会保险制度的重要组成部分。

如前所述，现代社会的工伤事故并未随着科学技术的发展和生产力水平的提高而减少，而是不断增加，其后果也越来越严重。在目前的科学技术条件和管理水平下，只能做到尽量防止、减少工伤事故，无法完全消除和避免工伤事故的发生。因此，工伤保险对于在社会化的大机器生产条件下工作的劳动者，有着特别重要的意义。工伤保险有助于促进劳动条件的改善，解除工伤和职业病患者的痛苦，使其能够得到及时有效的医疗，尽可能地恢复健康，并保障其在负伤、治疗、残疾期间基本生活能有稳定的来源。

相对于其他劳动事故而言，工伤事故发生概率比较低，属于劳动过程中的事故，赔偿行为比较容易为企业所接受。但即使如此，实行社会保险仍然具有重要意义：第一，这样可以保证强制赔偿，以维护劳动者的利益。工伤事故完全是因劳动引起的，不论是因劳动条件差造成的，还是劳动者自己违规操作造成的，企业或雇主都应赔偿劳动者的损失，但是，如果不采用社会保险的方式，企业或雇主可能会推卸责任，不赔偿或少赔偿受害者的损失。第二，实行工伤保险，可以使赔偿标准相对统一。处理工伤事故是一种难度很大的工作，特别是在赔偿标准上容易引起争议。实行社会保险，一方面可防止因不同企业效益好坏等原因而使赔偿标准过分悬殊；另一方面也可防止受害者的过分要求。第三，可以均衡不同企业的负担。工伤事故的发生与劳动的工种以及不同生产部门有直接关系，一些从事危险行业生产的企业，其工伤事故较多，如果完全依靠企业自身解决，负担很重，实行社会保险以后，可以将少数企业的负担均衡于全体企业。

（三）工伤保险的特征

（1）最大强制性，最广实施范围。工伤保险从其前身雇主责任制起，国家就以立法形式强制雇主必须对雇员的工伤负责。一百多年来，雇主负责工伤赔偿，并从法律强制变成了一种习惯。许多国家有专项立法，工伤保险在 19 世纪 80 年代首次立法的占 10%，20 世纪 20 年代立法的占 43%，20 世纪 30 至 40 年代立法的占 43%，20 世纪 50 年代以后，首次立法的占 4%。工伤保险实施的范围也是五大险种中最广泛的，在实行社会保险的国家中，95% 的国家有工伤保险。

（2）最强保障性，最多、最全面的项目。它不仅仅是一次性的经济补偿，更重要的是对伤残、死亡者全过程的保障。工伤保险项目众多，它要解决医疗期的工资、工伤医疗费、伤残待遇、死亡职工的丧葬、抚恤及供养直系亲属的生活待遇。在医疗期，除免费医疗外，还有护理津贴、职业康复、伤残重建、生活辅助器具、伤残人员的转业培训与就业以及工伤预防等，项目五花八门，涵盖医疗、残疾、死亡、康复各个方面。

（3）最优待遇。工伤保险不仅个人不需缴纳保险费，而且其待遇比疾病、失业和养老保险的待遇都要高。养老保险是保障基本生活；失业保险虽也保障失业者的生活，但带有救济性质；工伤保险除了保障伤残人员的生活外，还要根据其伤残情况补偿因工受伤造成的经济损失。工伤保险待遇优厚，体现了国家和社会对那些不畏艰险搞好生产、见义勇为、维持社会秩序、保障人民财产安全的劳动者进行保护和鼓励。

（4）最宽给付条件。享受工伤待遇不受年龄、工伤条件的限制，凡是因工伤残的，均给以相应待遇。与其他四大社保险种相比，工伤保险这一特征也非常明显。

（四）工伤保险的功能

1. 保护劳动者的安全与健康

工伤事故一旦发生，极易给劳动者的人身安全和健康带来伤害，对工伤劳动者造成暂时性或永久性损伤，甚至失去宝贵生命，劳动者个人及家庭的精神和经济损失巨大。工伤保险保障了受伤害职工的医疗及基本生活、伤残抚恤和遗属抚恤等，在一定程度上解除了职工和家属的后顾之忧。

2. 保障企业的正常生产

工伤事故尤其是重大事故的发生，使企业的正常生产和工作受到影响，给企业带来严重损失，一些企业甚至因此走向倒闭，此类情形下，对受伤害劳动者的赔偿可能也无法保障。工伤保险制度具有互助共济性，能够在统筹地区内分散风险，弥补企业资金的不足，为企业提供保障，从而减轻企业因工伤事故带来的沉重负担，有利于企业经营发展的持续性和稳定性。

3. 调节劳资关系，维护社会稳定

工伤保险保障了受伤害劳动者的合法权益，保证了工伤劳动者或其遗属的基本生活需要，防止少数人陷入贫困，有利于妥善处理事故和恢复生产，减少了劳动争议，维护了正常的生产、生活秩序，最终有利于调节社会关系、维护社会稳定。

（五）工伤保险的基本原则

1. 无责任补偿原则

无责任补偿原则又称为"无过失补偿"原则，是指劳动者在生产和工作过程中遭遇工伤事故，无论事故责任属于人、企业（或雇主）或是相关第三者，均应依法按照规定的标准给付工伤保险待遇。待遇给付与责任追究相分离，不能因为保险事故责任的追究与归属而影响待遇给付。当然，本人犯罪或故意行为造成的"工伤"除外。

工伤保险实施原则

在社会保险产生以前，在工伤问题上长期沿用"雇主过失责任赔偿"原则。即，若劳动者的工伤不是雇主的过失，则不能从雇主处得到赔偿。无责任补偿原则始于1884年德国的《工人灾害赔偿保险法》。该法明确规定：无论对于工伤事故有无责任，雇主均应依法按标准赔偿受害人的损失。这既能及时、公正地保障劳动者在因工伤残时得到经济补偿，又能简化工伤处理中有关待遇给付上的程序。无责任补偿原则已成为世界各国工伤保险普遍遵循的原则。在绝大多数实行工伤社会保险的国家，企业或雇主不承担直接给付工伤补偿的责任，而是由工伤保险机构统一组织待遇的给付，由其直接对资格条件进行鉴定，而不必通过法律程序和法院的裁定。

为贯彻工伤保险的无责任补偿原则，必须由国家强制举办工伤保险，而且待遇的构成、计发标准、支付方式、缴费标准等都由法律强制规定。此外，工伤保险的强制性还体现在：职工不分国籍，也不论所在企业是否实行了基金统筹并缴费，只要该职工与企业存在着劳动关系，就有权享受工伤保险待遇。这也是工伤保险与其他保险的主要区别之一。

2. 个人不缴费原则

工伤事故属于职业性伤害，是在生产劳动过程中，职工为社会和企业创造物质财富而付出的代价。因而工伤保险待遇具有明显的劳动力修复与再生产投入性质，属于企业生产成本的特殊组成部分。因此，个人不必缴费，而由企业负担全部保险费。工伤保险无论是由企业直接支付待遇，还是由企业向保险基金缴费，均不实行分担方式，所有法定费用均由用人单位承担。

3. 待遇标准从优原则

工伤保险是对职工为企业付出的身体损失进行补偿，在待遇给付标准上，一般是按照从优原则确定的，较养老、失业、疾病等项目的待遇优厚。而且只要是因工负伤、因工致残或患职业病，则不论年龄和工龄长短，都享受同等的待遇给付。

4. 经济损失补偿与事故预防及职业康复相结合的原则

工伤保险与其他社会保险项目一样，除了被动式的生活保障功能外，还应具有主动式的、积极的功能，这主要表现在为负伤、残疾或因工死亡的职工提供必要的医疗、生活补贴之外，还应加强安全生产、预防事故发生、减少职业危害、及时抢救治疗、建立有效的职业康复制度。从单纯经济补偿向与事故预防、医疗康复及职业康复相结合的转变，是现代工伤保险的巨大进步。

第二节　工伤保险制度

一、学习目标

　　本节完成三个任务，要求学生了解工伤保险责任认定的变迁、五个发达国家的工伤保险制度、工伤保险制度的基本内容。通过本节的学习，学生应认知工伤保险的基本内容、了解工伤保险责任认定的变迁和五个发达国家的工伤保险制度。

二、学习任务

　　任务1：要求学生课前查阅资料，了解工伤保险责任认定的变迁，讨论这种变迁背后的原因，形成小组的统一认识，发表小组的观点。

　　任务2：通过查阅资料，了解五个发达国家的工伤保险制度，讨论五个发达国家的工伤保险制度对于中国工伤保险制度的借鉴意义。

　　任务3：认知工伤保险的类型、基金筹集的方式，了解工伤保险费率的确定，掌握工伤认定与劳动能力鉴定和工伤保险待遇给付。

三、学习内容

（一）工伤保险责任认定变迁

1.劳动者责任自负

　　在工业化前期，对于在工作中出现的因工伤造成的伤害、死亡事故，是由劳动者自负责任的。在欧洲工业化早期，劳动过程中的职业灾害时有发生，但限于当时的经济社会条件，并没有引起社会各界的普遍重视。学者们认为劳动者接受工资报酬，理应负担其工作过程中发生事故而蒙受的一切损失。著名的经济学家亚当·斯密提出的风险承担理论认为：给工人的工资中包含了对工作岗位的风险性补偿，而工人是自愿与雇主签订劳动合同，也就意味着他们接受了补偿这种劳动风险的收入，从而应当自负责任。

工伤保险的认定及时间节点

　　伴随着工业化程度的加深，机器生产造成的伤害事故日渐增多。再加上工人运动的蓬勃发展，劳资冲突与矛盾斗争激化，开始有雇员因为工伤事故起诉雇主赔偿，以追究雇主的过失责任。在工伤事故民事索赔阶段，由于劳资双方的非对等关系，劳动者要证明雇主存在明显过失才能获得补偿，但在当时安全生产的法定标准尚未健全的前提下，证明雇主存在过失对劳动者而言显然不利。再加上起诉雇主要承担雇佣律师的费用以及面临失业等困境，这就决定了这种民事索赔的成功率很低，绝大多数劳动者受到职业伤害后只能自己承担一切后果。

2. 雇主过失补偿

有过失才负赔偿责任，是经济法上的重要原则。将这一原则引用到工伤事故中，遂构成了18—19世纪欧洲法律体系中的工伤赔偿"过失原则"。雇主责任法大多是为保护企业经营者和雇主的利益制定的，大多规定雇主对其雇佣劳动者在法律上有责任做适当保护的义务，即机械周围有安全保护装置、发给个人劳动保护用品、安装危险信号装置、订立安全公约和组织安全教育等。

如果雇主没有履行这些义务，使劳动者遭受伤害，那么过失责任则在雇主，劳动者有权向雇主请求损害补偿；反之，如果劳动者因为自己的行为过失而造成伤害，则过失在劳动者，损害的责任应由劳动者自负。

以1884年英国国会通过的《雇主责任法》为例，按照该法规定，劳动者受伤后要在法院的判决中获胜，必须具备三个条件：劳动者本身无任何疏忽责任；受伤的劳动者与其他共同工作的劳动者亦无任何疏忽责任；劳动者受伤的原因是本人无法抗拒的。之后，一些法学理论家还创造出许多理论为雇主解脱责任，如助成过失论、同工论、危险负担论等。雇主过失赔偿主张，对劳动者基本无保障或者保障很有限，在当时受到工人阶级强烈反对。正因如此，逐渐产生了新的工伤保险责任认定理论，即无过失赔偿主张。

3. 雇主责任补偿

雇主责任补偿对于劳动者而言即无过失补偿或无责任补偿。伴随着经济社会发展进步，立法理念发生了深刻变化，在侵权法领域，越来越多的国家认可职业危险原则和无过错责任原则。即凡是使用机器或雇员体力从事经济活动的雇主或机构，都有可能造成雇员受到职业危害；意外事故无论是由于雇主疏忽还是雇员过失造成，都由雇主进行补偿；赔偿金应该是企业所承担的管理费用的一部分。

无过错责任原则代表着雇主责任制的开始，该主张认为雇主及其财产有受法律保障的权利，自然相应地必须负担起应有的义务。因此，劳动者所受的伤害，不论是雇主的过失还是劳动者自身的过失，均属于职业本身发生的，都应由雇主负担其损失，进行赔偿。简言之，无论雇主对于工伤事故有无责任，均应依法赔偿工人的损失。同时，在工业社会中职业伤害不可避免，工伤预防也只能谋求把事故减少到最低程度。对劳动者而言，风险仍不能完全避免，故工伤事故的补偿应由企业经营者或雇主完全负责。

初期的雇主责任补偿有雇主自保或者向商业保险公司投保两种情况。企业自保是职业伤害者或其遗属直接向雇主要求索赔。而雇主向职业受害者的补偿有些是雇主个人行为，有些是雇主群体（雇主协会或雇主联合会等）行为，当出现争议时一般由法院或国家机构出面解决；而购买雇主责任商业险的一般要向商业保险公司索赔。

雇主责任补偿原则的确立尽管有较大进步，但依然存在缺陷。例如，工伤事故发生后，一些雇主因欠债、破产失去补偿责任能力，劳动者的权益就无法得到保障。即便是雇主为雇员购买商业保险，但私营保险公司在利益驱使下会拒绝为风险较高行业承保，在支付赔偿金时又会想方设法降低补偿标准，尽可能逃避赔付责任。

4. 雇主责任补偿原则下的社会保险

由于职业伤害的特殊性、严重性，以及法律观念和社会意识的变革，对工伤事故的补偿必然从工伤民事索赔、雇主责任补偿趋向工伤社会保险。建立在无过失补偿原则基础上的工伤社会保险，具有下列三个特点：第一，工伤保险的损害补偿责任，并非以雇主有过失为主要条件，而必须以社会政策和劳动政策为基点；第二，工伤保险金额的给付，是以工伤者的报酬、家庭负担、伤害程度和性质作为考虑补偿依据；第三，工伤保险属强制性保险，确保劳动者伤残生活保障，不受雇主破产和停业影响。

无过失补偿原则自德国工伤保险制度始创以来，被各国纷纷采用，现已成为工伤保险制度中的一项铁律，多数接受并实行工伤保险的国家在工伤责任认定问题上已经形成共识。工伤保险的强制规范化和社会化，不但规避了雇主自保和商业保险的局限，也从根本上保障了劳动者的权益，是社会发展进步的重要标志。

（二）发达国家工伤保险制度简介

1. 德国工伤保险制度简介

德国是世界上最早建立工伤保险制度的国家。1884 年 7 月德国颁发的《工伤保险法》，不仅为德国加快工业革命、加速经济发展提供保障，也标志着现代社会保险制度的建立。该部法律确立了无过错责任原则、以保险请求替代合同或侵权赔偿请求等原则，建立了工伤保险制度，并被世界上大多数国家仿效。在长达 120 余年的历史中，德国的工伤保险制度不断得以改善。

国外工伤保险制度对我国工伤保险制度的借鉴意义

（1）管理部门

德国设联邦劳动和社会秩序部，制定法律、法规。且由联邦州（市）实施该法律、法规。联邦州（市）设立劳动保护局（署），劳动保护局是政府机构，主要检查企业是否制定劳动保护制度，检查企业的工作环境是否符合联邦州的劳动保护法，检查企业是否设立劳动保护的专职机构和相关人员。

同业联合公会（HVBG）是一个非政府管理体系的社会团体组织，主要职能是：颁布安全操作规程；监督事故隐患；协调各地区同业公会的工作；协调调剂全国社会工伤保险基金；进行工伤保险业务咨询服务；提供工伤保险业务培训；进行安全监测与调查。

同业公会是德国专门建立的负责社会工伤保险事务的机构。目前，全国性的同业公会以行业自成体系，进行工伤保险管理。各同业公会根据需要在各地设办公室，作为同业公会的派出机构。工伤的认定、伤残等级的评定及待遇的发放都由同业公会负责。按照行业划分，工伤保险同业公会可分为社团组织，实行自治，行业统筹。

（2）制度模式

德国社会保险分为医疗保险、护理保险、失业保险、退休保险和工伤保险五种，前四种保险由企业雇主和雇员共同负担，而工伤保险强制由雇主全部支付，雇员无须缴纳。工伤保险又分为企业内部保险（事故保险）、通勤事故保险、职业病保险三大险种。德国参保的人员几乎包括所有雇员，不仅有产业界雇员，还有农民、教师和政府职员等。

德国《工伤保险法》几经修改完善，确定了一个核心原则，即在对受害员工进行赔付时，不依赖于事故的发生是否存在过错，无论是其本人还是他人（包括企业雇主）的过错，而是以是否发生在就业过程中（含上下班途中）来确定工伤赔付的范围并确定标准。雇员享受保险的条件有：①必须是会员；②其身体必须受到伤害；③要对受伤部位如何受到伤害进行解释；④必须是在工作期间和工作范围内。如果雇员在上班期间看报纸、打电话或司机酒后驾驶车辆、在上班时间办私事而受到伤害，则不属于工伤。

《工伤保险法》将过去由雇员方面承担事故后果，转移到由雇主方面承担。但雇主的责任不是以企业雇主个人承担民事责任的形式体现，而是以社会互济的方式体现，即由同业公会承担。而且在雇员发生工伤事故对其进行赔付时，不考虑其雇主是否已经为其向同业公会缴纳了工伤保险费，伤残人员及其家庭均享受工伤保险待遇。

雇员在发生工伤事故后要向同业公会、保险公司报告并由保险公司认定，发生职业病时要由同业公会和保险公司确认。当雇员发生工伤事故时，赔偿损失费由保险公司向同业公会支付，不直接向雇员支付。同业公会只赔偿人身损失，不赔偿财产损失和精神损失，但辅助器具的损失或损害（如假肢）按照德国《社会法典》第7部分第8条的规定作为可以补偿的健康损失。雇员只能向同业公会提出赔偿，不能享受双倍赔偿或向其他部门提出工伤赔偿。当雇员被确定为患上了职业病而不能从事原工作岗位时，要办理退休手续，并获得退休金。

当无法对企业雇员的工伤达成协议或确认一致时，同业公会应当将该纠纷提交给基层社会（地区）法院审理，对基层法院认定不服的，可上诉至联邦州法院，对州法院仍不服的，可上诉至联邦法院。一审、二审法院是事实审，三审法院是法律审。

德国的工伤保险制度最鲜明的特色是以预防为主。工伤保险同业公会要了解哪些企业最容易发生工伤事故。同业公会设有专家，定期考察各企业发生工伤事故的概率，提出减少事故发生的措施。人数在20人以下的企业都要有1名保险方面的专家，同时，企业要招聘2名劳动保护人员和企业医生即厂医，厂医每年要在企业工作40小时以上。企业要有符合规定的劳动保护用品，如手套，要保证安全通道畅通，对企业的安检人员要进行培训，对雇员也要进行培训并宣传安全等方面的知识。各同业公会之间要进行交流，以减少工伤事故的发生。德国实施的工伤预防措施十分专业化，如办公座椅之间的距离不小于90厘米，座椅的高度、抽屉的大小也都有相应的规定，以便最大限度地预防工伤事故的发生。雇主购买机器时首先要考虑机器是否符合劳动保护方面的规定，是否有防止发生工伤事故的设施并请专家进行检查和安全评估，然后才考虑价格。雇主购置机器后每半年要对其进行安全评估。另外，雇主每半年还要对雇员进行一次培训。

2.日本工伤保险制度简介

日本于1947年立法实施工伤保险。目前，日本就业人口达到6000多万，工伤发生率却很低；同时，日本的工伤致伤、致残人员都能得到良好的补偿，这主要得益于工伤康复事业设施先进，管理周到，有很强的容纳能力，完全能够满足全国需求。日本全社会给予了其工伤保险制度极高的认可。

工伤保险在日本被称为劳灾保险。日本对劳灾保险的定义是："给受到业务灾害或上下班灾害的劳工或其遗属，发放必要的保险给付的制度。"

日本工伤保险制度是一个强制性的保险制度，由政府机构进行管理，但并不包括所有的雇员。对于人数不到 5 人的农业、林业和渔业企业的雇员，可以自愿参加工伤保险；对于海关和公共雇员实行特别的制度。另外，日本还有私营保险机构提供的工伤保险项目，这种项目可分为两类：一是雇主责任保险，是一种强制性自动责任保险，可以使雇主免除由受害人依据侵权法提出的要求其承担民事责任的诉讼；二是补充赔偿保险，覆盖了投保的雇员在劳动合同里或以其他形式明确的补充性赔偿（即依据工人事故赔偿规定之外的部分）。

日本的工伤保险费（即劳灾保险费）全部由企业雇主缴纳，国库在财政预算范围内可以进行补贴。雇员一般不缴纳工伤保险费。雇主缴纳的工伤保险费，根据社会保险机构规定的保险费率和企业工资总额进行核算。值得注意的是，日本政府每年在工伤保险方面投入资金 13 亿日元，表明政府对工伤保险事业给予了足够的重视。

日本工伤保险实行差别费率，以支定收，全国统筹。企业参加工伤保险是必须的、强制性的。规定，雇主缴纳的职业伤害保险费中有 0.1% 是日后要用于通勤事故的费用。行业费率是依据各行业工伤事故的状况由厚生劳动省确定，并且根据实际情况变化，每 3 年调整一次。行业之间的费率差别较大，最高行业费率为最低行业的近 25 倍。为了促使企业注意安全、减少工伤事故，日本实行的是费率浮动制度。

参加了工伤保险的企业，一旦其员工发生工伤事故，费用一般全部由工伤保险基金支付，雇主不再承担费用；但对于因雇主的故意行为或重大过失而导致的工伤、雇主未缴保险费期间发生的工伤，工伤保险管理机构一方面支付给员工保险金，另一方面向雇主征收与支付给员工的保险金等额的或是低于保险金的"特别费用"，实际上还是由雇主承担部分或全部费用。也就是说，在特定情况下，并不完全免除雇主责任。

受伤者既可以请求工伤补偿又可以提起诉讼，请求补偿损失的差额部分。所有的工伤医疗费都可以得到补偿。因工致伤者可以在工伤事故医院或者专门指定的医院免费就医，也可以自由选择在其他医院就医，然后要求补偿医疗费。

3. 意大利工伤保险制度简介

意大利的工伤保险制度建于 1898 年，经过 100 多年的制度演化，已经非常完善。其突出的特点是：立法严谨、管理规范、覆盖范围广、待遇齐全。

（1）立法严谨。早在 1898 年，意大利政府就制定和实施了第一部工伤保险法。1965 年，又在此基础之上进行了全面修订，颁布了《就业伤害和职业病强制保险法》。现行的工伤保险制度就是在此两部法律基础之上建立的，确保了工伤保险管理工作的规范化、标准化和高效化。

（2）管理规范。意大利工伤保险实行雇主责任制原则，雇员和政府不负担工伤保险费，保险费全部由雇主缴纳。雇主根据不同产业的风险程度，分别缴纳工资总额的 0.5% ～ 16%。如果雇员实际承担了部分保险费，雇主要受到不超过 40 万里拉的罚款。

（3）覆盖范围广。按照意大利工伤保险法的规定，几乎所有的体力劳动者和非体力劳动者都在工伤保险范围之内，甚至包括实习期间的学生以及农业自我雇佣者的家属。同时，意大利工伤保险的事故范围包括意外的工伤事故、非直接的工伤事故以及由工作原因造成的职业病三方面。

待遇齐全。意大利工伤保险待遇项目齐全，保障程度较高，主要包括暂时性伤残待遇、永久性伤残待遇（永久性伤残抚恤金、直系亲属补助、农业工人的每月津贴、年金资本值的偿还、一次性待遇）、遗属待遇（遗属年金、遗属一次性待遇）、长期护理津贴、医疗待遇、特殊待遇等。项目五花八门，涵盖各个方面，项目给付标准较高。

4. 美国工伤保险制度简介

美国的工伤保险制度在发达国家中起步较晚。美国工伤保险立法的发展过程经历了工伤事故普通法、雇主责任法、劳工伤害赔偿法三个阶段，在经历了上述三个发展阶段的基础上，美国联邦政府于 1908 年颁布《劳工伤害赔偿法》，从而推动了美国各州工伤立法的正式实施。此后，美国国会多次在修订《社会保障法》时，对工伤保险制度也做了修订。1956 年，国会对因工致残的条款进行了修订，1984 年通过了《伤残津贴改革法案》，1996 年又对工伤保险计划的基本内容做了修改，规定：从 1996 年 3 月 29 日起，因麻醉药品和毒品或酒精中毒而导致伤残的人不能享有工伤保险金，但因治疗疾病引起药物或酒精中毒而导致伤残的人，可以申请工伤保险金。美国大部分州都建立了劳动赔偿制度，以保障劳工的合法权益。

美国没有统一的工伤保险制度，联邦政府只负责造船工人、铁路工人、港口工人、公务员以及矽肺病人的工伤补偿，其他工伤补偿由各州自行负责。工伤赔偿包括医疗费用、薪金赔偿、肢体伤残赔偿、抚恤金四个方面。费率则按行业危险程度和企业工伤事故费率表确定，采用弹性费率制度，一般一年调整一次。

工伤保险由各州政府劳工局管理，主要负责确定工伤保险费率，审查工伤申请、申诉、仲裁等。而具体业务由各地的工伤保险基金及经政府部门批准的私人保险公司办理。

5. 新加坡工伤保险制度简介

新加坡于 1933 年首次进行工伤保险立法，且在中央公积金系统之外另行设立。1975 年，新加坡制定了新的《工伤保险法》。新加坡工伤保险实行雇主责任制，雇主通过直接提供待遇或被强制向私营保险公司购买保险而负担全部费用，雇员个人则不需要缴纳保险费。雇员包括体力劳动者、非体力劳动者、临时工、保姆、警察、不在本部工作的雇员以及和雇主一起居住的家庭成员。

工伤保险待遇包括永久性伤残待遇、暂时性伤残待遇（工人可以休病假 14 天，住院则休 60 天）、职业病待遇以及遗属待遇，其具体计算方式分别如下：

（1）永久性伤残待遇：永久性伤残待遇＝丧失工作能力的百分比 × 每月收入 × 年龄系数，最高待遇不超过 105000 新元。

（2）暂时性伤残待遇：暂时性伤残的工人可以休病假 14 天（住院则可以休息 60 天），但若病假超过上述期限，则工资扣除 1/3，病假最长为 1 年。

（3）职业病待遇：如果工人患了《工伤保险法》中列明的某种职业病，必须向主管部门和其承保人通报。

（三）发达国家工伤保险制度比较（见表6-1）

表6-1 发达国家工伤保险制度比较

国别	保险方式	范围	资金来源	管理机构形式	特点
德国	由半私营性的保险公司经营的强制保险制度	受雇人员、多种类别的独立劳动者、学徒、学生以及保姆	雇主缴纳，政府对农业事故保险基金、学生及幼儿园保险补贴	联邦劳动和社会部属保险协会直接监督	十分重视工伤预防及修复（世界最早）
日本	由公营保险公司实行的强制保险	自愿保险或专门制度未包括的所有企业的雇员；雇员少于5人的农林渔业可自愿参保	雇主按工薪总额的0.5%～12%缴纳，政府进行适当补贴	厚生劳动省监督，都道府县劳动基准局和劳动标准监察局实行法律保障	广覆盖率，低出险率
意大利	社会保障制度	体力劳动者，从事危险工作的非体力劳动雇员和农业独立劳动者	雇主按工薪总额的0.5%～16%缴纳，个人和政府不需缴纳	劳工与社会福利部一般监督。由工会、雇主、劳工与社会福利部管理相关事宜	立法严谨规范
美国	强制保险（公营/私营）	一般工商业雇员及大多数政府雇员	受保人、政府、雇员	多数州由劳工管理局的劳工补偿机构管理业务	联邦＋州立的管理方式
新加坡	雇主责任制，私营保险公司强制保险	所有手工业者，除去月薪超过1250新元的薪金雇员、保姆、临时雇员、家庭劳动者和警察	雇主负担全部费用	劳工部一般监督，具体由雇主与私营保险公司承担工伤保险责任	独立于中央公积金制度

（四）工伤保险基金

1. 工伤保险基金的筹集

工伤保险基金是应用于工伤保险事业开支的专项基金，它以社会保险的大数法则为依据，即通过工伤保险机构向用人单位广泛筹集资金，实现基金在参保人、参保单位和地区之间调剂使用，以保证参保职工在工伤事故发生或罹患职业病时，能够从保险机构获取相应的工伤保险待遇。工伤保险基金是工伤保险制度顺利实施的保障，而基金的筹集尤为关键。目前世界各国的

工伤保险的
类型及基金
筹集方式

工伤保险存在雇主责任制和社会保险制两大类型，每一类型都有一定的基金筹集方式。

（1）雇主责任制下的工伤保险基金筹集方式

雇主责任制下的工伤保险基金筹集方式有三种：

第一，企业自保。企业自保即国家立法规定企业对职工负责工伤赔偿的责任，并对工伤保险待遇的给付作出原则规定，但是对待遇的标准并无统一规定，而是由用人单位在有关立法原则指导下，根据自身的经济赔付能力，自行确定待遇给付标准。政府有关部门起监督作用。如遇争议，可由法院作出最后的仲裁。

在这种形式下，保险经费全部由企业自己负担。

第二，商业性保险。这是由国家立法规定企业或雇主向商业保险公司投保员工的工伤事故保险，并由企业或雇主负担全部费用开支。工伤保险待遇给付应符合国家规定的最低标准。对于一些工伤风险较大、事故发生频率较高的行业，则这方面的规定更严格，而且由政府指定某些有较高信誉的保险公司承担工伤保险业务。这实际上是一种"再保险"方式，在一定程度上扩大了企业工伤保险基金的筹集范围，增强了抵御工伤风险的能力。

第三，国家征集工伤保险准备金。国家立法规定企业开办工伤保险，费用由企业负担，企业再向指定的商业保险公司投保"再保险"。在此基础上，为了进一步增强保障能力，政府还强制性地向企业和承保再保险的商业保险公司征缴"工伤保险准备金"，以备企业或商业保险公司破产时，能够确保工伤保险待遇的支付。

（2）社会保险制下的工伤保险基金筹集方式

社会保险制下的工伤保险基金筹集主要有两种具体办法：

第一，社会统筹。国家立法规定企业参加工伤保险，按时、足额向社会保险管理机构缴纳工伤保险统筹费用，并由工伤保险机构负责待遇给付。企业应缴的统筹费用全部由企业或雇主负担，个人无须缴费。基金实行社会统筹时，一般采取"现收现付"方式，根据大数定理，在一定的统筹范围内，预测分行业或地区综合性的工伤保险费用需求，在参加保险的企业之间实行合理分担，费用横向平衡调剂，当年提取，当年支付完毕。这种方式符合社会保险的本质要求，是工伤保险费用筹集的发展方向。

第二，由企业行政自行支付。这是由政府规定统一的待遇项目与标准，由企业行政自行支付。这种方法不同于雇主责任制的地方，在于给付项目和标准由政府统一规定，企业无权更改，也不能向商业保险公司"再投保"，所需费用由企业全部负担，计入成本，个人不缴费。严格地说，这种方式下的费用筹集并不属于"基金"的范畴，只是由企业在产品成本中予以消化，这是一种较低层次的社会保险方式。

2. 工伤保险费率的确定

工伤保险基金的提缴，在大多数国家是以企业职工的工资总额为基数，按照规定的比例缴费。费率的确定主要有三种方式：

（1）统一费率制

统一费率制即按照法定统筹范围内的预测开支需求，与相同范围内企业的工资总额相比较，求出一个总的工伤保险费率，所有企业都按照这一比例缴费。这种方式是在最大可能的范围内平均分散工伤风险，不考虑行业间与企业间工伤风险的实际差别。目前，

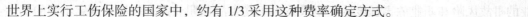

世界上实行工伤保险的国家中，约有 1/3 采用这种费率确定方式。

（2）差别费率制

差别费率制即对单个企业或某一行业确定工伤保险的提缴比例。差别费率的确定，主要是根据对各行业或企业单位时间内的伤亡事故和职业病统计，以及工伤费用需求的预测而定。此种方式的目的，是在工伤保险基金的分担上体现对工伤事故发生率不同的企业和行业实行差别性的费用负担，以保证该行业、企业工伤保险基金的收付平衡，并适当促进其改革劳动安全保护措施，降低工伤赔付成本。目前，世界上实行此种费率的国家较多。

实行差别费率时所依据的工伤事故和职业病频率的统计分析指标主要有以下几种：工伤事故发生次数，因工负伤总人数，因工伤残、死亡人次数，工伤事故频率，职业病发病率，职业病死亡率。每年对上述指标及其变动情况进行分析，结合统筹费用的测算，对各行业、企业的费率做出规定并据此进行调整，这是差别费率确定的主要方法。

（3）浮动费率制

浮动费率制是在差别费率的基础上，每年对各行业或企业的劳动安全卫生状况及工伤保险费用支出状况进行分析评价，根据评价结果，由有关部门决定该行业或企业的工伤保险费率上浮或下浮。一般做法是，在差别费率实施的数年后，在合理评价确定调控指标的基础上，开始实行费率浮动。

3. 工伤保险基金筹集的原则

筹集工伤保险基金要充分考虑三方面的因素：一是筹集的资金要能满足工伤保险给付的需要；二是要充分考虑企业或雇主负担工伤保险费的承受能力，不影响行业效率和企业竞争力；三是要适当兼顾企业、行业公平，以利于企业强化工伤预防。

在筹集工伤保险基金的过程中，还应遵循以下原则：

（1）以支定收、收支基本平衡、适当储备的原则

工伤保险基金一般按照现收现付制筹集，以年度短期平衡为主，兼顾一定程度、统筹范围内的适度储备为宜，多数制度都建有一定规模的储备金。由于工伤事故的发生往往是突发性、偶然性的，所以在工伤保险基金的使用上应该留有余地，以满足突发性、大型恶性工伤事故发生后对资金的集中支付需求。当然，适当储备并非多多益善，合理确定工伤保险基金内部的各项专项基金的比例，防止基金的过度结余，也是工伤保险管理工作的重要内容。如果基金积累规模过大，不是制度实施中没有发挥应有的保障作用，就是基金测算不科学。并且，结余过多会加大企业运行成本，造成企业缴费压力，最终影响企业良性运行。

（2）实行行业差别费率和浮动费率相结合的征收原则

费率机制是工伤保险管理的核心。对于参保单位来说，工伤保险费率决定了工伤保险价格，即企业缴纳的工伤保险费的规模。合理确定工伤保险费率是一项复杂的工程，一般而言，都是按企业工资总额的一定比例征收，但具体到每一家企业略有不同。确定工伤保险费率的步骤是测算统筹范围内的平均费率水平，再确定行业差别费率，最后才是各个企业的费率。

所谓行业差别费率，是指社会保险机构在确定工伤保险费率时，根据不同行业、产

业的事故风险和职业危害程度的类别及发生工伤事故和职业病的频率，确定不同的工伤保险费率。差别费率往往每隔一定时期要调整一次，调整期一般为5年。所谓浮动费率，是指社会保险机构在确定行业缴纳的工伤保险费率之后，根据每个参保企业在上一年度安全生产的实际情况和工伤保险费的支出情况，在评估的基础上，适当提高或降低下一个年度的工伤保险费率。对于安全生产情况好的企业，在达到一定标准后，社会保险机构可以将企业应缴的工伤保险费率降低，以达到奖励的目的。而对那些安全生产情况差、工伤事故多的企业，则提高工伤保险费率，达到惩罚的目的。

（3）用人单位缴费的原则

用人单位缴费原则即工伤保险基金，原则上由雇主缴纳，劳动者个人不缴纳工伤保险费，工伤保险费由企业按照职工工资总额的一定比例缴纳。这是因为劳动者提供劳动力作为一种生产要素为生产单位创造价值和财富，工伤事故给劳动者本人和其家属带来的痛苦和不幸不是劳动报酬所能补偿的，所以工伤保险不是劳动者的"自我保险"，应当由社会与企业来负担劳动者因工伤事故所产生的费用。

目前，我国工伤保险费率实行的是行业差别费率，并根据各用人单位事故保险基金支付以及发生工伤事故的频率和严重程度，再实行浮动费率。以此促使企业提升安全生产意识，并切实建立、完善和落实安全生产措施。

（五）工伤认定与劳动能力鉴定

1. 工伤认定

工伤认定是对职工所受的伤害是否属于工伤范围的情形做出判断，是职工能否享受工伤保险待遇的前提条件，直接关系到职工及其家属的权益。

目前国际通行的工伤及其范围认定一般包括如下情形：①在正常工作时间内，在工作场所从事本职生产活动，不幸负伤、中毒、致残、死亡；②在工作时间内，临时从事非本职、但确属必要的工作，而不幸负伤、中毒、致残、死亡；③因本人职业关系，长期接触职业性危害因素，不幸罹患职业病；④在工作场所内，突然遭受不可抗力的意外伤害，而不幸负伤、致残、死亡；⑤为抢救他人生命或公共财产而不幸负伤、中毒、致残、死亡；⑥在往返于住所地和工作地点之间的途中，按正常路线乘车、骑车、行走，因发生交通事故而不幸负伤、死亡；⑦出差外地，由于工作原因遭受意外伤害，而不幸负伤、致残、死亡。

工伤认定及工伤保险赔付流程

上述任何一种情况发生的伤残、死亡，均被认定为工伤。我国工伤认定范围大致与国际公约中的规定相同。

2. 劳动能力鉴定

劳动能力鉴定是指当劳动者在生产工作中，由于工伤事故或职业病使得劳动能力遭受不同程度的损失，导致劳动者部分、大部分或者完全丧失劳动能力，有关部门运用医学科学技术的方法和手段，对劳动者病伤后医疗康复程度和丧失劳动能力程度所做出的鉴定和评级。劳动能力鉴定工作在各国由来已久，已然成为工伤保险中的一项制度性建设。劳动能力鉴定制度是工伤保险制度中不可缺少的组成部分，是给予工伤职工保险待遇的基础和前提条件。

通过劳动能力鉴定制度，依据科学的评残标准，准确评定伤残程度，有利于切实保障工伤职工的合法权益。科学的评残标准是开展工伤保险工作的基础。所谓评残标准，是指丧失劳动能力程度的鉴定标准，也称失能等级标准。我国的工伤致残程度分级标准，是以器官损伤、功能障碍、医疗依赖及护理依赖程度四个方面为主要依据进行的综合评定，划分为十个等级，从一级到十级伤残程度由重到轻排列，最重为第1级，最轻为第十级。其中：一至四级为完全丧失劳动能力；五、六级为大部分丧失劳动能力；七至十级为部分丧失劳动能力。

（六）工伤保险的资格条件

职工在遭遇人身伤害事故而负伤、残疾乃至死亡时，能否享受工伤保险待遇，首先要对其进行工伤认定。根据国际上通行的做法，凡由于工作或从事与工作有关的活动而造成的伤残、死亡或患职业病，均属工伤。但这又是个广泛的概念，为使之具有可操作性，各国都制定了详细、具体的工伤认定资格条件。

工伤保险费率确定、资格条件及待遇给付

职业病是指劳动者在生产劳动及其他职业活动中，接触职业性有害因素，如工业毒物、生物因素，或因不合理的劳动组织，以及工作环境卫生条件恶劣等引起的疾病。按照国际惯例，职业病均列入工伤保险范围，享受同种待遇，但是和一般工伤事故相比较，职业病又有其明显的特点：一是在较长时间上，在不断接触有害因素过程中逐渐形成，属缓发性的（有潜伏期）伤残；二是多表现为体内器官或生理功能的损害，其外在形态是"疾病"而不是可见性的有形伤残；三是不可逆性，职业病一般较少有痊愈的可能，因此其"伤"和"残"有必然的联系，保险待遇为终身给付。职业病的认定与因工伤残的认定相同之处在于必须与工作相关；不同之处是，因工伤残主要是从工作环境、条件、地点等方面规定资格条件，而职业病主要是从病因、病种和职业接触史等方面规定资格条件。世界各国均对职业病的确认规定有明确的"法定职业病名单"，凡法定范围内劳动者被诊断确定为法定职业病者，均享受工伤保险待遇。

（七）工伤保险待遇给付

工伤保险的给付没有特别的条件限制，不限制最低投保年限、保险费缴纳年限及就业时间等，凡符合法律规定的被保险人，自投保之日起，均有享受工伤保险待遇的资格。概括而言，工伤保险待遇给付主要包括以下四项内容。

1. 工伤保险待遇给付

工伤医疗给付又称工伤医疗待遇，它是一种服务性给付，指劳动者因工受伤或罹患职业病时由医疗机构提供医疗门诊或者住院服务。综观世界各国所实行的工伤保险制度，其医疗给付的方式共有三种：①直接给付，它是由保险人自设医疗机构，直接为被保险人提供医疗服务，如美国、智利等；②间接给付，即由社会保险机构与医疗机构事先约定，医疗机构为工伤受害者或职业病受害者提供医疗服务后，直接向社会保险机构申请支付医疗费用，实行这种给付方式的主要有德国、瑞典、日本等；③医疗费用偿还，这种给付方式是指由被保险人先行自付医疗费用，事后依据相关凭证向保险人申请偿还，实行这种给付方式的国家主要有法国、挪威、比利时等。

2. 暂时性伤残给付

暂时性伤残给付又称工伤津贴，是指劳动者因工伤事故而损失的工资收入，由社会保险经办机构或保险人给予相应的补偿，以维持其基本生活。暂时性伤残给付涉及给付标准、给付等待期和给付期等问题。由于各国情况各不相同，其具体规定也有所不同。首先是给付标准，从各国执行的情况来看，一般处在本人平均工资的 60% ～ 75% 水平，1964 年国际劳工组织规定为 60%。其次是给付等待期问题，各国一般都有等待期的规定，即在劳动者受伤后，必须经过一段时间才能获得暂时性伤残给付，一般为 3 ～ 7 天，1952 年国际劳工组织规定等待期不能超过 3 天。1964 年修改了公约，要求各国从劳动者丧失劳动能力的第一天起就必须支付暂时性伤残金，不需要任何等待期。最后是关于给付期的问题，绝大多数国家规定为 26 周，但是最长也有超过 52 周的，同时许多国家规定医疗期满后如需继续治疗的可以延期。

3. 永久性伤残给付

永久性伤残给付又称永久性残疾年金，根据残疾程度又区分为永久性局部残疾给付和永久性全部残疾给付两种。前者是指永久性丧失部分工作能力，后者是指永久性丧失全部工作能力。永久性局部残疾的给付一般以残疾部分的轻重程度为依据，给付一般是长期的或者一次性的。永久性全部残疾的给付一般采用年金制，各国的支付水平不一，一般为本人过去年收入的 66% ～ 75%，国际公约规定为原工资的 60%。

4. 死亡给付

死亡给付又称死亡待遇、遗属补偿，是指劳动者因工伤事故或职业病导致死亡，其遗属获得的丧葬费与遗属给付。丧葬费通常是一次性给付。遗属给付，从理论上来讲，应该能够维持到其子女成年、其配偶死亡或改嫁为止。给付金额一般按照被保险人平均工资的百分比计算，或者按照年金数据的百分比计算。通常规定给付最低不得低于工资最高限额的 33% ～ 50%，最高不得超过被保险人的工资总额。目前国际劳工组织的规定是，遗孀给付为死者工资的 30% ～ 50%，子女为 15% ～ 20%，总的限额不超过工资的75%。

第三节　中国工伤保险制度

一、学习目标

本节完成两个任务，要求学生了解中国工伤保险制度的发展过程、掌握中国现行工伤保险制度内容。通过本节的学习，学生应了解中国工伤保险制度的变迁、认知中国工伤保险制度的基本内容。

二、学习任务

任务 1：以时间为顺序，画出中国工伤保险制度发展历程图。

任务 2：认知中国工伤保险制度的基本内容，与发达国家相比，有什么异同。

三、学习内容

（一）中国工伤保险制度的变迁

1. 工伤保险制度的建立

1951 年中央人民政府颁布了《中华人民共和国劳动保险条例》，将我国的工伤补偿制度确定为社会保险加单位（雇主）责任制；1953 年《中华人民共和国劳动保险条例若干修正的决定》，进一步提高了若干劳动保险待遇标准。与此同时，国家机关、事业单位的社会保险制度也以单项法规的形式逐步确立起来：1950 年原内务部公布了《革命工作人员伤亡褒恤暂行条例》，规定了伤残及死亡待遇等；1957 年原卫生部制定实施《职业病范围和职业病患者处理办法的规定》，首次将职业病伤害列入工伤保险的保障范畴，明确规定对患职业病的工人、职员按因工负伤待遇处理，同时确定了包括职业中毒、尘肺、职业传染病、职业性皮肤病等在内的职业病范围；1957 年 9 月，党的八届三中全会提出调整与完善社会保险制度，对工伤保险待遇、工伤保险范围、职业病以及死亡、抚恤等方面均做出了明确规定，工伤保险实现全面建制。

2. 工伤保险制度停滞发展

1966—1976 年"文化大革命"期间，负责企业职工社会保险管理的中华全国总工会被停止活动，社会保险管理体系群龙无首。1969 年财政部发出《关于国营企业财务工作中几项制度的改革意见（草案）》，要求国营企业一律停止提取劳动保险金，企业的退休职工、长期病号工资和其他劳保开支在营业外列支。其后果是，原有工伤保险的社会统筹调剂功能完全丧失，社会保险沦为企业保险，工伤职工的经济补偿待遇、医疗待遇和工资待遇等全部由企业负担，导致企业负担加重。

同时，由于各企业负担畸轻畸重，工伤保险待遇差异也过大，这些都严重影响了企业和职工的生产积极性。

3. 工伤保险制度改革发展与完善

党的十一届三中全会后，社会保险的重建工作也重新被提上了议事日程。一系列文件出台，进一步明确工伤费用及工伤补助与抚恤问题，扩大工伤保险实施范围、提高职业病待遇。伴随着经济体制改革的深化，部分企业的伤亡事故率和职业病发生率出现上升趋势，职业安全状况形势严峻，企业工伤保险的弊端也日益显露。建立适应社会和经济发展要求的社会化的工伤保险制度势在必行。

从 1988 年开始，原劳动部着手研究工伤保险改革问题，并选择深圳、海口等地进行工伤保险制度试点，自此拉开了我国工伤保险制度改革的序幕。1992 年劳动部、卫生部、中华全国总工会联合发布《关于颁发〈职工工伤与职业病致残程度鉴定标准（试行）〉的通知》，推进了改革的步伐。1994 年第八届全国人民代表大会常务委员会第八次会议通过了《中华人民共和国劳动法》，以法律的形式将工伤保险确定下来。

1996 年劳动部颁布并实施《企业职工工伤保险试行办法》，明确规定工伤保险试行社会统筹和社会化管理，实行差别费率基础上的浮动费率，这标志着各地工伤保险改革试点由自发探索转向有组织、有计划地推进。同年实施的《职工工伤与职业病致残程度鉴定》，成为全国性的工伤保险规范性文件，工伤保险制度改革在全国铺开。随后一系列关于工伤保险与职业安全方法的法律法规出台、实施，共同构成了我国较为完整的工伤保险制度框架。

2010 年《国务院关于修改〈工伤保险条例〉的决定》，大幅度提高了工伤保险待遇的水平，扩大了工伤保险适用范围和上下班途中的工伤认定范围，简化了工伤认定、鉴定和争议处理程序，并增加了工伤保险基金的支出项目，这标志着我国工伤保险制度的进一步发展和完善。2011 年《中华人民共和国社会保险法》第 4 章对我国的工伤保险制度做出了专门规范，在进一步保障了参保职工权益的同时，也减轻了用人单位的负担，这在我国工伤保险制度发展史上具有划时代的重要意义。随后，2011 年《中华人民共和国职业病防治法》、2012 年《关于进一步做好事业单位等参加工伤保险工作有关问题的通知》、2013 年《职业病诊断与鉴定管理办法》、2014 年《关于进一步做好建筑业工伤保险工作的意见》等系列文件陆续公布并实施。

（二）工伤保险适用范围

我国境内的企业、事业单位、社会团体、民办非企业单位、基金会、律师事务所、会计师事务所等组织和有雇工的个体工商户应当参加工伤保险，为本单位全部职工或者雇工缴纳工伤保险费。上述单位的雇工，均有依法享受工伤保险待遇的权利。公务员和参照公务员法管理的事业单位、社会团体的工作人员因工作遭受事故伤害或者患职业病的，由所在单位支付费用。具体办法由国务院社会保险行政部门会同国务院财政部门规定。

（三）工伤认定

工伤认定是工伤职工享受待遇的前提。工伤认定工作由人力资源和社会保障部门负责，包括申请、受理、审核、调查核实、做出认定等程序，并有严格的时限规定。我国现已明确了应当认定为工伤的七种情形、视同工伤的三种情形，以及不得认定或视同为工伤的三种情形。

1. 应当认定为工伤的七种情形

职工有下列情形之一的，应当认定为工伤：①在工作时间和工作场所内，因工作原因受到事故伤害的；②工作时间前后在工作场所内，从事与工作有关的预备性或收尾性工作受到事故伤害的；③在工作时间和工作场所内，因履行工作职责受到暴力等意外伤害的；④患职业病的；⑤因工外出期间，由于工作原因受到伤害或发生事故下落不明的；⑥在上下班途中，受到非本人主要责任的交通事故或者城市轨道交通、客运轮渡、火车事故伤害的；⑦法律、行政法规规定应当认定为工伤的其他情形。

2. 视同工伤的三种情形

职工有下列情形之一的，应视同工伤：①在工作时间和工作岗位，突发疾病死亡或在48 小时之内经抢救无效死亡的；②在抢险救灾等维护国家利益、公共利益活动中受到伤害的；③职工原在部队服役，因战、因公负伤致残、已取得革命伤残军人证，到用人单位后旧伤复发的。

3. 不得认定或视同为工伤的三种情形

职工有下列情形之一的，不得认定或视同为工伤：①故意犯罪的；②醉酒；③自残或自杀的。

4. 职业病认定

按照 2011 年 12 月 31 日施行的《中华人民共和国职业病防治法》，在我国，职业病是指企业、事业单位和个体经济组织等用人单位的劳动者在职业活动中，因接触粉尘、放射性物质和其他有毒有害因素而引起的疾病。根据《职业病目录》，我国规定的职业病范围有 10 类 115 种。根据《职工工伤与职业病致残程度鉴定》的规定，确定职业病，必须经卫生行政部门具有职业病诊断权的医疗卫生机构出具诊断证明。

5. 工伤认定流程

根据《工伤保险条例》和《工伤认定办法》的有关规定，工伤的认定需要通过一系列步骤来完成，如图 6-1 所示。

从图 6-1 中可以看出，职工发生事故伤害或者按照职业病防治法规定被诊断、鉴定为职业病，所在单位应当自事故伤害发生之日或者被诊断、鉴定为职业病之日起 30 日内，向统筹地区社会保险行政部门提出工伤认定申请。遇有特殊情况，经报社会保险行政部门同意，申请时限可以适当延长。用人单位未按规定提出工伤认定申请的，工伤职工或者其近亲亲属、工会组织在事故伤害发生之日或者被诊断、鉴定为职业病之日起 1年内，可以直接向用人单位所在地统筹地区社会保险行政部门提出工伤认定申请。若职

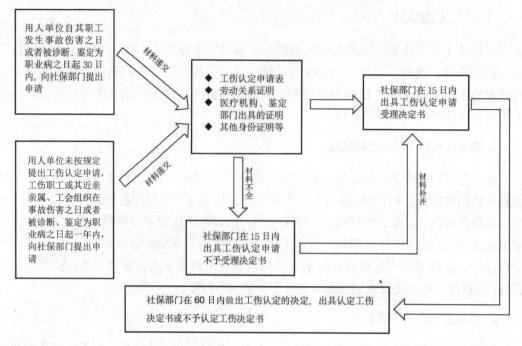

图 6-1　工伤认定流程图

工或者其近亲亲属认为是工伤，用人单位不认为是工伤的，由用人单位承担举证责任。社会保险行政部门应当自受理工伤认定申请之日起 60 日内做出工伤认定的决定，并书面通知申请工伤认定的职工或者其近亲亲属和该职工所在单位。社会保险行政部门对受理的事实清楚、权利义务明确的工伤认定申请，应当在 15 日内做出工伤认定的决定。

提出工伤认定申请应当提交下列材料：①工伤认定申请表；②与用人单位存在劳动关系（包括事实劳动关系）的证明材料；③医疗诊断证明或者职业病诊断证明书（或者职业病诊断鉴定书）。

申请认定工伤的职工或其直系亲属、该职工所在单位对工伤认定结论不服的，既可以依法申请行政复议，也可以依法向人民法院提起行政诉讼。

（四）劳动能力鉴定

劳动能力鉴定是指职工因工负伤或者非因工负伤以及残疾等原因，导致本人劳动与生活能力受损，根据职工本人或者其近亲亲属或者用人单位的申请，由劳动能力鉴定委员会的专家根据国家制定的标准，遵循国家相关政策法规，运用医学手段和方法，确定劳动者伤残程度和丧失劳动能力程度的一种评定制度。

1. 劳动能力鉴定的等级及标准

根据我国《工伤保险条例》中的相关规定，劳动功能障碍分为十个等级，最重的为一级，最轻的为十级；生活自理障碍分为三个等级：生活完全不能自理、生活大部分不能自理和生活部分不能自理。劳动能力鉴定标准由国务院社会保险行政部门会同国务院卫生行政部门等部门制定。

2. 劳动能力鉴定流程

根据《工伤保险条例》的有关规定，劳动能力的鉴定需要通过一系列步骤来完成，如图 6-2 所示。

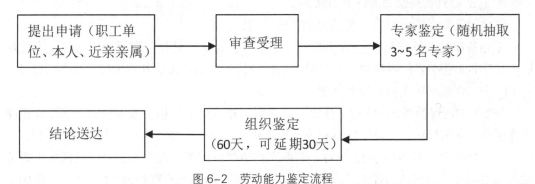

图 6-2　劳动能力鉴定流程

如果申请鉴定的单位或者个人对设区的市级劳动能力鉴定委员会做出的鉴定结论不服的，可以在收到该鉴定结论之日起 15 日内向省、自治区、直辖市劳动能力鉴定委员会提出再次鉴定申请。省、自治区、直辖市劳动能力鉴定委员会做出的劳动能力鉴定结论为最终结论。

自劳动能力鉴定结论做出之日起 1 年后，工伤职工或者其近亲亲属、所在单位或者经办机构认为伤残情况发生变化的，可以申请劳动能力复查鉴定。

（五）工伤保险待遇给付

相对于其他几大险种，工伤保险待遇涉及医疗、残疾、康复、死亡等几个方面，不管从范围上，还是从给付标准上，工伤保险待遇的水平都相对比较高。具体来看，工伤保险待遇包括以下几个方面。

1. 医疗待遇

（1）工伤医疗待遇

职工因工作遭受事故伤害或者患职业病而进行治疗，享受工伤医疗待遇。职工治疗工伤或者职业病应当在签订服务协议的医疗机构就医，情况紧急时可以先到就近的医疗机构急救。工伤职工治疗工伤或职业病所需的挂号费、住院费、医疗费、药费、就医路费全额报销。经医疗机构出具证明，报经办机构同意，工伤职工到统筹地区以外就医所需的交通费、食宿费，以及住院治疗工伤的伙食补助费从工伤保险基金中支付，基金支付的具体标准由统筹地区人民政府规定。总结来说，工伤医疗待遇具体包括医疗费、住院伙食补助费、交通食宿费和辅助器具费，其中：

① 医疗费赔偿额的计算方法为

医疗费赔偿额 = 诊疗金额 + 药品金额 + 住院服务金额

式中右边每一项的具体标准依据《工伤保险诊疗项目目录》《工伤保险药品目录》《工伤保险住院服务标准》而定。

② 住院伙食补助费赔偿额的计算方法为

住院伙食补助费赔偿额 = 职工因公出差伙食补助费标准 ×70%× 人数 × 天数

③ 交通食宿费赔偿额的计算方法为

交通食宿费赔偿额 = 职工因公出差交通费标准 × 往返次数 + 职工因公出差住宿费标准 × 天数 + 职工因公出差伙食补助费标准 × 天数

④ 辅助器具费赔偿额的计算方法为

辅助器具费赔偿额 = 普通型器具的单价 × 数量

上述各项的计算结果须经劳动能力鉴定委员会确认。另外，需要说明的是，当工伤职工治疗非工伤引发的疾病时，不享受工伤医疗待遇，而是按照基本医疗保险办法处理。

（2）医疗期间的生活护理费待遇

按照《工伤保险条例》的相关规定，职工因工作遭受事故伤害或者患职业病需要暂停工作接受工伤医疗的，在停工留薪期内，原工资福利待遇不变，由所在单位按月支付。

停工留薪期一般不超过 12 个月。若职工伤情严重或者情况特殊，则经设区的市级劳动能力鉴定委员会确认，停工留薪期可以适当延长，但延长不得超过 12 个月。工伤职工评定伤残等级后，停发原待遇，按照有关规定享受伤残待遇。工伤职工在停工留薪期满后仍需治疗的，继续享受工伤医疗待遇。

生活不能自理的工伤职工在停工留薪期需要护理的，由所在单位负责。生活护理费按照生活完全不能自理、生活大部分不能自理、生活部分不能自理 3 个不同等级支付，其标准分别为统筹地区上年度职工月平均工资的 50%、40%、30%。具体公式如下：

① 生活完全不能自理的生活护理费计算方法为：

生活护理费 = 统筹地区上年度职工月平均工资 × 50%

② 生活大部分不能自理的生活护理费计算方法为：

生活护理费 = 统筹地区上年度职工月平均工资 × 40%

③ 生活部分不能自理的生活护理费计算方法为：

生活护理费 = 统筹地区上年度职工月平均工资 × 30%

按照上述方法计算出的生活护理费的金额需经劳动能力鉴定委员会确认。

2. 伤残抚恤待遇

按照《工伤保险条例》中的相关规定，不同的伤残等级享受不同的伤残抚恤待遇。伤残抚恤待遇主要包括一次性伤残补助金和按月发放的伤残津贴，对于不同的伤残等级，一次性伤残补助金和按月发放的伤残津贴如表 6-2 所示。

表 6-2　伤残抚恤待遇

伤残等级	一次性伤残补助金	按月发放的伤残津贴
一级	本人月工资 ×27	本人月工资 ×90%
二级	本人月工资 ×25	本人月工资 ×85%
三级	本人月工资 ×23	本人月工资 ×80%
四级	本人月工资 ×21	本人月工资 ×75%
五级	本人月工资 ×18	本人月工资 ×70%
六级	本人月工资 ×16	本人月工资 ×60%
七级	本人月工资 ×13	—
八级	本人月工资 ×11	—

伤残等级	一次性伤残补助金	按月发放的伤残津贴
九级	本人月工资×9	—
十级	本人月工资×7	—

另外，在劳动关系及相关待遇上，不同的伤残等级也要区别对待。

（1）职工因工致残被鉴定为一级至四级伤残程度的，保留劳动关系，退出工作岗位，并享受下述待遇：当工伤职工达到退休年龄并办理退休手续后，停发伤残津贴，按照国家有关规定享受基本养老保险待遇，基本养老保险待遇低于伤残津贴的，由工伤保险基金补足差额。

（2）职工因工致残被鉴定为五级、六级伤残程度的，经其本人提出，可以与用人单位解除或者终止劳动关系，由工伤保险基金支付一次性工伤医疗补助金，由用人单位支付一次性伤残就业补助金。

（3）职工因工致残被鉴定为七级至十级的，若劳动、聘用合同期满终止，或者其本人提出解除劳动、聘用合同，则由工伤保险基金支付一次性工伤医疗补助金，由用人单位支付一次性伤残就业补助金。

3.康复待遇

康复待遇是指工伤职工因日常生活或者就业需要，经劳动能力鉴定委员会确认，可以安装假肢、矫形器、假眼、假牙和配置轮椅等辅助器具，所需费用按照国家规定的标准从工伤保险基金中支付。

4.死亡（失踪）待遇

职工因工死亡，其近亲亲属按照下列规定从工伤保险基金中领取丧葬补助金、供养亲属抚恤金和一次性工亡补助金：

（1）丧葬补助金为6个月的统筹地区上年度职工月平均工资。

（2）供养亲属抚恤金按照职工本人工资的一定比例发给由因工死亡职工生前提供主要生活来源、无劳动能力的亲属。标准为：配偶每月40%，其他亲属每人每月30%，孤寡老人或者孤儿每人每月在上述标准的基础上增加10%。核定的各供养亲属的抚恤金之和不应高于因工死亡职工生前的工资。供养亲属的具体范围由国务院社会保险行政部门规定。

（3）一次性工亡补助金标准为上一年度全国城镇居民人均可支配收入的20倍。另外，职工因工外出期间发生事故或者在抢险救灾中下落不明的，从事故发生当月起3个月内照发工资，从第4个月起停发工资，由工伤保险基金向其供养亲属按月支付供养亲属抚恤金。生活有困难的，可以预支一次性工亡补助金的50%。

第四节　中国工伤保险制度实务操作

一、学习目标

本节是本项目的学习重点，包括工伤认定、鉴定劳动能力、工伤保险赔付流程三大工作任务，要求学生通过本节的知识学习及实践活动，能够熟悉我国工伤保险制度并能熟练对各项工伤保险业务进行实务操作。

二、学习任务

任务1：认定工伤。为完成此次任务，要求学生以实际工伤案例为背景，通过课程学习，掌握工伤认定的申报流程，学会填写各类工伤认定申报表单，能够办理工伤认定手续，并能够对基本问题进行政策解答。任务以情景模拟的形式完成，最终由教师进行点评。

任务2：鉴定劳动能力。本次任务中，通过具体的工伤案例，要求学生掌握针对案情的劳动能力鉴定申请书的撰写，能填写各类劳动能力鉴定申请表单，劳动能力复查鉴定书的撰写，劳动能力的鉴定方法及结论。通过情景模拟的方式，完成劳动能力鉴定的流程，最终由教师进行点评。

任务3：熟悉工伤赔付流程，学会计算各类待遇给付。基于具体案例，要求各小组进行工伤保险理赔计算，并学会填写工伤保险待遇申领的各项表格，能够结合案例领取工伤保险待遇金，能够对工伤保险待遇申领进行简单的政策咨询。通过情景模拟的形式，完成工伤赔付的实务流程，最终由教师进行点评。

三、学习内容

（一）认定工伤

1. 填写《工伤认定申请表》

《工伤认定申请表》见表6-3。

表6-3 工伤认定申请表 编号：

申请人		联系地址			联系电话	
					申请时间	
受伤害职工姓名			性别		出生年月	
身份证号码					申请人与受伤害职工关系	
用人单位					工作单位养老保险编码	
受伤害职工家庭详细地址					联系电话	
					邮政编码	
职业、工种或工作岗位		参加工作时间			申请工伤或视同工伤	
事故发生时间		诊断时间			伤害部位或疾病名称	
接触职业病危害时间		接触职业病危害岗位			职业病名称	

受伤害经过简述（可附页）：

签字

年 月 日

用人单位意见：

法定代表人签字（盖章）

年 月 日

劳动和社会保障行政部门审查资料情况和受理意见：

（盖章）

年 月 日

备注（填写要求详见填表说明）：

填表说明：

（1）用钢笔或签字笔填写，字体工整，清楚，无涂改。

（2）申请人为用人单位或工会组织的，在名称处加盖公章。

（3）事业单位职工填写职业类别，企业职工填写工作岗位（或工种）类别。

（4）伤害部位一栏填写受伤的具体部位。

（5）诊断时间一栏，职业病者，按职业病确诊时间填写；受伤或死亡的，按初诊时间填写。

（6）职业病名称按照职业病诊断证明书或者职业病诊断鉴定书填写，接触职业病危害时间按实际接触时间填写。不是职业病的不填。

（7）受伤害经过简述，应写清楚事故时间、地点，当时所从事的工作，受伤害的原因以及伤害部位和程度。职业病患者应写清楚在何单位从事何种有害作业，起止时间，确诊结果。

属于下列情况应提供相关的证明材料：

①因履行工作职责受到暴力伤害的，提交公安机关或人民法院的判决书或其他有效证明。

②由于机动车事故引起的伤亡事故提出工伤认定的，提交公安交通管理等部门的责任认定书或其他有效证明。

③因工外出期间，由于工作原因受到伤害的，提交公安部门证明或其他证明；发生事故下落不明的，认定因工死亡，提交人民法院宣告死亡的结论。

④在工作时间和工作岗位，突发疾病死亡或者在48小时之内经抢救无效死亡的，提交医疗机构的抢救和死亡证明。

⑤属于在抢险救灾等维护国家利益、公众利益活动中受到伤害的，按照法律法规规定，提交有效证明。

⑥属于因战、因公负伤致残的转业、复员军人，旧伤复发的，提交革命伤残军人证及医疗机构对旧伤复发的诊断证明。

对因特殊情况，无法提供相关证明材料的，应书面说明情况。

（8）受伤害职工或亲属意见栏应写明是否同意申请工伤认定，以上所填内容是否真实，否则追究相关人员的法律责任。

（9）用人单位意见栏，单位应签署是否同意申请工伤，所填情况是否属实，法定代表人签字并加盖单位公章。

（10）劳动和社会保障行政部门审查资料情况，受理意见栏应填写补正材料的情况、是否受理的意见。

2. 填写《工伤认定申请受理决定书／不予受理决定书》

（1）填写《工伤认定申请受理决定书》

《工伤认定申请受理决定书》见表6-4。

表6-4　工伤认定申请受理决定书　　　　　　　　编号：

_____：

　　你（单位）于 ____ 年 ____ 月 ____ 日提交 _____ 的工伤认定申请收悉。经审查，符合工伤认定受理的条件，现予受理。

（盖章）

年　月　日

　　说明：本决定书一式三份，社会保险行政部门、职工或者其近亲亲属、用人单位各留存一份。

（2）填写《工伤认定申请不予受理决定书》

《工伤认定申请不予受理决定书》见表6-5。

表6-5　工伤认定申请不予受理决定书　　　　　　编号：

_____：

　　你（单位）于 ____ 年 ____ 月 ____ 日提交 _____ 的工伤认定申请收悉。

　　经审查：_____ 不符合《工伤保险条例》第 ____ 条 _____ 规定的受理条件，现决定不予受理。

　　如对本决定不服，可在接到决定书之日起60日内向 _____ 申请行政复议，或者向人民法院提起行政诉讼。

（盖章）

年　月　日

　　说明：本决定书一式三份，社会保险行政部门、职工或者其近亲亲属、用人单位各留存一份。

3．撰写《认定工伤决定书／不予认定工伤决定书》

（1）撰写《认定工伤决定书》

《认定工伤决定书》见表6-6。

表6-6　认定工伤决定书　　　　　　　　编号：

申请人：

　　职工姓名：　　性别：　　年龄：

　　身份证号码：

　　用人单位：

　　职业／工种／工作岗位：

　　事故时间：　　年　月　日

　　事故地点：

　　诊断时间：　　年　月　日

续 表

受伤害部位/职业病名称:

受伤害经过、医疗救治的基本情况和诊断结论:

_____ 年 _____ 月 _____ 日受理 _____ 的工伤认定申请后,根据提交的材料调查核实情况如下:

_____ 同志受到的事故伤害(或患职业病),符合《工伤保险条例》第 ____ 条第 ____ 款第 ____ 项之规定,属于工伤认定范围,现予以认定(或视同)为工伤。

如对本工伤认定决定不服的,可自接到本决定书之日起 60 日内向 _____ 申请行政复议,或者向人民法院提起行政诉讼。

(工伤认定专用章)

年 月 日

说明:本通知一式四份,社会保险行政部门、职工或者其近亲亲属、用人单位、社会保险经办机构各留存一份。

(2)撰写《不予认定工伤决定书》

《不予认定工伤决定书》见表6-7。

表6-7 不予认定工伤决定书 编号:

申请人:

职工姓名: 性别: 年龄:

身份证号码:

用人单位:

职业/工种/工作岗位:

_____ 年 ____ 月 ____ 日受理 _____ 的工伤认定申请后,根据提交的材料调查核实情况如下:

_____ 同志受到的伤害,不符合《工伤保险条例》第十四条、第十五条认定为工伤或者视同工伤的情形;或者根据《工伤保险条例》第十六条第 ____ 项之规定,属于不得认定或者视同工伤的情形。现决定不予认定或者视同工伤。

如对本工伤认定结论不服的,可自接到本决定书之日起 60 日内向 _____ 申请行政复议,或者向人民法院提起行政诉讼。

(工伤认定专用章)

年 月 日

说明:本通知一式三份,社会保险行政部门、职工或者其近亲亲属、用人单位各留存一份。

4.进行工伤保险认定

（1）所需资料

《工伤认定申请表》《工伤认定申请受理书/不予受理决定书》《认定工伤决定书/不予认定工伤决定书》、身份证复印件；与用人单位存在劳动关系（包括事实劳动关系）的证明材料；医疗诊断证明或者职业病诊断证明书（或者职业病诊断鉴定书）。

（2）办理程序

根据《工伤保险条例》的相关规定，职工发生事故伤害，所在单位应当自事故伤害发生之日起 30 日内，向统筹地区社会保险行政部门提出工伤认定申请。遇有特殊情况，经报社会保险行政部门同意，申请时限可以适当延长。用人单位未按规定提出工伤认定申请的，工伤职工或者其近亲亲属、工会组织在事故伤害发生之日或者被诊断、鉴定为职业病之日起 1 年内，可以直接向用人单位所在地统筹地区社会保险行政部门提出工伤认定申请。

（二）鉴定劳动能力

1.撰写《劳动能力鉴定申请表》

某申请人的《劳动能力鉴定申请表》见表 6-8。

表 6-8　劳动能力鉴定申请书示例

申请人：王××，男，××年×月×日生，汉族，住××市××路358号，系××建筑工程有限公司职工。

委托代理人：××，系××律师事务所律师。联系电话：130××××

请求事项：请求对申请人因工伤事故导致的残疾进行劳动能力鉴定。

事实与理由：

××年××月××日××时左右，申请人受单位指派外出购料返回途中，在××施工现场被在同一现场施工的另一公司的装载机砸伤（事故经过或患病经历），经××市劳动局认定为工伤。申请人当即被送往××人民医院治疗，医生诊断为：××××等。在××人民医院住院治疗257天，于××年××月××日出院并转往××附属医院继续接受治疗，直至××年××月××日好转出院，出院诊断为：××××等。申请人由于身体多处遭受创伤，已经失去了劳动能力，部分生活不能自理，且造成了申请人心理障碍（工伤所致后果）。为此，特申请劳动能力鉴定，请求对申请人的劳动功能障碍程度等级和生活自理障碍程度等级作出鉴定，望予支持。

申请人：王××

××年××月××日

2. 进行劳动能力鉴定

（1）所需资料

《工伤认定书复印件》；个人身份证明（照片、身份证）;《劳动能力鉴定申请书》(个人申请、单位批复);《工伤认定决定书复印件》等。

（2）办理程序

劳动鉴定委员会办公室经审查决定受理的申请，可以根据鉴定情况，选择以下程序：①将申请书及报送材料分类、分科整理、登记；②通知用人单位和被鉴定人有关鉴定事宜（如：鉴定的时间、地点、注意事项等），并组织协调鉴定工作；③指定劳动鉴定医院、聘用劳动鉴定专家组成技术鉴定组；④劳动鉴定医院指定医生根据被鉴定人受伤的部位或病情进行检查并写出诊断报告，鉴定专家组对被鉴定人及材料进行技术鉴定并写出鉴定意见；⑤劳动鉴定委员会依据国家标准、劳动法规及鉴定意见作出鉴定结论。

（三）工伤保险待遇给付

1. 填写《工伤保险待遇申请表》

《工伤保险待遇申请表》见表6-9。

表6-9　工伤保险待遇申请表

申请单位（盖章）：　　　　　　申请时间：

申请单位名称			单位编码	
单位	开户行		受伤职工姓名	
	账号		身份证号码	
单位联系人			联系电话	
事故编码		伤残等级	死亡时间	
（一）医疗费用及其他费用结算			（二）工亡待遇一次性结算及伤残待遇结算	
项目	发票张数	支出总额	项目	在下列栏目中打钩
门诊医疗费用			丧葬费	
住院医疗费用			工亡补助金	
其他费用	配置康复器具		伤残补助金	
			伤残津贴	
	修复康复器具		护理费	
（三）供养亲属抚恤金				
社保经办机构受理意见			业务经办人：　　　年　月　日	

说明：

（1）用人单位应在工伤职工医疗终结或收到劳动能力鉴定结论后30日内，向社会保险经办机构申领职工工伤保险待遇，并提供下列材料：

①《工伤认定决定书》（原件及复印件）；②《工伤保险待遇申请表》；③劳动能力鉴定结论；④工伤医疗费用票据、住院费用清单、出院小结等原始资料；⑤职工因交通事故或其他事故伤害兼有民事赔偿的，应提供民事赔偿裁决书或调解书。

（2）本表一式两份，用人单位和社保经办机构各一份。

2. 工伤保险赔付

（1）所需资料

《工伤保险待遇申请表》；劳动、聘用合同文本复印件或者与用人单位存在劳动关系（包括事实劳动关系）、人事关系的其他证明材料；医疗机构出具的受伤后诊断证明书或者职业病诊断证明书（或者职业病诊断鉴定书）；其他身份证明等。

（2）办理程序

劳动保障行政部门受理工伤认定申请后，根据审核需要可以对事故伤害进行调查核实，用人单位、职工、工会组织、医疗机构以及有关部门应当予以协助。职业病诊断和诊断争议的鉴定，依照职业病防治法的有关规定执行。对依法取得职业病诊断证明书或者职业病诊断鉴定书的，劳动保障行政部门不再进行调查核实；对职工或者其直系亲属认为是工伤，而用人单位不认为是工伤的，由用人单位承担举证责任。劳动保障行政部门应当自受理工伤认定申请之日起 60 日内作出工伤认定的决定，并书面通知申请工伤认定的职工或者其直系亲属和该职工所在单位。根据伤残评定等级，到参加保险的公司进行理赔。

3. 申请工伤保险康复

（1）所需材料

工伤保险康复申请所需的材料包括：《住院工伤康复申请表》；《认定工伤决定书》（原件及复印件）；医疗机构出具的诊断证明（原件及复印件）；残疾报告；近期病历原件及复印件；照片以及其他身份证明材料等。

（2）办理程序

工伤保险康复申请的办理程序为：工伤人员经治疗伤病情相对稳定，存在残疾或身体功能障碍，在停工留薪期内需要住院进行工伤康复治疗的，由用人单位、工伤人员或其直系亲属向用人单位所在地的区、县劳动能力鉴定委员会提出住院工伤康复申请，并提供如上所需的相关材料。

> ➤ **学习拓展**

新旧工伤保险条例的比较

2011 年 1 月 1 日，修订后的《工伤保险条例》正式开始施行。新《条例》与旧《条例》（2004 年 1 月 1 日起施行的《工伤保险条例》）相比，主要有以下十大变化。

新旧工伤保险
条例比较分析

一、扩大了工伤保险适用范围

旧《条例》第 2 条规定："中华人民共和国境内的各类企业、有雇工的个体工商户（以下称用人单位）应当依照本条例规定参加工伤保险，为本单位全部职工或者雇工（以下称职工）缴纳工伤保险费。"

新《条例》第 2 条规定："中华人民共和国境内的企业、事业单位、社会团体、民办非企业单位、基金会、律师事务所、会计师事务所等组织和有雇工的个体工商户（以下称用人单位）应当依照本条例规定参加工伤保险，为本单位全部职工或者雇工（以下称职工）缴纳工伤保险费。"

可见，新法扩大了工伤保险条例的适用单位范围，最大限度地保护了劳动者的合法权益。

二、改变了工伤认定范围

其一，扩大了工伤认定范围。旧《条例》第 14 条第 6 款规定，"在上下班途中，受到机动车事故伤害的"应认定为工伤。新《条例》第 14 条规定，在上下班途中，受到非本人主要责任的交通事故或者城市轨道交通、客运轮渡、火车事故伤害的，应认定为工伤。这样规定，将上下班途中的工伤认定范围由原来的机动车事故伤害扩大到机动车、非机动车的交通事故和城市轨道交通、客运轮渡和火车事故伤害。

其二，不得认定为工伤或者视同工伤的情形有变动。旧《条例》第 16 条规定"因犯罪或者违反治安管理伤亡的"不得认定为工伤或者视同工伤，新《条例》规定"故意犯罪的"不得认定为工伤或者视同工伤。新《条例》16 条规定"醉酒或者吸毒的"不得认定为工伤或者视同工伤。即因吸毒发生工伤事故的虽符合其他工伤认定的标准，仍不得认定为工伤或者视同工伤。

三、更加明确了工伤认定期限

新《条例》第 20 条规定，对事实清楚、权利义务明确的工伤认定申请，应当在 15 日内作出工伤认定的决定。而旧《条例》无此规定。

新《条例》第 25 条规定，对劳动能力再次鉴定和复查鉴定的期限明确规定为 60 日，必要时可延长 30 日。工伤认定决定需要以司法机关或者有关行政主管部门的结论为依据的，在司法机关或者有关行政主管部门尚未作出结论期间，工伤认定的时限可以中止。

四、大幅度提高了一次性伤残、工亡的补助金标准

根据新《条例》第 35 条至 38 条的规定，一次性伤残补助金按照伤残级别，较旧《条例》增加了 1 至 3 个月职工本人的工资。旧《条例》第 37 条规定的一次性工亡补助金标准为 48 个月至 60 个月的统筹地区上年度职工月平均工资，而新《条例》第 39 条将一次性工亡补助金的标准调整为上一年度全国城镇居民人均可支配收入的 20 倍。

五、扩大了工伤保险基金的用途范围

根据新《条例》第二章相关条文规定，工伤预防的宣传、培训等费用纳入基金支付范围，原由用人单位支付的工伤职工"住院伙食补助费""统筹地区以外就医的交通食宿费""终止或解除劳动关系时的一次性医疗补助金"，改由工伤保险基金统一支付。这样规定，统一了工伤待遇标准，保证了工伤职工待遇的及时发放，同时减轻了参保用人单位的负担，提高了企业参加工伤保险的积极性。

六、加大了对违法行为的惩罚力度

其一，加重了对用人单位应当参加工伤保险而未参加的处罚。新《条例》第62条规定，用人单位应当参加工伤保险而未参加的，除了限期参加，补缴应当缴纳的工伤保险费外，并规定应自欠缴之日起，按日加收万分之五的滞纳金；逾期仍不缴纳的，处欠缴数额1倍以上3倍以下的罚款。对于骗取工伤保险基金支出的，旧《条例》第58条的规定罚款数额为骗取金额1倍以上3倍以下，新《条例》规定为骗取金额2倍以上5倍以下。

其二，增加了一条处罚规定。新《条例》第63条规定，拒不协助社会保险行政部门对事故进行调查核实的用人单位，由社会保险行政部门责令改正，处2000元以上2万元以下的罚款。

七、扫除了部分行政程序障碍

旧《条例》第53条规定，对于"（一）申请工伤认定的职工或者其直系亲属、该职工所在单位对工伤认定结论不服的；（二）用人单位对经办机构确定的单位缴费费率不服的；（三）签订服务协议的医疗机构、辅助器具配置机构认为经办机构未履行有关协议或者规定的；（四）工伤职工或者其直系亲属对经办机构核定的工伤保险待遇有异议的"，须先申请行政复议，对复议不服的再向法院起诉，即行政复议前置。而新《条例》第55条则做了"可以依法申请行政复议，也可以依法向人民法院提起行政诉讼"的选择性规定，行政复议不再是必须的前置程序。

八、增加了行政复议、行政诉讼期间的医疗费用不停止支付的规定

新《条例》第31条规定，社会保险行政部门作出认定为工伤的决定后发生行政复议、行政诉讼的，行政复议和行政诉讼期间不停止支付工伤职工治疗工伤的医疗费用，旧《条例》无此规定。这一规定有利于保护工伤职工的权益。

九、被判刑正在收监执行的可继续享受工伤保险待遇

旧《条例》第40条规定"被判刑正在收监执行的"停止享受工伤保险待遇，新《条例》第42条删除了这一规定，意味着被判刑正在收监执行的可继续享受在判刑收监执行前已经享受的工伤保险待遇，更充分地实现和保障职工权益。

十、企业破产时工伤保险待遇费用不享受优先受偿地位

旧《条例》第41条第4款规定："企业破产的，在破产清算时优先拨付依法应由单位支付的工伤保险待遇费用。"新《条例》第43条第4款规定："企业破产的，在破产清算时依法拨付应当由单位支付的工伤保险待遇费用。"这样的变化意味着，企业破产时工伤保险待遇费用不再享受优先受偿地位，而是与其他债权享受同等的清偿地位。

➤ **复习思考题**

1. 工伤保险实施过程中应遵循哪些基本原则？

2. 如何理解工伤保险的无过失赔偿主张？

3. 工伤保险包括哪些内容？

4. 我国工伤认定范围主要包括哪些情形？

5.职工工亡抚恤金分配标准为：配偶每月40%，其他亲属每人每月30%。如果某职工配偶符合享受40%的条件，同时他的父母和一个孩子也都符合条件。请问抚恤金该如何分配？

6.职工王某所在单位参加了工伤保险。他在早上搭乘妻子驾驶的汽车在上班途中发生交通事故，经交警部门认定妻子对事故负全责。请问王某的工伤保险待遇应由谁支付？

第七章
生育保险

➤ **内容概述**

本章介绍生育保险相关的基本理论和主要内容，包括：生育与人口问题、生育保险；生育保险制度的主要内容；中国生育保险制度、中国生育保险实务操作。

➤ **教学目标**

通过本章学习，使学生认知生育与生育保险，掌握生育保险的基本内容，了解国外生育保险制度，掌握中国生育保险制度基本内容，能进行中国生育保险的相关实务操作。

➤ **重点难点**

重点掌握生育和生育保险的概念、中国生育保险的制度内容，难点是中国生育保险制度的实务操作。

第一节　生育与生育保险

一、学习目标

本节完成两个任务，要求学生了解生育与人口问题，掌握生育保险的内涵、特点、原则和功能。通过本节的学习，学生应了解生育与人口问题、掌握生育保险的内涵。

二、学习任务

任务 1：认知生育与人口问题。要求学生查阅资料并结合自己已有的认知，谈一谈生育对于整个社会发展的重要性。

任务 2：认知生育保险。通过完成任务，学生应认识到生育保险的存在对于改变人类的生存质量的价值。

三、学习内容

（一）生育与人口问题

进入 20 世纪，全世界便出现了生育率下降的趋势。由欧洲国家最先开始，研究表明，其生育率下降到更替水平之后，又继续下降，未来甚至可能会达到 1.3 以下的极低生育水平。我国于 20 世纪 90 年代进入低生育率国家，2000 年第五次人口普查时公布的总和生育率只有 1.22，2005 年小普查时为 1.33，2010 第六次人口普查时根据估算甚至不到 1.2。从数据来看，我国的生育水平已经是"超低型"。从对低生育率的追求到对"低生育率陷阱"的焦虑，低生育率背后掩盖的人口结构失衡、"独子老龄化"、"空巢老龄化"等一系列人口问题，都在不断激发人们对生育与生命意义的思考。

1. 生育的意义

生育是生命的诞生。《圣经》中记载上帝用六天时间"创世纪"，中国也有"女娲抟土造人"的古老神话，生育已经伴随着人类文明走过了几千万年。从词源和词义来看，"生"形如破土而出的树苗，"育"则如一个头倒立而出的婴儿，两者合在一起喻义着生生不息。生育是种族得以绵续的保障，也是一个国家兴旺发达的不竭动力。国之本在家，家之本在人，人之本在育。

从国家的角度来看：一方面，人丁兴旺确保了国家的国防实力和经济实力，可以提供足够的"用兵之丁""充饷之银"。国家的一个重要功能是捍卫主权和领土完整。战争是一件临时发生的社会大事，每一种战争都需要一种能够担负这种事务的社会结构和人口容量。一定数目的作战部队需要配备相应的补充预备部队，这也决定了每一时期要训练多少壮丁来参加作战，制造军火和装备，生产粮食充实军饷。在现代战争中，人数的调遣也是最高统帅部作战计划中最重要的一部分，战时动员的意义就是调动社会各部门人口数量的配合。正是生育确保了社会所需劳动力和人口源源不断地生产和提供，同时也保证了资本积累的形成。

从家庭和个人的角度来看：家之本在人，人之本在育。在我国古代就有"传宗接代""养儿防老""人多好种田""不孝有三，无后为大""多子多福"等说法。在传统文化的影响下，人们的生育观偏向"多子"和"多育"。20 世纪 70 年代以来，随着"计划生育"的宣传和普及，一种"新生育文化"悄然生起。"一家一个好，政府来养老""计划生育利国利民"，加之西方家庭文化观念的传入，"丁克家庭"成为一种时尚。然而殊不知，在这背后蕴藏着另一层危机。"4-2-1"家庭结构所引发的人口塌陷、"独子老龄化""少子老龄化""失独家庭"问题日益凸显，众多独生子女家庭也开始变成"风雨飘零"中的风险家庭。国之根基在家，家之根基在人。儿牵父母心，生育是父辈的延续，生命是亲情的托付。生育与生命对于家庭的意义在于血脉相连的骨肉之情，在于一个家庭对和乐平安的追求，更关乎一个家庭的稳定和幸福。

2. 人口问题

人口自身有其运动变化的规律，一个国家的人口政策是影响该国人口的重要因素，特别是在中国这样一个长期施行计划生育政策的人口大国。在中国，人口问题是发展问题，人口整体的发展变化要结合经济社会的发展进行通盘考虑。纵观我国的计划生育政策，若仅从人口发展的角度来看，中国在 20 世纪五六十年代错过了控制人口的时机，导致人口增长过快，给经济发展造成了沉重的压力，以致不得不在 80 年代开始施行严格的限制生育的"危机管理"政策。独生子女政策未能满足当时民众的生育意愿，造成了干群之间的矛盾，该政策也因有损人权之嫌而受到西方国家的诟病。虽然计划生育的调节具有"滞后性"，但是政策执行效果明显，生育水平快速下降，我国的人口转变出现"压缩性"的特点。在 20 世纪 90 年代，总和生育率降至更替水平以下的时候，需要稳定低生育水平以使得人口总量顶峰早些到来，消减人口的惯性增长。这种稳定性的倾向一直影响着 21 世纪头十年我国的人口政策。在此轮生育政策改革之前的计划生育政策具有明显的行政管理特点。

人口转变完成后，生育率和死亡率相对稳定，同时在外部条件稳定的前提下，人口将进入长时期的稳定状态，有学者称该时期为"后人口转变"阶段。我国人口转变的"压缩性"所形成的"人口断崖"将会使我国在后人口转变阶段的前期面临人口快速老龄化，老年人口高龄化，老年人口比重峰值过高，劳动人口老化等问题。而持续的低生育水平造成的"少子化"将减少劳动人口供应，更突出了人口老龄化问题的严重性。曾经的"人口红利"将转变为"人口负债"。

人口老龄化是全世界人口转变的不可避免的后果，作为发展中国家，中国不是要始终保持人口年龄结构在年轻型或成年型，不进入老年型，而是要缓解具有中国特色的人口转变带来的人口老龄化高峰，以及人口老龄化加剧时段给经济社会发展带来的压力。缓解这种压力的根本方法是增加社会财富，在我国劳动人口不断缩减的情况下要进行经济发展方式的转型，从劳动密集型向资本技术人力资源密集型转变，这是我国经济领域建设的主要任务。在人口领域，增加未来的劳动力数量、提高人口素质是解决问题的途径之一，增加未来的劳动力数量需要提高人口生育水平。新中国成立以来的第二次人口出生高峰的存活人口将在2020年以后逐步进入老年群体行列，直到我国第三次人口出生高峰时段出生的人口队列开始离世的2060年左右，我国的老龄化程度都将维持在一个较高的水平上，其中人口老龄化的高峰将出现在2050年左右，为减轻那一时段的社会养老压力，考虑到育龄妇女规模的不断减少、一孩向二孩生育模式的转变、生育间隔、政策效果显现的滞后性以及当前较低的生育意愿等因素，现阶段是调整人口生育政策、促进生育水平提高的最后时机。吸取20世纪人口调节的教训，在当前我国政治经济和社会环境相对稳定的环境下，人口生育政策的调节须把握好时机，同时应加强与其他一系列的制度和政策改革的联动，如社会保障制度改革、户籍制度改革、教育制度改革等。这样才能把新增人口从"统计数字"转变为满足家庭社会发展需要的建设者，以期实现人口和政治经济社会文化协调发展的目标。提高生育率不仅可以平衡人口的年龄结构，而且被期待可以降低人口出生性别比，降低"婚姻挤压"造成的社会稳定风险。

人们生育观念的转变、人口结构及人口与经济社会达到平衡发展需要经过一个长期的过程，生育政策可以加快或延缓其脚步，但必须考虑其副作用和付出的代价。之前的问题大都集中于女性"不愿生，不敢生"，现在的问题是响应生育二孩这一政策的行为也会带来一些问题。其中，职场女性因生育二孩而放弃工作的职业中断问题在实际生活中时有发生。同时，一孩生育水平还处在下降的趋势之中，不利于整体生育水平的提高，这个问题没有得到足够的认识。

（二）生育保险的内涵

生育保险（maternity insurance)是国家和社会通过立法对处于生育行为发生期间的生育责任者提供一定的经济、物质及服务等各方面帮助的一项社会保险制度。

生育保险的内涵可以从以下三个方面来理解：①生育保险的主体为国家和社会。生育作为生命繁衍的唯一途径，关系到国家和民族的存亡。因此，国家和社会有责任提供生育保险制度。②生育保险的保障对象为处于生育行为发生期间的生育责任者，包括生育家庭的夫妻双方，这体现了社会的进步与发展。③生育保险的保障方式是提供经济、物质和服务等多方面的帮助。生育行为虽然不是疾病，但是也需专业医疗技术并支付医疗费用；生育妇女也需要一段时间的休息来恢复体力和照顾婴儿。因此，生育保险的待遇包括生育医疗服务和补偿、带薪产假、生育津贴和生育补助等多方面内容。

（三）生育保险的特点

生育保险是社会经济和社会保障发展到一定阶段的产物，作为社会保险的一个重要组成部分，它具有社会保险的一些基本特征，如强制性、社会性、公平性等。但由于生育行为的特殊性，生育保险必然具有其自身的一些特点。

生育保险的特征

第一，生育保险覆盖范围比较窄，并且享受时间一般为育龄期，享受时间相对比较集中。生育保险实施的对象主要是处于生育期间的妇女劳动者，其根本的目的是保证妇女生育期间的基本生活，帮助其尽快恢复劳动能力，重返工作岗位。而与此同时，随着社会的进步和经济的发展，一些国家和地区将生育保险的范围扩大至男职工供养的配偶，还有些国家给予生育期女职工配偶一定的带薪假期，以照顾妻子和婴儿。

第二，生育保险的给付与婚姻政策、人口政策相联系。各国生育保险待遇享受条件不一致。有些国家要求享受者有参保记录、工作年限、本国公民身份等。我国生育保险要求享受对象必须是合法婚姻者，即必须符合法定结婚年龄、按《婚姻法》规定办理了合法手续，并符合国家计划生育政策等。有些国家则将生育保险的对象扩展到合法的伴侣，并非一定是常规的婚姻关系。

第三，生育保险所应对的风险一般不需要特殊的治疗。生育是特定的、正常的生理活动，一般属于正常的生理改变，其所带来的是暂时不能参加劳动，不同于疾病、伤残等引起的病理变化，因而，生育期间的保护侧重于休息调养和营养补充，医疗服务也以保健、检查、咨询为主，产假也是生育保险所特有的待遇给付。

第四，生育保险遵循"产前、产后均享受"的原则，即其保险期间覆盖了生育发生的前后。妇女怀孕后，由于生理变化导致其临产前的一段时间行动不便，无法正常工作且不宜过度劳累，而分娩以后也需要一定的休养时间，以便恢复身体和照顾婴儿。所以生育保险既要照顾到生育事件开始前的一段时间，也要覆盖到生育事件完成后的一段时间，只有这样才能更好地保护产妇和婴儿的健康。而其他的保险，如失业保险、医疗保险、工伤保险等基本上都是在相应的风险变为事故后才享受的，带有一定善后的特点。

第五，无论女性参保人妊娠结果如何，均可以按照规定得到补偿，即无论胎儿存活与否，只要是怀孕生育现象的产生期，被保险人收入中断或身体健康情况的失常需要治疗，产妇均可享受有关待遇，并包括流产、引产、胎儿和产妇发生意外以及节育期间因节育而致事故等情况。

第六，生育保险具有同时保障劳动力的简单再生产和扩大再生产的双重功能，因而其保障水平较其他保险项目要高，带有一定的福利色彩。生育保险通过满足受保妇女在生育期间的基本生活和基本医疗保健需要，一方面保障了生育妇女的身体健康和劳动能力的恢复，另一方面对下一代的健康成长也起到了非常重要的作用，有助于促进优生优育和劳动力后备力量的增强。生育保险这种"一手托两命"的性质决定了其待遇给付不仅项目较多，而且水平也较高。

正是由于生育保险具有区别于其他各险种的许多不同之处，一些国家才将其设定为单独的险种。但由于生育行为本身与某些医疗手段密不可分，生育过程也可能伴随某些疾病的产生或复发，致使生育保险与医疗保险有着十分紧密的联系。许多国家也因此将生育保险与医疗保险合并，称为"生育与疾病保险"，或者称为"健康保险"。

（四）生育保险的功能

1. 对个人而言

首先，有利于保障妇女在生育期间的基本生活和医疗保健需求，促使其尽快恢复身体健康。妇女在生育前后的一段时间里，由于机体变化明显，体力消耗大，精神压力重，甚至还伴有一定的疾病、残疾甚至死亡的危险，所以需要必要的休养调息，尤其对于职业女性而言，还要承受因无法继续正常工作带来的收入损失。生育保险通过为生育女性提供孕期保健、医疗服务、生育津贴和带薪产假，保障她们安全健康地度过整个生育期，及早恢复身体健康并重新投入工作。

其次，有助于维护妇女的平等就业权。由于传统的角色界定，妇女在劳动力市场上处于相对弱势地位，加上生育前后对其本身工作效率的影响，致使劳动力市场上出现歧视女性的现象，而生育保险通过统筹社会基金缓解了女性就业与生育之间的矛盾，为女性创造了公平参与工作的机会，有利于女性劳动力资源的开发和女性在家庭、社会中地位的提高。

2. 对企业而言

生育保险对企业的作用主要体现在分散风险、提供公平的竞争环境上。生育保险分散风险的作用主要体现在两个方面：一是将个人的生育风险分散于社会之中；二是将企业间畸轻畸重的生育风险在各企业间加以平衡。企业间由于行业性质的差异，女职工的数量可能相差很大，若生育费用均由企业负担，必会影响女职工多的企业在市场上的竞争力；而生育保险实行社会统筹，就能有效地均衡企业之间的生育费用负担，促进企业间的公平竞争。另外，一些国家和地区的生育保险甚至惠及男职工，有利于保证在职男职工正常的劳动效率，提高其工作的积极性。

3. 对社会而言

生育保险有助于保障人类的繁衍和劳动力再生产的连续性及质量。社会的不断发展需要代代而生的新劳动力，且必须保证新生劳动力的健康体魄和正常智力，这也决定了生育不仅仅是个人和家庭的事，也是一种重要的社会行为。生育保险对生育女性孕期、产期、哺乳期采取一系列的保健措施，并给予其一定的产假和津贴，有助于保证新生儿的质量，为其健康成长奠定良好的基础，保障优生优育和劳动力的连续再生产。

（五）生育保险的原则

生育保险制度在我国社会保险体系中占有重要地位，是使妇女恢复健康、维持生活水平的重要保证。在实施的过程中，为了健康、有序地发展，生育保险制度还要遵循强制性、社会性、互助性等社会保险制度的普遍原则。

1. 强制性原则

生育保险制度是由国家法律、法规规定保险的项目和实施范围，并运用国家强制力加以实施的。劳动者或用人单位必须依法参加生育保险，依法缴纳生育保险费，并享受相应的保险待遇。这一原则要求制定相关的法律法规，为女性劳动者的合法权益提供法律保障，做到有法可依；同时通过法律法规的强制力，保证生育保险制度的实施，使覆盖范围内的所有用人单位和个人都能参加。

2. 社会性原则

生育保险制度是社会保险的组成部分，其基金来源遵循大数法则，集合社会力量，在较大社会范围内筹集资金，通过扩大生育保险制度的覆盖范围，起到分散风险的作用。这不仅有助于把单个企业的负担转化为均衡的社会负担，解决部分企业不愿意使用女职工的问题，而且有助于城镇各类企业和用人单位的女职工在因生育而暂时不能劳动时，能依法享受社会保险待遇。

3. 互济性原则

生育保险制度通过用人单位缴纳生育保险费建立生育保险基金，实行生育保险的社会统筹，实现社会成员的互助互济，把单个企业的负担转化为均衡的社会负担，为企业平等地参与市场竞争创造条件，对女职工较多的企业以及破产、停产、半停产企业的女职工及其子女起到保障和支持的作用。生育保险制度通过其互济互助的作用，不仅维护了妇女平等就业的合法权益，缓解了妇女就业困难的问题，而且解除了企业用工的后顾之忧。

第二节 生育保险制度

一、学习目标

本节要求学生了解生育保险覆盖的范围、生育保险的资格条件、生育保险基金的筹集与管理、生育保险待遇。

二、学习任务

任务 1：认知生育保险覆盖的范围、生育保险的资格条件，通过查阅资料，谈一谈世界范围内的国家或地区享受生育保险的政策。

任务 2：认知生育保险基金的筹集与管理，了解生育保险待遇，通过查阅资料，比较各国在生育保险待遇方面的差异。

三、学习内容

（一）生育保险的产生与发展

1883 年《德国劳工疾病保险法》中关于生育保险的规定是早期生育保险的代表，1912 年意大利政府颁布的《生育保险法》是世界上第一部独立的生育保险法。1919 年第 1 届国际劳工大会通过了《保护生育公约》（第 3 号公约），该公约第一次对生育保险作出了一些通用性的国际规范：规定受保护的妇女应当包括任何公营和私营的工业或商业里的已婚或未婚的女性；要求产假至少为 12 周，且分娩前后各为 6 周；女工在产假期间应得到经济上的补助，补助金额应当足以使她本人及孩子无所匮乏地健康生存，具体数字由各国主管机关确定；公约还赋予女工在工作期间为其婴儿哺乳的权利，规定产妇每天可以中断工作 2 次，每次 0.5 小时，中断时间应算作工作时间；凡按规定享受产假的女工，雇主在他们产假期间给予解雇是不合法的。第 1 届劳工大会后，又有许多国家建立了生育保险制度或增加了生育保险的相关内容。

1952 年，第 35 届国际劳工大会通过的《社会保障最低标准公约》对生育补助金作了专门规定，随后通过了《保护生育公约》（修订本）和《保护生育建议书》。1975 年，国际劳工组织通过了《女工机会均等和待遇平等声明》，其中明确规定，由于生育是一种社会职能，所有女工应有权根据《保护生育公约》和《保护生育建议书》规定的最低标准享有充分的生育保护，其费用应由社会保障、其他公共基金或通过集体协议承担。2000 年第

88 届国际劳工大会为了促进劳动力中的所有妇女享有平等的权利和保证母子的健康与安全，又通过了《保护生育公约》和《保护生育建议书》，作为对旧的公约的补充和修订。第 183 号公约扩大了生育保险的覆盖面，并加强了对生育保护的要求，更加明确地捍卫了生育妇女的权益。各国实行的生育保护制度虽然在内容、形式和标准等方面有所不同，但一般都是采取国家立法来确立生育保险的性质、地位、作用和运行机制。目前，全世界有 135 个国家建立了生育保险制度。

（二）生育保险的覆盖范围

1. 覆盖所有公民及符合条件的外籍人士

芬兰的生育保险制度可以称得上是"全民生育保险"，其生育现金补助和医疗待遇均已覆盖到国内所有居民，入境移民经过 180 天的等待期后也可以享受相应的待遇。澳大利亚、新西兰等国家也规定只要符合国家公民资格和财产调查手续的妇女，均可享受生育保险待遇。

2. 覆盖所有雇员

日本的生育保险制度由雇员健康保险所涵盖。雇员健康保险以用人单位在职职工为被保险人。随着日本经济的不断发展，雇员健康保险的覆盖范围逐渐扩大，包括临时工以及符合条件的被保险人的家属，对于离职者，若离职前 12 个月内仍系受保者，则仍按原规定享受疾病和生育补助。

3. 覆盖部分雇员

有些国家的生育保险，只覆盖某些行业或符合收入要求的部分雇员。例如，中国 1994 年颁布的《企业职工生育保险试行办法》规定，生育保险覆盖城镇企业及其职工，机关事业单位员工未作规定，其生育待遇由其他渠道解决。西班牙的生育保险只覆盖工商和服务业的雇员。印度则对于企业规模有要求，要求雇佣 10 人以上、使用动力加工的企业和雇佣 20 人以上的企业或机构的雇员必须参保。

（三）享受生育保险待遇的资格条件

大多数国家或地区对享受生育保险的女性作出了限制规定，具体可分为五种情况。

一是只对居住权有一定要求，如冰岛规定有常住权的母亲，可享受生育保险；卢森堡规定受益人必须在该国居住 12 个月以上，且夫妻两人必须在该国居住 3 年，才能享受生育保险；二是只要从事受保职业的就有资格享受，如波兰、危地马拉、几内亚、丹麦等国；三是要求从事一定时间的受保职业，如加拿大规定在最近一年内从事受保职业 10～14 周后，才能取得享受资格；阿根廷规定产前连续受雇 10 个月或从事现职工作 1 个月并在从事现职工作前的一年内受雇不少于 6 个月的才能享受；四是要缴足一定时限的保险费后方可享受，如墨西哥规定受保妇女生育前 12 个月内，必须已缴纳 30 周保险费才能享受生育保险；五是除要求被保险人在生育前投保达到一定时间外，还要求被保险人实际参加工作要达到一定时间，如法国，被保险人在分娩前必须投保满 10 个月，并且在生育的最近一年内的头 3 个月中，至少受雇 200 个小时。

（四）生育保险基金筹集与管理

1. 生育保险基金的筹集

从生育保险基金的来源上看，不同国家的基金筹集方式不同。

第一，由受保人、雇主和政府三方共同负担，大多数国家都采用这种方式。奥地利规定生育保险的基金来源为：①受保人：工资收入者按工薪的 3.9% 缴费；薪金雇员按薪金的 3.7% 缴费；年金领取者按年金的 4.35% 缴费。②雇主：对工资收入者，按工薪总额的 3.5% 缴费；对薪金雇员，按薪金总额的 3.7% 缴费。③政府：承担生育现金补助的 70%。

第二，由受保人和雇主共同负担。例如，巴基斯坦对于生育保险的规定是受保人每月缴纳 20 卢比，雇主则缴纳工资总额的 7%，政府不承担费用。

第三，由雇主全部负担。瑞典生育和疾病的基金合并管理，雇员和政府不缴纳，由雇主缴纳工资总额的 11.08%。印度尼西亚则是由雇主为已婚雇员缴纳工资总额的 6%，为单身雇员缴纳 3%。新加坡则由雇主承担雇员在生育期间的全部费用。

第四，由雇主和政府负担。丹麦是由雇主补助雇员在生育期间前 2 周的全部费用，2 周以后的全部费用由地方政府负担。英国规定雇主承担 8% 的生育工资，其他由政府承担。

2. 生育保险基金的管理

从基金管理方式上看，有的国家将生育保险基金与养老、医疗、失业或工伤保险基金的筹措结合起来，有的国家将所有的保险项目放在一起管理。

第一，将生育保险与养老、医疗、工伤、失业补助基金合并管理。如爱尔兰。第二，将生育保险与医疗保险基金合并管理。如比利时、意大利、卢森堡、德国、芬兰、丹麦、奥地利、希腊、瑞典都是将生育保险与医疗保险合并管理。第三，将生育保险与工伤保险合并管理。如新加坡。第四，将生育保险与失业保险合并管理。如荷兰。

（五）生育保险待遇

1. 产假

（1）产假的概念

产假是指为了生育的需要给予女职工不在工作岗位的时间期限。产假必须在产前、产时和分娩后的一段时间之内，其他时间不容许享受。产假的主要作用：一是使女职工在生育时期得到足够休息，维护身体健康；二是使妇女由于生育引起的生活自理能力和劳动能力的暂时丧失得以逐渐恢复；三是使婴儿能得到母亲的精心照顾和哺育，有利于婴儿的健康生长。

产假需要一个合理的时间期限，这个期限既要考虑女性生育期间的生理变化和照料婴儿的需要，同时也要容易被社会和用人单位接受。若产假过长，则会给用人单位造成人力上和经济上的困难；若产假过短，则不利于产妇和婴儿的健康发展。一般来讲，产假的时间下限应充分保障母婴健康，而其上限应能使婴儿获得精心照料。

（2）产假规定

目前，各个国家包括一些劳动力短缺的国家，都尽可能地作出了适当长的产假期限的规定。大多数国家的产假规定已经大大超过了2000年国际劳工组织《保护生育公约》规定的14周。英国规定从2010年4月开始，女性产假可以申请52周，即1年时间。瑞典法律规定，所有工作的父母每生育1个子女都享有16个月的带薪产假，还有一些国家结合其人口政策规定不同胎次产假时长不同，如波兰、保加利亚等国为了鼓励生育，生育保险政策规定生育胎次越多，产假越长，第1胎产假16～17周，第2胎18～21周，第3胎26周。

（3）父育假的规定

父育假是专门准许给父亲的，通常从孩子出生后开始，与产假同时实行，以便父亲能给配偶提供支持及照顾婴儿。芬兰规定男性享有18天的父育假，葡萄牙则有20天父育假。

（4）临时假期的规定

临时假期是在孩子有突发状况，如生病，需要父母照顾或处理时，父母双方可以请的假期。临时假期最长的是瑞典，12岁以下儿童的父母每年有60天的带薪临时假期。在欧盟国家中，奥地利、德国、匈牙利和葡萄牙的婴幼儿父母，在孩子生病或有其他突发状况时，每年有10天或以上的带薪临时假期来护理孩子。

2. 生育津贴

（1）生育津贴的概念

生育津贴，又称生育现金补助，是对女职工因生育而中断工作不能获得劳动报酬时，由生育保险给予的现金补助。生育津贴是为了弥补女职工生育期间工资收入的损失，维护中断劳动收入的生育妇女的基本生活。生育津贴是生育保险基金支付的内容之一。

生育津贴的享受者一般是生育女职工，有的国家也包括男职工的配偶。一些国家还可以将生育津贴给予其他受益人。例如，瑞典、芬兰、丹麦等国规定，产妇返回工作岗位，生育津贴可支付给在家照料婴儿的有职业的父亲。

（2）生育津贴标准

生育津贴支付的标准一般按收入的百分比进行计算。从原则上来讲，生育津贴支付标准应和维持产假期间的生活相适应。1952年国际劳工组织通过的《保护生育公约》对各国制定生育津贴标准提出了一条原则：津贴不应低于原收入的2/3。2000年的《保护生育公约》对上述问题进行了重申，同时这一原则也得到了大多数国家的认可。虽然世界各国的生育津贴标准有所不同，但一般都比较优惠。不少国家规定相当于女性劳动者生育前原工资的100%。有的国家除给付定期生育津贴之外，还在每个子女出生时，发给一定的生育津贴。

（3）生育津贴支付期限

生育津贴的支付期限一般与产假的期限一致。例如，芬兰的产假为33周，生育津贴支付期限也是33周，希腊的产假和生育津贴支付期限同为12周。也有国家规定在不同产假时期生育津贴支付的标准不同，如英国政府规定在52周的产假中，头6周可领取

90% 的工资，中间的 33 周，每周最多可领取 112.75 英镑，最后的 13 周不领取生育津贴。

3. 生育医疗服务

生育医疗服务是由医疗服务机构向妇女提供的妊娠、分娩和产后的医疗照顾，以及必需的住院治疗服务，是生育保险基金支付的内容之一。自前大多数国家都能保障妇女从怀孕到产后享受到一系列的医疗保健和治疗服务，有些国家面向全体居民免费提供生育医疗服务，如英国、瑞典等。

4. 子女补助

许多国家除使生育妇女享有收入补偿的生育津贴外，往往还给予新出生婴儿一定金额的补助。从一定意义上讲，各类补助已带有一定的社会福利性质，但由于它同生育保险的给付交织在一起，常被视为生育保险的待遇之一。子女补助分一次性补助和固定补助两种：前者表现为对每个符合人口政策要求出生的子女给予一次性补助；后者一般延续到子女成年，当然也有的国家只延续到幼儿期。

第三节 中国生育保险制度

一、学习目标

本节要求学生了解中国生育保险制度的变迁、中国生育保险制度的基本内容。

二、学习任务

任务 1：了解中国生育保险制度的变迁，查阅资料，按照时间顺序画出中国生育保险制度变迁的过程。

任务 2：了解中国生育保险制度，重点掌握生育保险待遇，查阅国外生育保险待遇，比较中国与其他国家待遇上的异同点。

三、学习内容

（一）中国生育保险制度的变迁

1. 生育保险制度的建立

在新中国成立之初，由于国力有限，生育保险覆盖面较窄。1951 年《中华人民共和国劳动保险条例》中就有了关于生育保险的规定，而且其保障对象为女工人与女职员，保障范围仅为职工人数在 100 人以上的单位，企业缴纳工资总额的 3% 作为劳动保险费，当时的生育保险和养老保险、医疗保险、工伤保险一起称为劳动保险。当时的生育保险政策规定了产假、保险待遇标准等内容。

根据《中华人民共和国劳动保险条例》的有关规定，新中国成立初期我国生育保险政策对生育保险金、生育休假和津贴、生育补助、医疗服务等都作了详细规定：①劳动保险金按工资总额的 3% 提取，其中 30% 上缴中华全国总工会，70% 存于该企业工会基层委员会户内。②生育休假及生育津贴：产假包括产前产后共 56 天，产假期间，工资照发；生育补助，生育行为发生时，由劳动保险基金给予生育补助费，其数额为 5 市尺红布，按当地零售价给付。③多生子女，补助费加倍发给。此外，对困难者在企业托儿所的婴儿给予伙食费补助。④医疗服务：女工人与女职员怀孕，在该企业医疗所、医院或特约医院检查或分娩时，其检查费与接生费由企业行政方面或资方负担。临时工、季节工及试用工的保险待遇与正式工相同，只是产假期间工资为原工资标准的 60%。

2. 生育保险制度的调整

1962 年中华全国总工会在《关于女职工在病假期间生育待遇的复函》中规定：病假 6 个月以内生育时，也给予支付产假工资。1964 年国务院公布的《有关计划生育的手术、医药等费用支付问题的规定》中规定，免除避孕手术、人工流产所花的住院费、检查费等费用。20 世纪 60 年代后期，财政部颁发了《关于国营企业财务工作中几项制度的改革意见》（草稿），其中规定：国营企业一律停止提取工会经费和劳动保险金、企业的退休职工、长期病号工资和其他劳保开支，改在企业营业外列支。

3. 生育保险改革探索

1986 年卫生部、劳动人事部、中华全国总工会、全国妇联联合印发了《女职工保健工作暂行规定》，对生育妇女孕前保健、孕期保健、产后保健及哺乳期保健等方面都作了规定，旨在保护女职工生育期间的身体健康。1988 年，国务院颁布《女职工劳动保护规定》，将产假从 56 天增加到 90 天。1994 年，全国人民代表大会通过的《劳动法》规定女职工与男职工在社会保险方面享有同样的权利，对女职工的劳动就业权和生育保险问题作出了原则性规定，明确要建立生育保险制度，为生育保险的改革和立法工作提供了法律依据。

1994 年劳动部在总结各地生育保险改革经验的基础上，制定并颁布了《企业职工生育保险试行办法》，明确了我国生育保险今后的改革方向是实行社会统筹，对企业职工生育保险的基本原则、实施范围、待遇标准、基金管理、监督机制等作出了明确规定。这是我国第一部关于生育保险的正式法规，至此，全国有了统一的生育保险基金统筹办法。

1995 年，国务院印发了《中国妇女发展纲要（1995—2000 年）》，提出了到 21 世纪末我国妇女发展的任务和目标及应采取的政策措施。"在全国城市基本实现女职工生育费用的社会统筹""改革女职工生育保障制度。将女职工生育保险费由企业管理逐步改为社会统筹管理。这项改革由国有企业逐步扩展到所有企业"。同年 11 月劳动部印发了《关于贯彻实施〈中国妇女发展纲要〉的通知》，指出：适应企业改革的要求，积极建立社会保险生育保险基金，将生育保险由企业管理逐步转变为社会统筹管理，均衡企业负担，分散风险。该通知要求：全国 80% 左右的县（市），到 20 世纪末实现生育保险社会统筹。

4. 生育保险完善

2004 年原劳动和社会保障部颁布了《关于进一步加强生育保险工作的指导意见》，指出：各地要充分利用医疗保险的工作基础，以生育津贴社会化发放和生育医疗费用实行社会统筹为目标，加快推进生育保险制度建设。2005 年全国人民代表大会常务委员会又通过了《关于修改〈中华人民共和国妇女权益保障法〉的决定》，指出国家要逐步建立和完善与本地区经济发展相适应的生育保险政策，并建立与生育保险相关的其他保障制度。2007 年又颁布《中华人民共和国就业促进法》，规定了男女劳动就业权利的平等，用人单位招用人员，除国家规定的不适合妇女工作的某些职位外，不得以性别为由拒绝录用妇女或者提高录用标准。

为了更好地规范社会保险关系，维护生育妇女参加社会保险和享受社会保险待遇的合法权益，2011 年颁布实施的《中华人民共和国社会保险法》第 6 章专门规定了生育保险的覆盖范围、缴费义务、待遇享受条件、待遇项目和支出渠道等，从立法的层面确定了职工享有生育保险的权利。2012年4月28日《女职工劳动保护特别规定》公布实施，将女职工生育享受的产假延长至98天，并对生育津贴和医疗费用给付作了具体规定。

（二）中国生育保险制度的基本内容

1. 生育保险的覆盖范围和享受资格

《生育保险办法（征求意见稿）》（2012年）将生育保险的覆盖范围确定为国家机关、企业、事业单位、有雇工的个体经济组织及其他社会组织等各类用人单位及其职工，这将有利于生育保险制度的统一，有利于体现社会保障的公平性。

我国生育保险待遇享受条件全国各地规定不尽相同，但均要求必须是符合国家和省人口计划生育法律、法规、规章规定的生育或者实施计划生育手术的，并且生育时连续缴费满一定期限。

2. 生育保险基金筹集

《企业职工生育保险试行办法》规定，生育保险根据以支定收、收支基本平衡的原则筹集资金，由企业按照其工资总额的一定比例向社会保险经办机构缴纳生育保险费，建立生育保险基金。职工个人不缴纳生育保险费。企业必须按期缴纳生育保险费。对逾期不缴纳的，按日加收2%的滞纳金。

《社会保险法》第86条规定：用人单位未按时足额缴纳社会保险费的，由社会保险费征收机构责令限期缴纳或者补足，并自欠缴之日起，按日加收万分之五的滞纳金；逾期仍不缴纳的，由有关行政部门处欠缴数额1倍以上3倍以下的罚款。《生育保险办法（征求意见稿）》（2012年）规定：生育保险基金由用人单位缴纳的生育保险费、生育保险基金的利息收入和依法纳入生育保险基金的其他资金构成。

生育保险基金的筹集要求与经济发展水平以及国家财政、企事业单位的经济承受能力相适应，在保障生育妇女基本权益的同时，避免给参保单位带来过重的负担。因此，生育保险基金筹集应遵循以下几点原则。

（1）以支定收，收支基本平衡

在确定生育保险费率标准时，应考虑生育保险实际支出、生活消费和医疗费的上涨以及单位的承受能力。同时一定要根据生育保险基金的经济实力，合理确定生育保险的偿付标准。收支基本平衡是生育保险基金营运的基本要求，如果生育保险基金出现入不敷出，生育保险制度将难以维持，无力偿付生育津贴和合理的医疗费用，也必将引起社会不安定。

（2）单位负担为主

生育保险费的筹集与医疗保险的分担不同，生育保险费主要由单位负担，职工个人不缴纳生育保险费。因此，生育保险费率一定要考虑到大多数单位，尤其是企业单位的经济承受能力。如果费率过高，很多单位不能承担，将影响到单位参保的积极性，其结果是覆盖面窄，生育保险基金数量少，风险承担能力低。相反，如果费率太低，筹集的基金过少，则不能起到有力的保障作用。

（3）保障基本需求

生育保险基金的筹集一定要以满足生育事件所需基本医疗费用，以及生育妇女产假期间的基本生活需要为目标。筹集标准包括生育津贴和医疗费用补偿，前者一般按照本企业上年度职工月平均工资及享受时间计算，后者则以在定点医院生育（包括流产、计划生育手术等）必需的基本药品、诊疗项目和医疗服务设施费用为依据。

（4）不注重基金积累

生育保险基金在筹资上不强调留有很多结余。这是因为生育保险与计划生育政策相衔接，生育的计划性很强，风险的发生情况可以准确预测，如出生率、流产发生率、计划生育手术率等风险指标都是比较准确和稳定的。唯一例外的是生育过程中发生并发症和合并症时医疗费用可能有一定的风险，但都不如一般疾病风险的不可预测性大。另外生育保险基金的积累过多会造成基金贬值，同时也会增加参保单位的负担。

3. 生育保险待遇

（1）生育医疗费用

生育医疗费用包括：生育的医疗费用、计划生育的医疗费用及法律、法规规定的其他项目费用。《生育保险办法》（2012年）详细规定生育的医疗费用指女职工在孕产期内因怀孕、分娩发生的医疗费用，包括诊治妊娠合并症、并发症的医疗费用。计划生育的医疗费用指职工放置或取出宫内节育器、施行输卵管或者输精管结扎及复通手术、实施人工流产或者引产术等发生的医疗费用。并规定参加生育保险的人员在协议医疗服务机构发生的生育医疗费用，符合生育保险药品目录、诊疗项目及医疗服务设施标准的，由生育保险基金支付。需急诊、抢救的，可在非协议医疗服务机构就医。并明确按照国家规定由公共卫生服务项目或者基本医疗保险基金等支付的生育医疗费用，生育保险基金不再支付。

（2）生育津贴

《生育保险办法》（2012年）指出：生育津贴是女职工按照国家规定享受产假或者计划生育手术休假期间获得的工资性补偿，按照职工所在用人单位上年度职工月平均工资的标准计发。生育津贴支付期限按照《女职工劳动保护特别规定》中关于产假的规定执行。女职工生育享受98天产假，其中产前可以休假15天；难产的，增加产假15天；生育多胞胎的，每多生育1个婴儿，增加产假15天。女职工怀孕未满4个月流产的，享受15天产假；怀孕满4个月流产的，享受42天产假。

自从全面二孩政策在2016年1月1日放开实施，各省都在修改计划生育条例，明确产假、陪产假等奖励措施，截至2017年7月12日，全国有三十个省、自治区、直辖市修改了产假和陪产假时间，具体见表7-1。

表7-1　各省产假天数

省份	产假	陪产假
北京	98+30=128 天	7 天
上海	98+30=128 天	7 天
天津	98+30=128 天	7 天
重庆	98+30=128 天	15 天

省份	产假	陪产假
江苏	98 天（晚育的，延长 30 天）	15 天
浙江	98+30=128 天	15 天
安徽	98+60=158 天	10 天（异地 20 天）
江西	98+60=158 天	15 天
福建	158 天至 180 天	15 天
河北	98 天（晚育的，延长 45 天）	10 天（产假期满前领《独生子女父母光荣证》的，再增加 5 天）
河南	98 天（晚育的，延长 90 天）	一个月
湖北	98+30=128 天	15 天
湖南	98 天（晚育的，延长 30 天）	20 天
广东	98+30=128 天	15 天
广西	98+50=148 天	25 天
云南	98 天（晚育的，增加 30 天，产假期间办理《独生子女父母光荣证》的，再增加 15 天）	30 天
贵州	98 天（晚育的，增加 30 天，产假期间办理《独生子女父母光荣证》的，再增加 15 天）	15 天
四川	98+60=158 天	20 天
西藏	1 年	30 天
新疆	98 天（晚育的，增加 30 天）	15 天
甘肃	98 天（晚育的，增加 7 天，产假期间办理《独生子女父母光荣证》的，再增加 50 天）	30 天
青海	98 天（晚育的，增加 30 天）	15 天
内蒙古	98 天（晚育的，增加 30 天）	25 天
宁夏	98+60=158 天	25 天
陕西	98 天（晚育的，增加 15 天，产假期间办理《独生子女父母光荣证》的，再增加 30 天）	15 天（异地 20 天）
山东	98+60=158 天	7 天
山西	98+60=158 天	15 天
黑龙江	98 天（晚育的，延长至 180 天）	15 天
吉林	98 天（晚育的，凭一胎证明增加 30 天）	15 天
辽宁	98+60=158 天	15 天
海南	98 天（已婚女性 24 周岁以上生育第一个子女的，增加晚育产假 15 天）	15 天

以上资料来源于各省最新计划生育条例。

4. 生育保险基金的管理

生育保险基金实行地（市）级统筹，逐步实行省级统筹。生育保险基金存入财政专户并实行预算管理，执行国家社会保险基金管理办法。在计划生育为基本国策的前提下，女职工生育保险具有较强的预见性，无须保留过多的积累应付风险。因此，生育保险必须坚持"以收定支、收支基本平衡"的筹资原则，以现收现付为主。在基金的征集上，各类企业按照企业职工工资总额的同一比例缴纳；同时无论职工身份如何，所有企业女职工在生育期间均按照有关规定享受产假待遇和医疗保障及特殊劳动保护，确保生育女职工必要的营养和母婴的安康，以及家庭正常生活的需要。

应制定生育医疗服务收费标准，可以考虑对生育保险定点医疗机构实行资格审定和考评制度。通过契约方式明确承担生育保险的医疗机构的服务范围、项目质量要求、收费标准、付费方式及合同期限等。财政部门应将女职工生育保险基金及其管理费纳入财政预算，并争取计划生育部门、工会、妇联等单位的配合，以形成多部门合作、共同监督和抑制过度的生育保险费用的机制。

实行社会统筹，扩大覆盖面，实行统一制度、统一管理、统一标准、统一调剂，以增加费用的来源。凡生育保险，应不分项目，一次性拨付给企业。由企业补足差额的地区，应按照国家规定缩小支付额与法定标准之间的差距。凡生育保险费已纳入统筹，但实行定额拨付的地区，应尽快向实报实销过渡。健全基本项目，对已实行统筹、基金结余较多的地区，要从保障女职工合法权益、促进生育计划、减轻企业负担出发，将女职工流产纳入统筹。各地应调查研究因生育引起的疾病的界定，逐步将这一项目分批纳入统筹。建立完善的生育保险基金审计和监督制度，同时要做好生育保险基金的运作与计划生育政策的衔接。生育保险资金在实际运营中要密切关注国家计划生育政策的变化，与计划生育部门进行有效的协调与衔接。社会保险经办机构的人员经费和经办生育保险发生的基本运行费用、管理费用，由同级财政按照国家规定予以保障。

第四节 中国生育保险制度实务操作

一、学习目标

本节以南京市为例，要求学生了解生育保险的申领条件，掌握不同人群的生育保险待遇支付内容、标准，掌握各项生育保险待遇支付内容的办理流程。

二、学习任务

任务1：了解南京市生育保险业务对象范围、缴费业务、就医流程。

任务2：掌握南京市生育保险待遇支付条件、待遇内容及费用结算、生育保险不予支付的项目。

三、学习内容

同社会保险的其他险种一样，各地生育保险政策存在一定的差异，本节以南京市为例介绍其城镇职工生育保险（以下简称生育保险）具体业务及经办流程。

（一）业务对象范围

（1）市行政区域内城镇企业、自收自支事业单位、民办非企业单位和个体经济组织及其职工或雇工，应当按规定参加城镇职工生育保险。

（2）部、省属和外地驻宁企业及其职工应按照属地管理原则参加本市城镇职工生育保险。

（3）在宁的铁路、电力、远洋运输等跨地区、流动性较大的企业及其职工应以相对集中的方式参加本市城镇职工生育保险。

（二）缴费业务

1. 参保缴费

生育保险费由用人单位按上年度全部职工工资基数的0.5%按月缴纳；逾期未缴纳的，除责令其限期缴纳外，按日加收应缴额2%的滞纳金。职工个人不缴纳生育保险费。符合参保范围的用人单位应按照《社会保险费征缴暂行条例》，到市劳动保障行政部门所属的社会保险经办机构办理生育保险参保登记手续。

2. 保险补缴

因用人单位中断或未足额缴费、职工劳动关系转移原因造成生育保险关系中断的，自中断之月起停止享受生育保险待遇。3个月内补足欠费及滞纳金的，由用人单位填写《南京市生育保险业务协调单》，经社保部门审核通过并补缴成功的，计算连续缴费月份，享受生育保险待遇；欠费超过3个月的，职工生育保险待遇由用人单位按规定标准支付。

（三）就医流程

1. 享受条件

（1）符合国家、省、市计划生育政策规定。

（2）分娩或实施计划生育手术时，用人单位已为其参加生育保险且连续足额缴纳生育保险费满10个月。

职工所在用人单位按时足额缴纳生育保险费的，职工按照规定享受生育保险待遇；职工未就业配偶按照规定享受生育的医疗费用待遇，所需资金从生育保险基金中支付。

职工或职工未就业配偶分娩、流产、引产或者实施计划生育手术时，用人单位为其连续缴费不足10个月的，职工生育医疗费用或职工未就业配偶生育的医疗费用待遇由生育保险基金支付；职工的生育津贴和一次性营养补助，在用人单位连续缴费满10个月后，由生育保险基金支付。用人单位未参加生育保险、中断或未足额缴纳生育保险费，造成参保职工无法享受相应生育保险待遇的，用人单位按规定的生育保险待遇标准足额支付。职工在怀孕期间调动工作的，由接收单位承担该职工的生育保险责任。

2. 申请材料

职工符合计划生育规定生育或者实施计划生育手术后，应当凭下列材料，向市劳动保障行政部门提出申请，经审批后由经办机构报销费用。

（1）本人身份证原件及复印件。

（2）结婚证。

（3）独生子女证或单位出具的符合计划生育政策规定的证明。

（4）医疗、保健机构出具的新生儿出生医学证明或者出生婴儿死亡医学证明或者流产医学证明。

（5）医疗费用单据。

（6）劳动保障行政部门规定的其他材料。

参保职工的生育保险医疗费，一般由生育保险经办机构按规定转到企业；产假工资由经办机构以生育津贴的形式支付给个人，由企业领取"领款通知单"交给职工，职工凭本人身份证到经办机构直接领取。

3. 待遇内容及费用结算

生育保险待遇内容主要包括：①门诊产前检查费用。②分娩医疗费用。③生育并发症。④计划生育手术费用。⑤一次性营养补助费。⑥生育津贴。⑦妇科专项检查。

在费用结算上，参保职工在生育保险定点医疗机构分娩或实施计划生育手术发生的符合生育保险规定的医疗费用，属个人支付的，由本人与定点医疗机构结算；属基金支付的，由统筹地区经办机构与定点医疗机构结算。

统筹地区经办机构与生育保险定点医疗机构实行总额控制和按项目、病种限额及定额等办法结算。产前检查、计划生育手术、分娩及产时并发症费用，按定额结算；产前及产后并发症费用，按限额结算，部分危重并发症以及输卵（精）管绝育术及复通术按项目结算。

（1）门诊产前检查的范围、标准及费用结算

门诊产前检查费用是指从建孕产妇保健卡（册）开始至住院分娩前所需相关检查费、化验费。

门诊产前检查费用，由生育保险基金支付。参保职工在本人所选生育保险定点医疗机构进行门诊产前检查发生的符合生育保险支付范围和标准的费用，属基金支付的，由市医保中心与定点医疗机构结算；属个人支付的，由本人与定点医疗机构结算。

（2）分娩医疗费用的范围、标准及费用结算

分娩医疗费用指因顺产（包括手法助产）、助娩产（包括产钳助产、胎头吸引、臀位助产、臀位牵引）、剖宫产三种分娩方式所需的检查费、接生费、手术费、普通病房住院费、医药费等医疗费用。

参保职工在生育保险定点医疗机构发生的符合生育保险支付范围和标准的费用，在使用乙类药品和医疗服务时，应先按规定比例自付，再按以下规定享受待遇：

① 顺产 2000 元、助娩产 2200 元、剖宫产 3500 元以下的费用，由基金支付。

② 顺产 2001 ～ 4000 元、助娩产 2201 ～ 4500 元、剖宫产 3501 ～ 6000 元的费用，在三级医疗机构就医的，个人负担 5%；在二级及以下医疗机构就医的，个人不负担。

③ 顺产 4001 元、助娩产 4501 元、剖宫产 6001 元以上的医疗费用，在三级医疗机构就医的，个人负担 30%；在二级及以下医疗机构就医的，个人不负担。属基金支付的，由市社保中心定点医疗机构结算；属个人支付的，由本人与定点医疗机构结算。

（3）生育并发症的范围、标准及费用结算

女职工妊娠后及产后 4 个月内因生育并发症发生的医疗费用，由生育保险基金支付。4 个月之后的医疗费用，参加城镇基本医疗保险的，按城镇基本医疗保险有关规定执行。

生育并发症自建孕产妇保健卡（册）开始，至产后 4 个月内分为两类，一类为 22 个常见并发症病种，另一类为 7 个低频率并发症病种（具体见表 7-2 和表 7-3）。

表 7-2　22 个常见并发症病种表

序号	病种	序号	病种
1	胎儿心率异常	12	妊娠期肝内胆汁淤积症
2	胎儿宫内窘迫	13	先兆流产
3	胎儿生长受限	14	先兆早产
4	母婴血型不合	15	过期妊娠
5	胎盘功能不全	16	羊水过少
6	胎盘边缘血窦破裂	17	羊水过多
7	前置胎盘	18	乳腺炎
8	胎盘早剥	19	产后出血 [出血量小于（等于）1000ml]

续 表

序号	病种	序号	病种
9	胎膜早破	20	产后尿潴留
10	妊娠剧吐	21	产褥中暑
11	妊娠高血压疾病	22	产褥感染

表7-3　7个低频率并发症病种表

序号	病种
1	妊娠急性脂肪肝
2	产后出血（出血量大于1000ml）
3	产后急性肾功能衰竭
4	子宫破裂
5	羊水栓塞
6	前置胎盘伴出血
7	重度子痫前期

（4）计划生育手术的范围、标准及费用结算

计划生育手术的范围：放置（取出）宫内节育器、早期妊娠流产、中期妊娠流（引）产、输卵（精）管绝育及复通手术。

参保职工在生育保险定点医疗机构实施计划生育手术发生的符合生育保险支付范围和标准的医疗费用，在使用乙类药品和医疗服务时，应先按规定比例自付，再按规定享受待遇。

属基金支付的，由市社保中心与定点医疗机构结算；属个人支付的，由本人与定点医疗机构结算。

（5）一次性营养补助费

对符合国家规定享受3个月及3个月以上产假的生育女职工，发给一次性营养补助费，其费用由生育保险基金支付，标准为本市上年度职工平均工资的2%。

南京市《关于调整生育保险一次性营养补助费发放基数的通知》（宁人社规〔2011〕2号）规定，自2010年起，一次性营养补助费发放基数由原规定"本市上年度职工平均工资"调整为"全省城镇非私营单位在岗职工年平均工资"。

（6）生育津贴

女职工生育或者流（引）产，按照国家和省有关规定享受产假工资，产假工资由用人单位按规定发放，生育保险基金以生育津贴形式予以补偿。生育津贴按照职工产假或者休假天数计发，计发基数为职工分娩或实施计划生育手术所在年度，其单位1月份生育保险参保职工平均缴费基数除以30；新参保单位，为职工所在单位当年首次结算月份生育保险参保职工平均缴费基数除以30。已享受过晚育津贴的，不再重复享受。具体情形规定如下。

① 生育的女性参保人享受98天的生育津贴，其中难产的，增加15天的生育津贴；生育多胞胎的，每多生育1个婴儿，增加15天的生育津贴；晚婚晚育的，增加30天的生育津贴。

② 妊娠不满 2 个月流产的女性参保人，享受 20 天的生育津贴；妊娠满 2 个月不满 3 个月流产的，享受 30 天的生育津贴；妊娠满 3 个月不满 7 个月流（引）产的，享受 42 天的生育津贴；妊娠满 7 个月引产的，享受 98 天的生育津贴。

③ 实行输卵管结扎手术的，享受 21 天的生育津贴；实行输精管结扎手术的，享受 7 天的生育津贴。

④ 实行输卵管复通手术的，享受 21 天的生育津贴；实行输精管复通手术的，享受 14 天的生育津贴。

⑤ 放置或者取出宫内节育器的，享受 2 天的生育津贴。

⑥ 符合国家和省有关规定享受护理假的，享受 10 天的生育津贴。该津贴只能享受一次。

生育津贴低于产假或者休假前工资标准的，由用人单位予以补足；高于其产假或者休假前工资标准的，高出的部分用人单位不得截留。

（7）妇科专项检查

妇科专项检查项目有宫颈刮片、白带常规、妇科 B 超常规检查（含乳房、环位检查）、手法乳房检查（调整为妇科双合诊）、阴道分泌物常规检查、宫颈癌巴氏细胞学检查、盆腔 B 超（含子宫、附件）和乳腺手诊。

女职工妇科专项检查的费用自 2014 年 10 月 1 日起，由基本医疗保险基金支付。妇科免费专项检查的待遇标准为 70 元 / 人。市社保中心根据检查人数和考核标准执行情况与定点医疗机构进行结算，所需费用由职工医疗保险基金支付。

（8）生育津贴、一次性营养费申领流程

① 直接发放

首次生育且只生一个孩子，计生手术除中期妊娠流产、同时做两种及两种以上手术外，在本市定点医疗机构刷卡就诊，其津贴及一次性营养补助费一般无须申报，由系统批量结算支付。计生津贴隔月发放，分娩津贴、护理假津贴 4 个月之后发放。

② 零星报销

具体内容请参看下文"零星报销部分"，此处不赘述。

（9）其他情形

① 参加生育保险的男职工的配偶为无业人员的，发生的符合计划生育规定的产前检查及分娩、流（引）产费用按照生育保险规定标准的 50% 支付，不享受其他生育保险待遇。

② 原参加生育保险的职工失业后，在核定的领取失业救济金期间（以就业登记证核定时间为准），符合计划生育规定生育或实施计划生育手术时，生育医疗费用（含门诊产前检查、生育）、一次性营养补助费和计划生育手术费由生育保险基金支付。

③ 在原单位参加生育保险的女职工退休后，符合计划生育规定实施取出宫内节育器、流（引）产等手术费由生育保险基金支付。

4. 生育保险不予支付的项目

（1）下列情形发生的医疗费用，基金不予支付：

① 就医时未按规定使用市民卡；

②非本市生育保险定点医疗机构就诊（抢救除外）；

③在国外或港澳台地区生育或实施计划生育手术；

④治疗各种不育（孕）症、性功能障碍等；

⑤计划生育手术并发症；

⑥新生儿的医疗费用。

（2）下列情形发生的医疗费用、生育津贴及一次性营养补助费，基金不予支付：

①违反国家、省、市计划生育政策规定；

②非法选择胎儿性别、自杀、自残、斗殴、酗酒、吸毒等原因造成妊娠终止的；

③异位妊娠、葡萄胎等原因致妊娠终止的；

④交通事故、医疗事故、药事事故等致妊娠终止，由第三方赔偿责任的；

⑤不符合生育保险规定支付范围和标准的其他费用。

（四）零星报销

1. 零星报销标准

产前检查费用达到或高于定额标准的按定额报销，低于定额标准的按实报销。分娩或计划生育手术费用（输卵管、输精管绝育及复通术除外），按分娩方式、手术类型及就诊定点医疗机构级别予以定额报销。产前、产后发生"22个常见并发症病种表"所列并发症住院的费用，根据就诊医疗机构级别，费用达到或高于定额标准的按定额报销，费用不足定额的按实报销，具体见表7-4。

表7-4　南京市生育保险零星报销待遇表

单位：元

病种			三级医院		二级医院		一级医院	
			女	男	女	男	女	男
定额支付标准	分娩	顺产	2900	1450	2500	1250	2000	1000
		助娩产	3300	1650	2500	1400	2300	1150
		剖宫产	4600	2300	4100	2050	3300	1650
		剖宫产合并子宫肌瘤切除术	5100	2550	4600	2300	3800	1900
		剖宫产合并卵巢或输卵管囊肿切除术	5100	2550	4600	2300	3800	1900
	计划生育	早期妊娠流产	300	—	300	—	300	—
		早期妊娠流产住院	900	—	900	—	900	—
		子宫疤痕流产	按项目支付					
		中期妊娠流产	1500	—	1200	—	1000	—
		稽留流产	1700	—	1300	—	1100	—
		宫内节育器放置术	200	—	200	—	200	—
		宫内节育器取出术	160	—	160	—	160	—
		宫腔镜取环	480	—	440	—	—	—
		皮下植埋（取出）术	200	—	200	—	200	—
		住院取环	按项目支付					
		输卵（精）管结扎或复通术	按项目支付					

病种			三级医院		二级医院		一级医院	
			女	男	女	男	女	男
定额支付标准	产前检查	建卡起至20周	500	200	500	250	500	250
		20周至分娩前	800	400	800	400	800	400

2. 零星报销材料

（1）携带材料

①《南京市生育保险待遇申报表》并加盖单位公章（如为灵活就业人员无须盖章）。

②结婚证原件。

③独生子女证原件（或女方户口所在街道计生办出具的初婚初育证明）；如生育第三孩及以上需提供批准再生育一个孩子的生育证原件及复印件。

④出院记录复印件［门诊流（引）产手术提供病历及病假条］。

⑤医药费用明细清单。

⑥门诊（住院）收据原件。

⑦男职工配偶生育或流（引）产的，除需携带以上资料外，另需提供街道（乡镇）出具的其配偶的无业证明。

⑧失业人员在领取失业救济金期间分娩或实施计划生育手术，除需携带以上资料外，另需提供失业登记证和身份证复印件。

⑨异地分娩或计划生育手术的，另需提供南京市生育保险异地就医备案审批表。

备注：申领流（引）产津贴的无须提供上述③材料。流（引）产不享受一次性营养补助费。

（2）办理流程

参保单位经办人在参保女职工分娩或流（引）产后一年内，携带以上材料，每月1日至10日（遇节日顺延）到市社保中心医保部办理生育津贴、一次性营养补助费的申领手续。社保中心医保部审核材料后，确认符合享受生育保险待遇的，按相关规定将生育津贴、一次性营养补助费划入参保单位账户。生育津贴按月发放，职工分娩或流（引）产当月开始享受。具体见图7-1。

（3）零星报销的范围

符合下列情形的，采取零星报销方式结算：

①男职工配偶的产前检查及分娩费用。

②用人单位中断或未足额缴费、职工劳动关系转移原因造成生育保险关系中断，3个月内补足欠费及滞纳金的，中断期间的产前检查及分娩、流（引）产费用。

③在领取失业救济金期间的分娩费用。

④异地分娩及计划生育手术费用。

⑤因抢救在非生育保险定点医疗机构分娩或实施计划生育手术费用。

⑥输卵（精）管绝育及复通术费用。

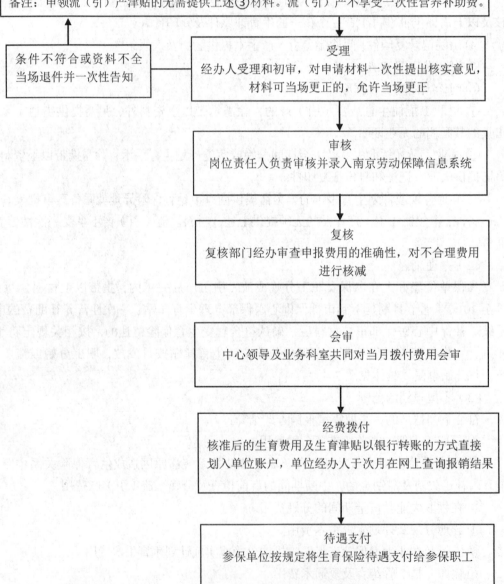

①《南京市生育保险待遇申报表》并加盖单位公章（如为灵活就业人员无需盖章）。
② 结婚证原件。
③独生子女证原件（或女方户口所在街道计生办出具的初婚初育证明）；如生育第三孩及以上需提供批准再生育一个孩子的生育证原件及复印件。
④出院记录复印件［门诊流（引）产手术提供病历及病假条］。
⑤医药费用明细清单。
⑥门诊（住院）收据原件。
⑦男职工配偶生育或流（引）产的，除需携带以上资料外，另需提供街道（乡镇）出具的其配偶的无业证明。
⑧失业人员在领取失业救济金期间分娩或实施计划生育手术，除需携带以上资料外，另需提供失业登记证和身份证复印件。
⑨异地分娩或计划生育手术的，另需提供南京市生育保险异地就医备案审批表。
备注：申领流（引）产津贴的无需提供上述③材料。流（引）产不享受一次性营养补助费。

条件不符合或资料不全当场退件并一次性告知

受理
经办人受理和初审，对申请材料一次性提出核实意见，材料可当场更正的，允许当场更正

审核
岗位责任人负责审核并录入南京劳动保障信息系统

复核
复核部门经办审查申报费用的准确性，对不合理费用进行核减

会审
中心领导及业务科室共同对当月拨付费用会审

经费拨付
核准后的生育费用及生育津贴以银行转账的方式直接划入单位账户，单位经办人于次月在网上查询报销结果

待遇支付
参保单位按规定将生育保险待遇支付给参保职工

图 7-1　南京市生育保险零星报销流程图

➤ **学习拓展**

一、生育保险与医疗保险有什么联系和区别?

生育保险是通过国家立法规定，在劳动者因生育子女而导致劳动力暂时中断时，由国家和社会及时给予物质帮助的一项社会保险制度，其待遇主要包括：

生育保险与医疗保险的区别

1. 生育津贴，用于保障女职工产假期间的基本生活需要;

2. 生育医疗待遇，用于保障女职工怀孕、分娩期间以及职工实施节育手术时的基本医疗保健需要。

基本医疗保险是社会保险中最重要的险种，是为补偿劳动者因疾病风险造成的经济损失而设立的一个险种。目前，我国基本医疗保险主要分为职工基本医疗保险、居民基本医疗保险及新型农村医疗保险三大类型。我国政府要求用人单位必须按照规定足额为职员购买职工医疗保险，同时鼓励城乡居民自愿参加居民医疗保险。

生育保险与医疗保险的区别主要有以下几点。

1. 生育保险待遇的享受者一般为女职工，少部分地区包括男职工配偶，而医疗保险待遇享受的对象是全体职工。

2. 生育保险的享受时间是育龄女职工，还取决于妇女的年龄、结婚时间、生育顺序等。在我国实行计划生育国策，因此，女职工一生基本只享受一次生育保险待遇，极少享受两次或两次以上。医疗保险没有年龄的限制，无论哪一个年龄段都可能发生，在享受次数上也没有限制。

3. 生育保险享受者的医疗服务基本上以保健和监测为主。正常的分娩无须进行治疗，只要求定期对产妇进行身体检查，以及对产妇和胎儿的监护，以保证正常分娩。而医疗保险享受者主要目的是进行治疗，以及必要的检查、药物、理疗和手术等方面的医疗手段的实现，以达到患者痊愈。

4. 生育假期的享受期限，国家有明确规定。如正常产假为98天，并且严格规定产前假为15天。医疗保险对享受者的假期没有时间限制，一般以病愈为期限。

5. 生育保险的待遇保障标准一般高于医疗保险待遇。我国医疗保险实行统账结合的模式，职工个人要缴纳保险费，建立个人账户，而生育保险职工个人不需缴费。参保职工在产假期间享受生育津贴，而医疗保险没有疾病津贴。

二、现行医疗保险中包括生育保险吗?

现行医疗保险是不包括生育保险的，社会保险可分为5种，即养老保险、失业保险、工伤保险、生育保险、医疗保险，因此生育保险和医疗保险是两种不同的险种。如果没有参加生育险，那么肯定是没有生育津贴的，但是生孩子时住院部分还是可以按医疗保险待遇报销。生育保险只能是在职职工参加，即只有在单位才可以参加，个人是无法参保的。并且，对于医疗保险，由单位代理参保和个人参保是不同的，在单位，门急诊、住院都可以报销，但是个人只能报销住院部分。

三、基本医疗保险与生育保险合并试点

2017 年 1 月 19 日，国务院办公厅通过并印发《生育保险和职工基本医疗保险合并实施试点方案》（国办发〔2017〕6 号），全国 12 个城市进入了试点城市。

➤ 复习思考题

1. 什么是生育保险？建立生育保险的意义何在？

2. 与其他社会保险相比，生育保险有哪些特点？

3. 生育保险有哪些待遇项目？享受生育保险待遇的条件是什么？

4. 生育保险基金筹集方式是什么？如何管理生育保险基金？

5. 我国生育保险待遇的主要内容有哪些？

附录：中华人民共和国社会保险法（2019 年修订）

（2010 年 10 月 28 日第十一届全国人民代表大会常务委员会第十七次会议通过　根据 2018 年 12 月 29 日第十三届全国人民代表大会常务委员会第七次会议《关于修改〈中华人民共和国社会保险法〉的决定》修正）

第一章　总　　则

第一条　为了规范社会保险关系，维护公民参加社会保险和享受社会保险待遇的合法权益，使公民共享发展成果，促进社会和谐稳定，根据宪法，制定本法。

第二条　国家建立基本养老保险、基本医疗保险、工伤保险、失业保险、生育保险等社会保险制度，保障公民在年老、疾病、工伤、失业、生育等情况下依法从国家和社会获得物质帮助的权利。

第三条　社会保险制度坚持广覆盖、保基本、多层次、可持续的方针，社会保险水平应当与经济社会发展水平相适应。

第四条　中华人民共和国境内的用人单位和个人依法缴纳社会保险费，有权查询缴费记录、个人权益记录，要求社会保险经办机构提供社会保险咨询等相关服务。

个人依法享受社会保险待遇，有权监督本单位为其缴费情况。

第五条　县级以上人民政府将社会保险事业纳入国民经济和社会发展规划。

国家多渠道筹集社会保险资金。县级以上人民政府对社会保险事业给予必要的经费支持。

国家通过税收优惠政策支持社会保险事业。

第六条　国家对社会保险基金实行严格监管。

国务院和省、自治区、直辖市人民政府建立健全社会保险基金监督管理制度，保障社会保险基金安全、有效运行。

县级以上人民政府采取措施，鼓励和支持社会各方面参与社会保险基金的监督。

第七条　国务院社会保险行政部门负责全国的社会保险管理工作，国务院其他有关部门在各自的职责范围内负责有关的社会保险工作。

县级以上地方人民政府社会保险行政部门负责本行政区域的社会保险管理工作，县级以上地方人民政府其他有关部门在各自的职责范围内负责有关的社会保险工作。

第八条　社会保险经办机构提供社会保险服务，负责社会保险登记、个人权益记录、社会保险待遇支付等工作。

第九条　工会依法维护职工的合法权益，有权参与社会保险重大事项的研究，参加社会保险监督委员会，对与职工社会保险权益有关的事项进行监督。

第二章　基本养老保险

第十条　职工应当参加基本养老保险，由用人单位和职工共同缴纳基本养老保险费。

无雇工的个体工商户、未在用人单位参加基本养老保险的非全日制从业人员以及其他灵活就业人员可以参加基本养老保险，由个人缴纳基本养老保险费。

公务员和参照公务员法管理的工作人员养老保险的办法由国务院规定。

第十一条　基本养老保险实行社会统筹与个人账户相结合。

基本养老保险基金由用人单位和个人缴费以及政府补贴等组成。

第十二条　用人单位应当按照国家规定的本单位职工工资总额的比例缴纳基本养老保险费，记入基本养老保险统筹基金。

职工应当按照国家规定的本人工资的比例缴纳基本养老保险费，记入个人账户。

无雇工的个体工商户、未在用人单位参加基本养老保险的非全日制从业人员以及其他灵活就业人员参加基本养老保险的，应当按照国家规定缴纳基本养老保险费，分别记入基本养老保险统筹基金和个人账户。

第十三条　国有企业、事业单位职工参加基本养老保险前，视同缴费年限期间应当缴纳的基本养老保险费由政府承担。

基本养老保险基金出现支付不足时，政府给予补贴。

第十四条　个人账户不得提前支取，记账利率不得低于银行定期存款利率，免征利息税。个人死亡的，个人账户余额可以继承。

第十五条　基本养老金由统筹养老金和个人账户养老金组成。

基本养老金根据个人累计缴费年限、缴费工资、当地职工平均工资、个人账户金额、城镇人口平均预期寿命等因素确定。

第十六条　参加基本养老保险的个人，达到法定退休年龄时累计缴费满十五年的，按月领取基本养老金。

参加基本养老保险的个人，达到法定退休年龄时累计缴费不足十五年的，可以缴费至满十五年，按月领取基本养老金；也可以转入新型农村社会养老保险或者城镇居民社会养老保险，按照国务院规定享受相应的养老保险待遇。

第十七条　参加基本养老保险的个人，因病或者非因工死亡的，其遗属可以领取丧葬补助金和抚恤金；在未达到法定退休年龄时因病或者非因工致残完全丧失劳动能力的，可以领取病残津贴。所需资金从基本养老保险基金中支付。

第十八条　国家建立基本养老金正常调整机制。根据职工平均工资增长、物价上涨情况，适时提高基本养老保险待遇水平。

第十九条　个人跨统筹地区就业的，其基本养老保险关系随本人转移，缴费年限累计计算。个人达到法定退休年龄时，基本养老金分段计算、统一支付。具体办法由国务院规定。

第二十条　国家建立和完善新型农村社会养老保险制度。

新型农村社会养老保险实行个人缴费、集体补助和政府补贴相结合。

第二十一条　新型农村社会养老保险待遇由基础养老金和个人账户养老金组成。

参加新型农村社会养老保险的农村居民，符合国家规定条件的，按月领取新型农村社会养老保险待遇。

第二十二条　国家建立和完善城镇居民社会养老保险制度。

省、自治区、直辖市人民政府根据实际情况，可以将城镇居民社会养老保险和新型农村社会养老保险合并实施。

第三章　基本医疗保险

第二十三条　职工应当参加职工基本医疗保险，由用人单位和职工按照国家规定共同缴纳基本医疗保险费。

无雇工的个体工商户、未在用人单位参加职工基本医疗保险的非全日制从业人员以及其他灵活就业人员可以参加职工基本医疗保险，由个人按照国家规定缴纳基本医疗保险费。

第二十四条　国家建立和完善新型农村合作医疗制度。

新型农村合作医疗的管理办法，由国务院规定。

第二十五条　国家建立和完善城镇居民基本医疗保险制度。

城镇居民基本医疗保险实行个人缴费和政府补贴相结合。

享受最低生活保障的人、丧失劳动能力的残疾人、低收入家庭六十周岁以上的老年人和未成年人等所需个人缴费部分，由政府给予补贴。

第二十六条　职工基本医疗保险、新型农村合作医疗和城镇居民基本医疗保险的待遇标准按照国家规定执行。

第二十七条　参加职工基本医疗保险的个人，达到法定退休年龄时累计缴费达到国家规定年限的，退休后不再缴纳基本医疗保险费，按照国家规定享受基本医疗保险待遇；未达到国家规定年限的，可以缴费至国家规定年限。

第二十八条　符合基本医疗保险药品目录、诊疗项目、医疗服务设施标准以及急诊、抢救的医疗费用，按照国家规定从基本医疗保险基金中支付。

第二十九条　参保人员医疗费用中应当由基本医疗保险基金支付的部分，由社会保险经办机构与医疗机构、药品经营单位直接结算。

社会保险行政部门和卫生行政部门应当建立异地就医医疗费用结算制度，方便参保人员享受基本医疗保险待遇。

第三十条　下列医疗费用不纳入基本医疗保险基金支付范围：

（一）应当从工伤保险基金中支付的；

（二）应当由第三人负担的；

（三）应当由公共卫生负担的；

（四）在境外就医的。

医疗费用依法应当由第三人负担，第三人不支付或者无法确定第三人的，由基本医疗保险基金先行支付。基本医疗保险基金先行支付后，有权向第三人追偿。

第三十一条　社会保险经办机构根据管理服务的需要，可以与医疗机构、药品经营单位签订服务协议，规范医疗服务行为。

医疗机构应当为参保人员提供合理、必要的医疗服务。

第三十二条　个人跨统筹地区就业的，其基本医疗保险关系随本人转移，缴费年限累计计算。

第四章　工伤保险

第三十三条　职工应当参加工伤保险，由用人单位缴纳工伤保险费，职工不缴纳工伤保险费。

第三十四条　国家根据不同行业的工伤风险程度确定行业的差别费率，并根据使用工伤保险基金、工伤发生率等情况在每个行业内确定费率档次。行业差别费率和行业内费率档次由国务院社会保险行政部门制定，报国务院批准后公布施行。

社会保险经办机构根据用人单位使用工伤保险基金、工伤发生率和所属行业费率档次等情况，确定用人单位缴费费率。

第三十五条　用人单位应当按照本单位职工工资总额，根据社会保险经办机构确定的费率缴纳工伤保险费。

第三十六条　职工因工作原因受到事故伤害或者患职业病，且经工伤认定的，享受工伤保险待遇；其中，经劳动能力鉴定丧失劳动能力的，享受伤残待遇。

工伤认定和劳动能力鉴定应当简捷、方便。

第三十七条　职工因下列情形之一导致本人在工作中伤亡的，不认定为工伤：

（一）故意犯罪；

（二）醉酒或者吸毒；

（三）自残或者自杀；

（四）法律、行政法规规定的其他情形。

第三十八条　因工伤发生的下列费用，按照国家规定从工伤保险基金中支付：

（一）治疗工伤的医疗费用和康复费用；

（二）住院伙食补助费；

（三）到统筹地区以外就医的交通食宿费；

（四）安装配置伤残辅助器具所需费用；

（五）生活不能自理的，经劳动能力鉴定委员会确认的生活护理费；

（六）一次性伤残补助金和一至四级伤残职工按月领取的伤残津贴；

（七）终止或者解除劳动合同时，应当享受的一次性医疗补助金；

（八）因工死亡的，其遗属领取的丧葬补助金、供养亲属抚恤金和因工死亡补助金；

（九）劳动能力鉴定费。

第三十九条 因工伤发生的下列费用，按照国家规定由用人单位支付：

（一）治疗工伤期间的工资福利；

（二）五级、六级伤残职工按月领取的伤残津贴；

（三）终止或者解除劳动合同时，应当享受的一次性伤残就业补助金。

第四十条 工伤职工符合领取基本养老金条件的，停发伤残津贴，享受基本养老保险待遇。基本养老保险待遇低于伤残津贴的，从工伤保险基金中补足差额。

第四十一条 职工所在用人单位未依法缴纳工伤保险费，发生工伤事故的，由用人单位支付工伤保险待遇。用人单位不支付的，从工伤保险基金中先行支付。

从工伤保险基金中先行支付的工伤保险待遇应当由用人单位偿还。用人单位不偿还的，社会保险经办机构可以依照本法第六十三条的规定追偿。

第四十二条 由于第三人的原因造成工伤，第三人不支付工伤医疗费用或者无法确定第三人的，由工伤保险基金先行支付。工伤保险基金先行支付后，有权向第三人追偿。

第四十三条 工伤职工有下列情形之一的，停止享受工伤保险待遇：

（一）丧失享受待遇条件的；

（二）拒不接受劳动能力鉴定的；

（三）拒绝治疗的。

第五章 失业保险

第四十四条 职工应当参加失业保险，由用人单位和职工按照国家规定共同缴纳失业保险费。

第四十五条 失业人员符合下列条件的，从失业保险基金中领取失业保险金：

（一）失业前用人单位和本人已经缴纳失业保险费满一年的；

（二）非因本人意愿中断就业的；

（三）已经进行失业登记，并有求职要求的。

第四十六条 失业人员失业前用人单位和本人累计缴费满一年不足五年的，领取失业保险金的期限最长为十二个月；累计缴费满五年不足十年的，领取失业保险金的期限最长为十八个月；累计缴费十年以上的，领取失业保险金的期限最长为二十四个月。重新就业后，再次失业的，缴费时间重新计算，领取失业保险金的期限与前次失业应当领取而尚未领取的失业保险金的期限合并计算，最长不超过二十四个月。

第四十七条 失业保险金的标准，由省、自治区、直辖市人民政府确定，不得低于城市居民最低生活保障标准。

第四十八条 失业人员在领取失业保险金期间，参加职工基本医疗保险，享受基本医疗保险待遇。

失业人员应当缴纳的基本医疗保险费从失业保险基金中支付，个人不缴纳基本医疗保险费。

第四十九条 失业人员在领取失业保险金期间死亡的，参照当地对在职职工死亡的规定，向其遗属发给一次性丧葬补助金和抚恤金。所需资金从失业保险基金中支付。

个人死亡同时符合领取基本养老保险丧葬补助金、工伤保险丧葬补助金和失业保险丧葬补助金条件的，其遗属只能选择领取其中的一项。

第五十条 用人单位应当及时为失业人员出具终止或者解除劳动关系的证明，并将失业人员的名单自终止或者解除劳动关系之日起十五日内告知社会保险经办机构。

失业人员应当持本单位为其出具的终止或者解除劳动关系的证明，及时到指定的公共就业服务机构办理失业登记。

失业人员凭失业登记证明和个人身份证明，到社会保险经办机构办理领取失业保险金的手续。失业保险金领取期限自办理失业登记之日起计算。

第五十一条 失业人员在领取失业保险金期间有下列情形之一的，停止领取失业保险金，并同时停止享受其他失业保险待遇：

（一）重新就业的；

（二）应征服兵役的；

（三）移居境外的；

（四）享受基本养老保险待遇的；

（五）无正当理由，拒不接受当地人民政府指定部门或者机构介绍的适当工作或者提供的培训的。

第五十二条 职工跨统筹地区就业的，其失业保险关系随本人转移，缴费年限累计计算。

第六章 生育保险

第五十三条 职工应当参加生育保险，由用人单位按照国家规定缴纳生育保险费，职工不缴纳生育保险费。

第五十四条 用人单位已经缴纳生育保险费的，其职工享受生育保险待遇；职工未就业配偶按照国家规定享受生育医疗费用待遇。所需资金从生育保险基金中支付。

生育保险待遇包括生育医疗费用和生育津贴。

第五十五条 生育医疗费用包括下列各项：

（一）生育的医疗费用；

（二）计划生育的医疗费用；

（三）法律、法规规定的其他项目费用。

第五十六条 职工有下列情形之一的，可以按照国家规定享受生育津贴：

（一）女职工生育享受产假；

（二）享受计划生育手术休假；

（三）法律、法规规定的其他情形。

生育津贴按照职工所在用人单位上年度职工月平均工资计发。

第七章 社会保险费征缴

第五十七条 用人单位应当自成立之日起三十日内凭营业执照、登记证书或者单位印章，向当地社会保险经办机构申请办理社会保险登记。社会保险经办机构应当自收到申请之日起十五日内予以审核，发给社会保险登记证件。

用人单位的社会保险登记事项发生变更或者用人单位依法终止的，应当自变更或者终止之日起三十日内，到社会保险经办机构办理变更或者注销社会保险登记。

市场监督管理部门、民政部门和机构编制管理机关应当及时向社会保险经办机构通报用人单位的成立、终止情况，公安机关应当及时向社会保险经办机构通报个人的出生、死亡以及户口登记、迁移、注销等情况。

第五十八条　用人单位应当自用工之日起三十日内为其职工向社会保险经办机构申请办理社会保险登记。未办理社会保险登记的，由社会保险经办机构核定其应当缴纳的社会保险费。

自愿参加社会保险的无雇工的个体工商户、未在用人单位参加社会保险的非全日制从业人员以及其他灵活就业人员，应当向社会保险经办机构申请办理社会保险登记。

国家建立全国统一的个人社会保障号码。个人社会保障号码为公民身份号码。

第五十九条　县级以上人民政府加强社会保险费的征收工作。

社会保险费实行统一征收，实施步骤和具体办法由国务院规定。

第六十条　用人单位应当自行申报、按时足额缴纳社会保险费，非因不可抗力等法定事由不得缓缴、减免。职工应当缴纳的社会保险费由用人单位代扣代缴，用人单位应当按月将缴纳社会保险费的明细情况告知本人。

无雇工的个体工商户、未在用人单位参加社会保险的非全日制从业人员以及其他灵活就业人员，可以直接向社会保险费征收机构缴纳社会保险费。

第六十一条　社会保险费征收机构应当依法按时足额征收社会保险费，并将缴费情况定期告知用人单位和个人。

第六十二条　用人单位未按规定申报应当缴纳的社会保险费数额的，按照该单位上月缴费额的百分之一百一十确定应当缴纳数额；缴费单位补办申报手续后，由社会保险费征收机构按照规定结算。

第六十三条　用人单位未按时足额缴纳社会保险费的，由社会保险费征收机构责令其限期缴纳或者补足。

用人单位逾期仍未缴纳或者补足社会保险费的，社会保险费征收机构可以向银行和其他金融机构查询其存款账户；并可以申请县级以上有关行政部门作出划拨社会保险费的决定，书面通知其开户银行或者其他金融机构划拨社会保险费。用人单位账户余额少于应当缴纳的社会保险费的，社会保险费征收机构可以要求该用人单位提供担保，签订延期缴费协议。

用人单位未足额缴纳社会保险费且未提供担保的，社会保险费征收机构可以申请人民法院扣押、查封、拍卖其价值相当于应当缴纳社会保险费的财产，以拍卖所得抵缴社会保险费。

第八章　社会保险基金

第六十四条　社会保险基金包括基本养老保险基金、基本医疗保险基金、工伤保险基金、失业保险基金和生育保险基金。除基本医疗保险基金与生育保险基金合并建账及核算外，其他各项社会保险基金按照社会保险险种分别建账，分账核算。社会保险基金执行国家统一的会计制度。

社会保险基金专款专用，任何组织和个人不得侵占或者挪用。

基本养老保险基金逐步实行全国统筹，其他社会保险基金逐步实行省级统筹，具体时间、步骤由国务院规定。

第六十五条　社会保险基金通过预算实现收支平衡。

县级以上人民政府在社会保险基金出现支付不足时，给予补贴。

第六十六条　社会保险基金按照统筹层次设立预算。除基本医疗保险基金与生育保险基金预算合并编制外，其他社会保险基金预算按照社会保险项目分别编制。

第六十七条　社会保险基金预算、决算草案的编制、审核和批准，依照法律和国务院规定执行。

第六十八条　社会保险基金存入财政专户，具体管理办法由国务院规定。

第六十九条　社会保险基金在保证安全的前提下，按照国务院规定投资运营实现保值增值。

社会保险基金不得违规投资运营，不得用于平衡其他政府预算，不得用于兴建、改建办公场所和支付人员经费、运行费用、管理费用，或者违反法律、行政法规规定挪作其他用途。

第七十条　社会保险经办机构应当定期向社会公布参加社会保险情况以及社会保险基金的收入、支出、结余和收益情况。

第七十一条　国家设立全国社会保障基金，由中央财政预算拨款以及国务院批准的其他方式筹集的资金构成，用于社会保障支出的补充、调剂。全国社会保障基金由全国社会保障基金管理运营机构负责管理运营，在保证安全的前提下实现保值增值。

全国社会保障基金应当定期向社会公布收支、管理和投资运营的情况。国务院财政部门、社会保险行政部门、审计机关对全国社会保障基金的收支、管理和投资运营情况实施监督。

第九章　社会保险经办

第七十二条　统筹地区设立社会保险经办机构。社会保险经办机构根据工作需要，经所在地的社会保险行政部门和机构编制管理机关批准，可以在本统筹地区设立分支机构和服务网点。

社会保险经办机构的人员经费和经办社会保险发生的基本运行费用、管理费用，由同级财政按照国家规定予以保障。

第七十三条　社会保险经办机构应当建立健全业务、财务、安全和风险管理制度。

社会保险经办机构应当按时足额支付社会保险待遇。

第七十四条　社会保险经办机构通过业务经办、统计、调查获取社会保险工作所需的数据，有关单位和个人应当及时、如实提供。

社会保险经办机构应当及时为用人单位建立档案，完整、准确地记录参加社会保险的人员、缴费等社会保险数据，妥善保管登记、申报的原始凭证和支付结算的会计凭证。

社会保险经办机构应当及时、完整、准确地记录参加社会保险的个人缴费和用人单位为其缴费，以及享受社会保险待遇等个人权益记录，定期将个人权益记录单免费寄送本人。

用人单位和个人可以免费向社会保险经办机构查询、核对其缴费和享受社会保险待遇记录，要求社会保险经办机构提供社会保险咨询等相关服务。

第七十五条　全国社会保险信息系统按照国家统一规划，由县级以上人民政府按照分级负责的原则共同建设。

第十章　社会保险监督

第七十六条　各级人民代表大会常务委员会听取和审议本级人民政府对社会保险基金的收支、管理、投资运营以及监督检查情况的专项工作报告，组织对本法实施情况的执法检查等，依法行使监督职权。

第七十七条　县级以上人民政府社会保险行政部门应当加强对用人单位和个人遵守社会保险法律、法规情况的监督检查。

社会保险行政部门实施监督检查时，被检查的用人单位和个人应当如实提供与社会保险有关的资料，不得拒绝检查或者谎报、瞒报。

第七十八条　财政部门、审计机关按照各自职责，对社会保险基金的收支、管理和投资运营情况实施监督。

第七十九条　社会保险行政部门对社会保险基金的收支、管理和投资运营情况进行监督检查，发现存在问题的，应当提出整改建议，依法作出处理决定或者向有关行政部门提出处理建议。社会保险基金检查结果应当定期向社会公布。

社会保险行政部门对社会保险基金实施监督检查，有权采取下列措施：

（一）查阅、记录、复制与社会保险基金收支、管理和投资运营相关的资料，对可能被转移、隐匿或者灭失的资料予以封存；

（二）询问与调查事项有关的单位和个人，要求其对与调查事项有关的问题作出说明、提供有关证明材料；

（三）对隐匿、转移、侵占、挪用社会保险基金的行为予以制止并责令改正。

第八十条　统筹地区人民政府成立由用人单位代表、参保人员代表，以及工会代表、专家等组成的社会保险监督委员会，掌握、分析社会保险基金的收支、管理和投资运营情况，对社会保险工作提出咨询意见和建议，实施社会监督。

社会保险经办机构应当定期向社会保险监督委员会汇报社会保险基金的收支、管理和投资运营情况。社会保险监督委员会可以聘请会计师事务所对社会保险基金的收支、管理和投资运营情况进行年度审计和专项审计。审计结果应当向社会公开。

社会保险监督委员会发现社会保险基金收支、管理和投资运营中存在问题的，有权提出改正建议；对社会保险经办机构及其工作人员的违法行为，有权向有关部门提出依法处理建议。

第八十一条　社会保险行政部门和其他有关行政部门、社会保险经办机构、社会保险费征收机构及其工作人员，应当依法为用人单位和个人的信息保密，不得以任何形式泄露。

第八十二条　任何组织或者个人有权对违反社会保险法律、法规的行为进行举报、投诉。

社会保险行政部门、卫生行政部门、社会保险经办机构、社会保险费征收机构和财政部门、审计机关对属于本部门、本机构职责范围的举报、投诉，应当依法处理；对不属于本部门、本机构职责范围的，应当书面通知并移交有权处理的部门、机构处理。有权处理的部门、机构应当及时处理，不得推诿。

第八十三条　用人单位或者个人认为社会保险费征收机构的行为侵害自己合法权益的，可以依法申请行政复议或者提起行政诉讼。

用人单位或者个人对社会保险经办机构不依法办理社会保险登记、核定社会保险费、支付社会保险待遇、办理社会保险转移接续手续或者侵害其他社会保险权益的行为，可以依法申请行政复议或者提起行政诉讼。

个人与所在用人单位发生社会保险争议的，可以依法申请调解、仲裁，提起诉讼。用人单位侵害个人社会保险权益的，个人也可以要求社会保险行政部门或者社会保险费征收机构依法处理。

第十一章　法律责任

第八十四条　用人单位不办理社会保险登记的，由社会保险行政部门责令限期改正；逾期不改正的，对用人单位处应缴社会保险费数额一倍以上三倍以下的罚款，对其直接负责的主管人员和其他直接责任人员处五百元以上三千元以下的罚款。

第八十五条　用人单位拒不出具终止或者解除劳动关系证明的，依照《中华人民共和国劳动合同法》的规定处理。

第八十六条　用人单位未按时足额缴纳社会保险费的，由社会保险费征收机构责令限期缴纳或者补足，并自欠缴之日起，按日加收万分之五的滞纳金；逾期仍不缴纳的，由有关行政部门处欠缴数额一倍以上三倍以下的罚款。

第八十七条　社会保险经办机构以及医疗机构、药品经营单位等社会保险服务机构以欺诈、伪造证明材料或者其他手段骗取社会保险基金支出的，由社会保险行政部门责令退回骗取的社会保险金，处骗取金额二倍以上五倍以下的罚款；属于社会保险服务机构的，解除服务协议；直接负责的主管人员和其他直接责任人员有执业资格的，依法吊销其执业资格。

第八十八条　以欺诈、伪造证明材料或者其他手段骗取社会保险待遇的，由社会保险行政部门责令退回骗取的社会保险金，处骗取金额二倍以上五倍以下的罚款。

第八十九条　社会保险经办机构及其工作人员有下列行为之一的，由社会保险行政部门责令改正；给社会保险基金、用人单位或者个人造成损失的，依法承担赔偿责任；对直接负责的主管人员和其他直接责任人员依法给予处分：

（一）未履行社会保险法定职责的；

（二）未将社会保险基金存入财政专户的；

（三）克扣或者拒不按时支付社会保险待遇的；

（四）丢失或者篡改缴费记录、享受社会保险待遇记录等社会保险数据、个人权益记录的；

（五）有违反社会保险法律、法规的其他行为的。

第九十条　社会保险费征收机构擅自更改社会保险费缴费基数、费率，导致少收或者多收社会保险费的，由有关行政部门责令其追缴应当缴纳的社会保险费或者退还不应当缴纳的社会保险费；对直接负责的主管人员和其他直接责任人员依法给予处分。

第九十一条　违反本法规定，隐匿、转移、侵占、挪用社会保险基金或者违规投资运营的，由社会保险行政部门、财政部门、审计机关责令追回；有违法所得的，没收违法所得；对直接负责的主管人员和其他直接责任人员依法给予处分。

第九十二条　社会保险行政部门和其他有关行政部门、社会保险经办机构、社会保险费征收机构及其工作人员泄露用人单位和个人信息的，对直接负责的主管人员和其他直接责任人员依法给予处分；给用人单位或者个人造成损失的，应当承担赔偿责任。

第九十三条　国家工作人员在社会保险管理、监督工作中滥用职权、玩忽职守、徇私舞弊的，依法给予处分。

第九十四条　违反本法规定，构成犯罪的，依法追究刑事责任。

第十二章　附则

第九十五条　进城务工的农村居民依照本法规定参加社会保险。

第九十六条　征收农村集体所有的土地，应当足额安排被征地农民的社会保险费，按照国务院规定将被征地农民纳入相应的社会保险制度。

第九十七条　外国人在中国境内就业的，参照本法规定参加社会保险。

第九十八条　本法自 2011 年 7 月 1 日起施行。

参考文献

[1] 才加让. 社会保险学 [M]. 兰州：甘肃民族出版社，2008.

[2] 曹晓兰. 医疗保险理论与实务 [M]. 北京：中国金融出版社，2009.

[3] 陈建安. 战后日本社会保障制度研究 [M]. 上海：复旦大学出版社，1996.

[4] 陈树文. 社会保障学（第 2 版）[M]. 大连：大连理工大学出版社，2009.

[5] 陈心德，苑立波. 养老保险：政策与实务 [M]. 北京：北京大学出版社，2008:5.

[6] 程晓明. 医疗保险学 [M]. 上海：复旦大学出版社，2003.

[7] 褚福灵. 社会保障职位实训教程 [M]. 北京：中国劳动社会保障出版社，2008.

[8] 崔少敏. 补充养老保险–原理、运营与管理 [M]. 北京：中国劳动社会保障出版社，2003.

[9] 丁学娜. 社会保险实务实训教程 [M]. 西安：西安电子科技大学，2018.

[10] 董克用，王燕. 养老保险 [M]. 北京：中国人民大学出版社，2000.

[11] 段宏毅. 我国失业保险制度的历史沿革及现状分析 [J]. 北京工业职业技术学院学报，2008(4).

[12] 范围，丁雯雯. 工伤保险法律应用指南 [M]. 北京：法律出版社，2011.

[13] 葛蔓. 工伤保险改革与实践 [M]. 北京：中国人事出版社，2000.

[14] 郭席四. 我国失业保险制度存在的问题与完善 [J]. 当代经济研究，2001(10).

[15] 何惠珍. 保险学基础 [M]. 北京：中国金融出版社，2006

[16] 侯文若. 社会保险（第二版）[M]. 北京：中国劳动社会保障出版社，2009.

[17] 姬亚平. 医疗保险法律顾问 [M]. 西安：陕西人民出版社，2004.

[18] 李兵. 社会保险（第二版）[M]. 北京：中国人民大学出版社，2016.

[19] 李丞北. 社会保险 [M]. 北京：中国金融出版社，2014.

[20] 李道滨. 欧盟国家养老金改革：反思与借鉴 [J]. 中国人大复印资料，2007(1).

[21] 梁永胜编.《德国的工伤保险制度》.

[22] 刘钧. 社会保障理论与实务（第 2 版）[M]. 北京：清华大学出版社，2009.

[23] 刘同芗，王志忠. 社会保险学 [M]. 北京：科学出版社，2016.

[24] 刘雪斌，何筠. 论失业保险制度的创新 [J]. 南昌大学学报（人社版），2001(1).

[25] 刘跃斌，黄琳. 德国失业保障政策研究 [J]. 德国研究，2003(3).

[26] 卢祖洵. 社会医疗保险学 [M]. 北京：人民卫生出版社，2007.

[27] 吕学静. 各国失业保险与再就业 [M]. 北京：经济管理出版社，2000.

[28] 麦丽臣. 日本失业保险制度的改革 [J]. 日本研究，2001(1).

[29] 南京市人力资源和社会保障厅网站：http://www.njhrss.gov.cn

[30] 南京市卫生健康委员会：http://wjw.nanjing.gov.cn/

[31] 仇雨临. 医疗保险 [M]. 北京：中国劳动保障出版社，2008.

[32] 申曙光. 社会保险 [M]. 北京：高等教育出版社，2005.

[33] 宋德玲. 美国失业保险及其启示 [J]. 佳木斯大学社会科学学报，2006(9).

[34] 宋林飞. 社会保险学 [M]. 北京：社会科学文献出版社，2001.

[35] 孙树菡. 工伤保险案例 [M]. 北京：中国劳动和社会保障出版社，2009.

[36] 王丽华，许春淑. 德国失业保险制度的改革及对我国的启示 [J]. 天津商学院学报，2007(9).

[37] 王双苗. 社会医疗保险 [M]. 北京：中国医药科技出版社，2006.

[38] 王亚伟. 社会保险业务试题汇编 [M]. 郑州：郑州大学出版社，2014.

[39] 翁小丹. 医疗保险的基础风险与医疗保障制度建设 [M]. 北京：经济管理出版社，2010.

[40] 吴中宇. 社会保障学 [M]. 武汉：华中科技大学出版社，2004.

[41] 伍红. 美国的失业保险制度浅析 [J]. 河北财经大学学报，2003(6).

[42] 熊思远. 当代中国社会保障概论 [M]. 昆明：云南科技出版社，2002.

[43] 许春淑. 日本失业保险制度及对中国的启示 [J]. 生产力研究，2007(11).

[44] 杨翠迎.《农村基本养老保险制度理论与政策研究》[M]. 杭州：浙江大学出版社，2007.

[45] 应永胜. 美国失业保险制度解析及启示 [J]. 福建商业高等专科学校学报，2005(5).

[46] 袁伦渠. 社会保障概论 [M]. 北京：中国铁道出版社，1999.

[47]《医疗保险政策解答与业务咨询》编写组. 医疗保险政策解答与业务咨询 [M]. 北京：中国民主法治出版社，2009.

[48] 曾煜. 新编社会保障通论 [M]. 北京：中国建材出版社，2003.

[49] 张旭升，刘桂梅，米双红. 社会保险 [M]. 上海：复旦大学出版社，2007.

[50] 郑功成. 社会保障学 [M]. 北京：中国劳动保障出版社，2005.

[51] 中华人民共和国人力资源与社会保障部网站：http://www.mohrss.gov.cn.

[52] 钟仁耀. 养老保险改革国际比较研究 [M]. 上海：上海财经大学出版社，2004.

[53] 邹莉. 社会保险实务 [M]. 上海：复旦大学出版社，2015.